U0499591

"十四五"时期国家重点出版物出版专项规划项目

转型时代的中国财经战略论丛

高质量发展背景下
供应链融资策略研究

Research on Supply Chain Financing Strategies
in the Context of High-Quality Development

占济舟 著

中国财经出版传媒集团

经济科学出版社
Economic Science Press

· 北京 ·

图书在版编目（CIP）数据

高质量发展背景下供应链融资策略研究／占济舟著.
北京 ： 经济科学出版社，2024.9. --（转型时代的中国
财经战略论丛）. -- ISBN 978 - 7 - 5218 - 6375 - 8

Ⅰ. F252.1；F830.45

中国国家版本馆 CIP 数据核字第 2024CN4927 号

责任编辑：冯　蓉
责任校对：隗立娜
责任印制：范　艳

高质量发展背景下供应链融资策略研究

占济舟　著

经济科学出版社出版、发行　新华书店经销

社址：北京市海淀区阜成路甲 28 号　邮编：100142

总编部电话：010 - 88191217　发行部电话：010 - 88191522

网址：www. esp. com. cn

电子邮箱：esp@ esp. com. cn

天猫网店：经济科学出版社旗舰店

网址：http：//jjkxcbs. tmall. com

北京季蜂印刷有限公司印装

710 × 1000　16 开　16 印张　250000 字

2024 年 9 月第 1 版　2024 年 9 月第 1 次印刷

ISBN 978 - 7 - 5218 - 6375 - 8　定价：88.00 元

（图书出现印装问题，本社负责调换。电话：010 - 88191545）

（版权所有　侵权必究　打击盗版　举报热线：010 - 88191661

QQ：2242791300　营销中心电话：010 - 88191537

电子邮箱：dbts@ esp. com. cn）

　　本书受教育部人文社会科学研究规划基金项目（20YJA630086）、江苏省社会科学基金一般项目（23GLB026）、国家社科基金一般项目（23BGL134）的资助。

前　言

当前，全球经济正经历着前所未有的变革。经济全球化的深入发展、数字技术的飞速进步，以及绿色可持续发展的要求，共同推动高质量发展成为全球各国经济发展的核心要求。党的二十大报告明确指出，高质量发展是全面建设社会主义现代化国家的首要任务。高质量发展要求坚持创新、协调、绿色、开放、共享的发展理念，加快构建现代化经济体系，实现经济由高速增长向高质量发展的转变。在这一宏观背景下，供应链金融作为连接实体经济与虚拟经济的重要桥梁，对于促进产业链供应链的稳定、安全、创新和绿色发展具有重要作用。

VUCA 时代，全球国际形势不断变化，不确定性和不稳定性因素日益增多，我国一些关键核心技术领域正面临"卡脖子"和产业链"断链"的风险，因此，保持产业链供应链的安全稳定已成为一项战略要求。供应链金融通过灵活的融资方案，激活资金流动性，解决中小企业融资困境，从而有效应对外部冲击，加强产业链供应链的安全稳定性。

在数字技术的推动下，供应链金融的数字赋能已成为提升产业链供应链竞争力的关键。大数据、云计算、人工智能、物联网和区块链等技术使得金融机构能够实时监控供应链业务活动，更准确地评估企业信用风险，提供定制化的融资解决方案。诸如简单汇、中企云链等供应链金融服务平台积极探索如何利用数字技术优化供应链金融服务，提高融资的智能化水平。数字赋能不仅增强了供应链的响应速度和灵活性，还促进了跨行业、跨领域的协同创新，为供应链金融带来了新的发展机遇。

随着全球对气候变化和可持续发展的重视，绿色低碳发展已成为全球经济转型的核心议题。我国积极推动绿色金融政策，鼓励金融机构和企业参与绿色投资，促进绿色技术创新和应用。金融机构通过提供绿色信贷、绿色债券等，引导资金流向绿色和可持续发展项目，支持企业采用清洁生产技术，减少环境污染，提高资源利用效率。供应链金融通过评估企业的绿色投入水平和碳减排努力程度，来决定融资条件，激励企业低碳转型，推动整个产业链向绿色转型。

本书的研究思路主要从产业链供应链的安全和稳定、数字赋能和绿色低碳转型三个视角研究供应链融资决策，分析供应链融资为产业链供应链高质量发展所发挥的作用。具体包括以下三个方面的内容：(1) 安全稳定视角下的供应链融资策略。供应链上下游企业自有资金约束将直接影响其运营行为，进而影响供应链的整体利润和安全稳定性。本部分研究供应链的内部融资和银行融资之间的均衡决策，以及市场竞争环境对供应链融资效率和运营安全稳定性的影响。(2) 数字赋能视角下的供应链融资策略。以区块链技术为例，分析区块链技术供应链融资决策的影响，以及信息共享水平和企业信用水平对区块链供应链融资模式的影响。(3) 绿色低碳视角下的供应链融资策略。考虑上游供应商进行绿色清洁生产时，供应链的融资策略和绿色投资决策。探讨不同融资方式对供应商绿色生产投资决策的影响，以及碳交易机制对绿色供应链融资决策的影响。

本书在管理学、经济学和信息科学相关理论交叉融合的基础上，采用案例分析、数理模型构建和数值仿真等方法，融合机理分析、供应链管理、优化理论等多学科理论分析方法，研究高质量发展背景下供应链融资策略，旨在为进一步丰富供应链金融的理论成果，为供应链金融实践者提供决策参考依据。

本书是本人博士后期间研究工作以及后续研究成果的汇总，得到了导师、许多同行和实践者的宝贵意见和支持。本书部分章节内容是与所指导的研究生共同完成的成果，陈科（第 7 章）、闫晗（第 8 章）、张格伟（第 9 章）、王衍珩（第 10、11 章）、高健生（第 12 章），感谢他们的合作。在此，表示衷心的感谢！由于本人知识水平和研究能力有限，本书难免存在疏漏和不足，希望得到广大读者的批评指正，以便在今后的研究工作中不断改进和完善。

占济舟

2024 年 7 月 15 日

目　录

第一篇　高质量发展背景下供应链融资策略研究进展

第1章　绪论 ································· 3

1.1　研究背景及意义 ······················· 3

1.2　研究内容与方法 ······················· 9

1.3　研究创新点 ·························· 12

第2章　研究现状 ···························· 14

2.1　关于资金约束供应链的融资决策研究 ············· 14

2.2　关于区块链技术下供应链融资决策研究 ············ 22

2.3　关于绿色供应链融资决策研究 ················ 24

2.4　研究述评 ·························· 27

第二篇　安全稳定视角下供应链融资策略研究

第3章　零售商采购资金约束的供应链融资策略 ··········· 31

3.1　问题描述与模型假设 ···················· 32

3.2　商业信用融资方式下的供应链决策模型 ············ 35

3.3　存货质押融资方式下的供应链决策模型 ············ 38

3.4　供应链两种融资方式的选择策略 ··············· 41

3.5　算例分析 ·························· 43

3.6　本章小结 ·· 49

第4章　制造商生产资金约束的供应链融资策略 ············· 50

4.1　零售商提前支付下的供应商融资和生产决策 ········· 51
4.2　零售商信贷担保下的供应商融资和生产决策 ········· 58
4.3　两种融资方式下的供应链融资价值比较分析 ········· 60
4.4　算例分析 ·· 62
4.5　本章小结 ·· 66

第5章　面向竞争型零售商的商业信用融资 ················· 68

5.1　模型假设 ·· 68
5.2　模型分析 ·· 70
5.3　数值分析 ·· 79
5.4　本章小结 ·· 84

第6章　面向竞争型制造商的预付账款融资策略 ············· 85

6.1　模型假设及符号设定 ··································· 86
6.2　产品市场竞争环境下的预付融资均衡决策 ··········· 87
6.3　数值分析 ·· 93
6.4　本章小结 ·· 98

第三篇　数字赋能视角下供应链融资策略研究

第7章　基于区块链的供应链存货质押融资策略 ············· 101

7.1　传统存货质押融资的最优决策 ······················· 101
7.2　基于区块链技术的存货质押融资决策 ················· 111
7.3　区块链技术赋能存货质押融资的价值分析 ··········· 120
7.4　数值仿真 ·· 122
7.5　本章小结 ·· 127

第8章　基于区块链的供应链应收账款融资策略 ············· 128

8.1　模型建立 ·· 128

8.2　传统应收账款融资决策模型 ……………………………… 131

8.3　基于区块链技术的应收账款融资决策模型 ………………… 134

8.4　区块链技术对供应链应收账款融资决策的影响 …………… 137

8.5　数值仿真 ……………………………………………………… 140

8.6　本章小结 ……………………………………………………… 147

第9章　基于区块链的供应链预付账款融资策略 …………………… 149

9.1　模型假设 ……………………………………………………… 150

9.2　模型求解与分析 ……………………………………………… 152

9.3　区块链赋能供应链预付融资的价值分析 …………………… 156

9.4　数值分析 ……………………………………………………… 163

9.5　本章小结 ……………………………………………………… 171

第四篇　绿色低碳视角下供应链融资策略研究

第10章　面向单一供应商的绿色供应链融资策略 ………………… 175

10.1　模型描述与假设 …………………………………………… 175

10.2　提前支付融资 ……………………………………………… 178

10.3　反向保理融资 ……………………………………………… 181

10.4　比较分析 …………………………………………………… 184

10.5　本章小结 …………………………………………………… 189

第11章　供应商竞争环境下绿色供应链融资策略 ………………… 190

11.1　模型描述与假设 …………………………………………… 190

11.2　模型建立 …………………………………………………… 193

11.3　提前支付融资方式下的均衡决策 ………………………… 196

11.4　反向保理融资方式下的均衡决策 ………………………… 199

11.5　两种融资模式的均衡分析 ………………………………… 202

11.6　数值分析 …………………………………………………… 204

11.7　本章小结 …………………………………………………… 211

第12章　考虑碳交易机制的供应链融资策略 ……………………… 213

12.1　问题描述与假设 …………………………………………… 214

12.2　模型构建与分析 ……………………………………… 217

12.3　制造商融资渠道的选择策略 ………………………… 221

12.4　数值分析 ……………………………………………… 225

12.5　本章小结 ……………………………………………… 229

第13章　总结与展望 …………………………………………… 230

13.1　研究总结 ……………………………………………… 230

13.2　研究展望 ……………………………………………… 231

参考文献 ………………………………………………………… 233

第一篇　高质量发展背景下供应链融资策略研究进展

　　面对当今全球经济格局，高质量发展已成为推动国家经济持续健康发展的核心要求。在此背景下，供应链金融作为连接实体经济与虚拟经济的重要桥梁具有至关重要的作用。供应链金融融资不仅能够提升产业链供应链的稳定性和安全性，还通过创新融资模式，有效解决供应链资金流问题，促进产业升级和经济结构优化。本篇探讨高质量发展背景下供应链融资策略的研究进展，分析供应金融如何有效助力产业链供应链的强化与升级，进而促进经济质量的显著提升。

第1章 绪　　论

1.1　研究背景及意义

1.1.1　研究背景

党的二十大报告指出，高质量发展是全面建设社会主义现代化国家的首要任务。明确提出："要坚持以推动高质量发展为主题，建设现代化产业体系，坚持把发展经济的着力点放在实体经济上，着力提升产业链供应链韧性和安全水平，加快建设制造强国、质量强国、网络强国、数字中国；加快发展方式绿色转型，发展绿色低碳产业，推动形成绿色低碳的生产方式和生活方式。"由此可见，安全和稳定、数字化和赋能、绿色和低碳既是我国经济高质量发展的需要，也是进一步推动产业链供应链优化升级的关键抓手。

金融是实体经济的血脉，供应链金融基于实体经济真实贸易背景，构建为供应链中核心企业与上下游企业一体化的系统性金融解决方案，实现供应链企业的结算、融资等需求。作为虚拟经济支持实体经济发展的重要手段，供应链金融对于产业链供应链稳定发挥了重要的支持作用。2020 年 9 月 22 日，中国人民银行、工业和信息化部等八部门联合发布《关于规范发展供应链金融支持供应链产业链稳定循环和优化升级的意见》，明确了供应链金融服务与产业链完整稳定、支持产业链优化升级和国家战略布局。

近年来，全球国际形势变化多端，不确定性、不稳定性环境因素逐渐增加，我国部分产业（如半导体、芯片）面临关键核心企业技术"卡脖子"、产业链"断链"等风险，保持产业链供应链安全稳定已成为新发展格局的战略要求。为应对风险和挑战，全国各地陆续开展了"稳链、固链、强链"行动。中国工业和信息化部通过"一纵一横"推动中小企业积极参与强链补链稳链行动，其中"一纵"指聚焦产业链，制定系列政策支持大企业向中小企业开放市场、技术、人才等创新资源，加强"专精特新"中小企业对产业链供应链的支撑。"一横"是加强对服务业中小企业的分类指导，出台多项面向服务业中小企业的普惠性政策，助力稳定产业链供应链。

供应链金融在加强产业链供应链安全和稳定性，盘活供应链资金流问题，解决链上中小企业融资困境等方面发挥了积极作用。随着供应链金融业务在实践中的不断深入和发展，面向不同行业不同层次的供应链融资模式、方法和产品大量涌现。既有第三方物流企业参与的存货质押融资模式，也有核心企业参与的保理融资模式、保兑仓模式等。由于供应链金融不仅能有效解决中小企业融资难题，又能延伸融资机构的纵深服务。因此，越来越多的银行、制造企业、中小微企业、物流企业、电商企业、保险行业都纷纷加入供应链金融的实践中，促进了产业的经济发展。2022年，我国供应链金融行业规模达到36.9万亿元，预计到2027年将突破60万亿元，我国将成为全球最大的供应链金融市场之一。

在数字经济迅猛发展和金融业数字化转型的共同驱动下，传统供应链金融模式的弊端逐渐显现。一是，核心企业的信用难以传递。实践中，大部分中小企业位于产业链供应链的末端，与核心企业的直接关联度较低，由于信息不对称和数据孤岛的存在，金融机构识别核心企业信用大多仅限于一级供应商或一级经销商，难以覆盖到多级供应链中的企业。二是，贸易背景真实性审核难度较大。金融机构需要投入大量的人力和物力进行多维度验证交易信息的真伪，降低了供应链金融的业务效率。三是，数据的有效性验证成本较高。供应链金融服务一旦出现交易纠纷，需要确保原始交易数据全生命周期真实且可追溯，但银行或融资机构借助公证处进行公证增加了交易的人力和时间成本。四是，供应链交易数据存在安全隐患。传统供应链金融服务平台多采用中心化架构，平台的系统应用、交易数据、账户数据采用中心化存储，由融资机构独立维护。这将导致安全风险，容易出现数据丢失或被攻击造成整个平台瘫痪的风险，影响系统服务的连续性和可靠性。五是，供应链上多方企业资源计划（Enterprise resource planning，ERP）系统对接效率较低。传统供应链金融服务平台采用系统直联的方式实现数据交互，供应链上核心企业、供应商、经销商都有各自的企业 ERP 系统，各方系统并非采用统一的数据标准，实现系统直联需要各参与方进行系统改造，耗费大量人力、物流和财力。因此，供应链金融要取得创新性的突破，必须应用数字化技术提档升级，实现创新和突破。

随着诸如大数据、区块链、物联网与人工智能等新兴数字技术的飞速发展，供应链金融向自动化、智能化、数字化方向发展。数智供应链金融是从供应链整体出发，运用数字技术提供系统性的金融解决方案，以快速响应供应链节点企业的融资需求，降低融资风险，提升产业链各方价值，实现物流、资金流和信息流"三流"的有机整合和统一。实践证明，数智供应链金融能够帮助核心企业和金融机构破解传统供应链金融服务困境。

近年来，诸如怡亚通等大型供应链金融服务平台、微众等银行金融机构、大型商业保理公司都纷纷搭建数字供应链金融平台，为自身供应链体系中的合作伙伴和中小微企业提供供应链金融服务。比如，微众充分运用大数据挖掘，与核心企业合作建立融资风控模型，以"数字化" + "场景化"实现供应链金融服务数字化、智能化、场景化，满足上下游企业"急、频、少、高"的融资需求。截至 2022 年末，微众银行为 30 个国家重点产业链提供数字化金融支持，服务 340 余万家中小微企业，基本形成商业可持续的数字普惠金融发展模式。

实践表明，数智化供应链金融可以通过自动化和智能化的方式，简化交易流程、优化信用评估和风险控制，提高金融服务的效率和响应速度。通过数字化平台，供应商、分销商、金融机构等各方能够更好地沟通和协调，优化供应链的运作模式，推动供应链协同发展，可以实现供应链各参与方之间的信息共享和协同合作，提升供应链的效率和整体竞争力。此外，金融机构应当积极构建数智化供应链金融平台，将数字化供应链金融与内外部数据结合，利用数据流、资金流的闭环管理构建大数据风控模型，识别和满足中小企业的融资需求。持续提升金融机构对供应链运行过程中信息的获取和运用能力，鼓励金融机构将物联网、区

5

块链等新技术嵌入交易环节。运用移动感知视频、无线射频识别等技术，对物流及库存商品实施远程监测，提升智能风控水平。

党的十八大以来，我国积极推进生态文明建设，确立了创新、协调、绿色、开放、共享的新发展理念，并将新发展理念、生态文明和建设美丽中国等内容写入宪法，彰显了生态文明的战略地位，生态文明建设和绿色低碳转型成为我国高质量发展的重要组成部分。绿色经济转型需要培育新的产业链，诸多重大的绿色低碳技术（如氢能、电动车、碳捕捉和利用、资源循环利用技术等）都推动绿色供应链的发展，这为供应链金融支持供应链绿色低碳发展提供了基础条件。2021 年，中国金融学会绿色金融专业委员课题组在其报告《碳中和愿景下的绿色金融路线图研究》中指出，我国未来 30 年的绿色低碳投资累计需求将达 487 万亿元人民币（按 2018 年不变价计），绿色供应链金融将是一个巨大的市场。

事实上，国内外一些金融机构在绿色供应链金融创新产品与服务方面已形成了很好的实践案例，如法国巴黎银行与彪马联合推出了绿色供应链融资计划，依据彪马对其供应商的环境与可持续评级，对彪马 300 多家供货商进行差异化贸易融资，最大差异额高达 1 亿美元，从而激励供应商提高其可持续绩效。类似的案例还有：汇丰银行与沃尔玛联合推出的"可持续供应链融资计划"、花旗银行为汉高供应商提供差异化贸易融资，推动化工企业减少碳排放。

我国绿色供应链金融创新产品和服务虽起步较晚，但发展势头明显。如：蚂蚁集团 2015 年成立网商银行，2021 年推出首款绿色供应链金融产品"绿色采购贷"，旨在对绿色核心企业以及其供应链下游的小微经销商进行融资贷款，鼓励经销商向更绿色、更环保的企业采购绿色商品。2022 年推出面向建筑行业小微供货商"绿色供货贷"，基于绿色商品采购合同向建材厂商及供应商提供信用贷款。目前，网商银行与海尔集团、箭牌家居、三棵树、台铃等 130 多家绿色核心企业达成了合作，服务超过 2 万家小微企业。类似地，2021 年，TCL 科技集团推出"碳账户＋绿色供应链融资"产品和服务，发布《TCL 华星碳达峰—碳中和规划》，促进产业链发展与碳中和路径的深度融合，助力成员企业及产业链上下游提高绿色发展水平。

基于上述背景，可以看出，供应链金融为产业链供应链上下游企业提供金融支持，成为保障产业链供应链安全和稳定、数字化和绿色低碳转型的重要支撑，是提升产业链供应链竞争力的重要手段，进一步推动实体经济高质量发展的重要引擎。因此，我们需要思考：在产业链安全和稳定视角下，企业应如何进行运营和融资决策？考虑企业处于不同的市场环境，供应链融资应如何发挥作用，才能为企业所在供应链创造最大的融资价值？数字化技术的应用和赋能为供应链金融创新发展注入了活力，那么，数字化技术对供应链企业运营和融资行为产生了什么影响？其赋能价值有多大？企业绿色和低碳转型为供应链融资提出了新的要求，如何在供应链融资决策过程中融入企业绿色和低碳发展要求？绿色供应链融资如何发挥作用，激励企业加大绿色创新投入，实现整个产业链供应链的绿色化、低碳化和可持续发展。

为回答上述问题，本书围绕高质量发展这一主题，从产业链供应链安全稳定、数字赋能和绿色低碳三个视角出发，研究供应链上企业的融资和运营决策。深入分析高质量发展背景下，企业运营与融资行为所发生的变化，构建高质量发展背景下供应链融资决策模型，进一步挖掘供应链金融融资服务为实体产业经济高质量发展所发挥的作用和体现的价值。

7

1.1.2 研究意义

为更加深入理解高质量发展背景下供应链融资决策所发挥的作用，本书以"高质量发展背景下供应链融资策略研究"为主题，从产业链的安全稳定、数字赋能和绿色低碳三个视角，研究供应链融资模式的运营和融资决策，深入探讨供应链融资创新模式的路径与价值，具有重要的理论意义和现实意义。

1. 理论意义

本书的理论意义主要表现在以下三个方面。

第一，目前，关于供应链金融的理论研究主要基于"单一零售商和单一供应商"构成的二级供应链框架，探讨商业信用和银行借贷的均衡决策，以及供应链上风险担保决策。关于考虑竞争环境下的供应链融资决策问题还比较少，本书从产业链供应链安全和稳定的视角，结合企业运营所在市场的竞争环境，探讨不同竞争环境下的供应链融资决策问题，为供应链融资决策行为提供理论支持，进一步完善供应链融资的理论研究。

第二，目前，关于数字技术赋能供应链融资策略的研究还处于起步阶段，以区块链为例，从已有研究成果来看，关于区块链在供应链融资的定性分析较多，而定量研究相对较少。多数研究采用文献分析、案例分析或实证研究方法讨论区块链的实际运作模式以及对企业运营产生的影响。少部分研究区块链技术的可追溯性在供应链管理中发挥的作用，局限在讨论区块链对产品质量或需求方面的影响。关于系统研究区块链对供应链企业运营和融资行为的作用机理，以及区块链下供应链企业融资决策的研究还不丰富。本书的研究试图构建区块链技术下的供应链融资决策初步理论体系，将有助于丰富和拓展数字技术赋能下供应链融资创新模式运营管理的理论与方法。

第三，绿色供应链随着消费者可持续发展意识的不断提高以及政府政策的双重推动下得到了快速的发展。在绿色供应链管理理论的发展历程中，关于信息流和物流的管理问题已经得到了深入和广泛的研究，而资金流的管理近年来才引起学者们的关注，绿色供应链金融也成为了绿色供应链管理中一个新的研究方向。虽然绿色供应链已经积累了一定的实践经验，但在理论上的研究还处于初级阶段，其研究成果还不丰富。本书探究绿色供应链融资决策和企业绿色低碳转型发展问题，为供应链融资决策和绿色投资提供理论支持，进一步完善供应链融资的决策理论，从而丰富绿色供应链管理理论。

2. 现实意义

供应链金融作为推动产融结合的重要方式，在支持中小微企业发展、促进产业链供应链安全稳定、促进现代流通体系提质增效等方面都发挥了重要的作用，受到党中央和地方政府、金融机构和产业界的高度重视。各级政府不断出台各项政策文件，鼓励发展供应链金融，创新供应链金融新模式，赋能经济高质量发展。产业链供应链的高质量发展需要供应链金融服务提供有力支撑，高质量的供应链金融服务是保证产业链供应链安全和稳定的重要手段，是提升产业链供应链数字化发展和竞争力的重要方向，是促进产业链供应链绿色低碳和可持续发展的战略工具。本书立足于解决供应链资金流的畅通问题，分析供应链上下游企业的运作行为，给出供应链节点企业的融资和运营决策。这将为企业科学选择融资方式、发挥融资最大价值提供帮助，从而为产业链供应链的稳定发展提供指导。为银行等金融机构在数字科技革命的推动下，开展供应链金融创新服务、控制融资风险具有现实的借鉴意义。同时，引导企业借助供应链金融服务推动绿色低碳转型和供应链的整体可持续发展，为政府制定相应的政策建议提供理论基础，为供应链金融支持供应链产业链优化升级提供参考依据。

1.2 研究内容与方法

1.2.1 研究内容

本书的研究内容主要从产业链供应链的安全和稳定、以区块链技术为例的数字赋能和绿色低碳转型三个视角深入研究供应链上下游企业的运营和融资决策，分析供应链融资为产业链供应链高质量发展所发挥的作用。其主要研究内容如下。

1. 安全稳定视角下供应链融资策略研究

供应链上下游企业自有资金约束都将直接影响其运营行为，限制企业无法做出最优决策，进而影响供应链的整体利润和安全稳定性。第 3 章和第 4 章在由单一制造商和单一零售商构成的二级供应链框架中，分别针对零售商采购资金约束和制造商生产资金约束两种情形，研究供应链的内部融资（即上下游企业之间的商业信用融资，如上游给下游提供的延期支付，下游给上游提供的提前支付）和银行融资（银行等金融机构提供的融资服务）之间的均衡决策。第 5 章和第 6 章进一步考虑零售商和制造商所处的市场竞争环境，分别探究不同情形下的供应链融资均衡决策，分析市场竞争程度给供应链融资效率和运营安全稳定性带来的影响。

2. 数字赋能视角下供应链融资策略研究

以区块链技术为例，研究数字赋能视角下供应链的融资策略。第 7 章构建区块链技术下的供应链存货质押融资决策模型，对比分析使用区块链技术前后，供应链存货质押融资策略。分析区块链技术对供应链融资决策的影响。第 8 章研究基于区块链技术的三级供应链应收账款融资策略。考虑信息共享水平及企业信用水平这两个因素，比较分析传统应收账款融资和区块链技术下应收账款融资节点企业及供应链整体的利润收益，研究信用水平、信息共享水平以及生产成本对区块链供应链应收账款融资模式的影响。第 9 章研究区块链技术下的供应链预付账款融资策略。探讨区块链技术对供应链上下游企业信息传递的赋能作用，给出区块链技术下供应链预付账款融资的最优决策。

3. 绿色低碳视角下供应链融资策略研究

考虑上游供应商在发展绿色生产时，供应链的融资策略和绿色投资决策。第 10 章研究在含有单个供应商的二级供应链中，供应商进行绿色生产时的供应链反向保理和提前支付融资的均衡策略，探讨分析不同融资方式对供应商绿色生产投资决策的影响。第 11 章引入同质产品绿色程度竞争环境，构建提前支付、应收账款融资模式下，供应商融资的选择策略模型。通过对比分析，比较不同融资渠道的竞争对供应链上企业运营决策以及利润的影响。第 12 章引入碳交易机制，研究供应链融资均衡策略。分析供应链融资对上游制造商碳减排的影响，以及不同碳交易额度和交易价格对绿色供应链融资策略的影响。

本书具体的研究框架如图 1.1 所示。

1.2.2 研究方法

本研究采用的研究方法主要有：

1. 文献研究法

通过对国内外供应链融资的应用发展、供应链金融的创新模式、绿色供应链金融等相关领域的文献进行梳理，对现有文献进行归纳总结。厘清高质量发展背景下供应链融资中的相关概念，建立高质量发展背景下供应链融资策略的理论研究框架。

2. 案例分析法

通过对各领域经典案例进行分析、比较研究，归纳总结政府部门和产业界在供应链金融领域的创新应用实践；建立案例模型，厘清供应链中各主体间的内在联系，梳理供应链金融参与方所面临的机遇与挑战。

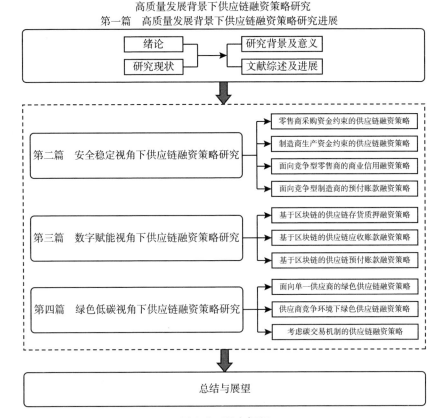

图 1.1 研究框架

3. 模型分析法

基于各经典案例的详细分析,结合应用数学、应用经济学、博弈论、优化理论等理论方法,对高质量发展背景下的供应链融资情景建立相应模型,并运用数理方法和计算技术对模型进行相应求解和仿真分析。从理论上论证供应链金融对产业链供应链总体利润的影响效果,以及供应链融资在企业可持续运营决策中所起的作用及体现的价值。

4. 对比分析法

通过对比分析有无融资情形、不同融资方式以及传统融资模式和创新融资模式下供应链的融资和企业运营决策,探究供应链融资对企业运营和供应链绩效所产生的差异,从而,为供应链上资金约束的企业提供合理的供应链融资建议。

除了上述的这些具体研究方法，还重点关注跨学科理论研究相结合、宏观政策和微观分析相结合、理论研究与现实应用相结合的交叉性、融合性研究方法。

1.3 研究创新点

1.3.1 学术创新

（1）在研究视角上，已有研究成果仅从企业资金流短缺或可持续发展某个单一视角出发探讨供应链融资所发挥的作用。不同的是，围绕产业链供应链高质量发展这一主题，从供应链安全稳定、数字赋能和绿色低碳三个视角深入研究供应链融资策略，从高质量发展这一新的视角研究供应链融资的价值，是本研究的创新点之一。

（2）在研究内容上，相比大多数文献局限在由单一供应商和单一零售商构成的二级供应链，本研究引入了含有多个供应商、多个零售商的市场竞争环境，讨论不同市场环境对供应链融资决策的影响。此外，将二级供应链拓展到三级供应链中，探究三级供应链融资策略，为多级供应链融资决策提供参考。

（3）在研究方法上，在管理学、经济学和信息科学相关理论交叉融合的基础上，采用文本分析、案例分析等定性研究方法和模型构建、数据分析等定量研究方法相结合，融合机理分析、供应链管理、优化理论、协同学和统计学等多学科理论分析方法，研究高质量发展背景下供应链融资策略，体现多学科理论交叉融合和方法创新。

1.3.2 学术价值

相对已有研究，本研究的学术价值体现在：

（1）有利于推动我国供应链金融创新发展的理论研究，为深入系统研究高质量发展下产业链供应链融资模式的创新发展问题提供参考。

（2）有利于产业链供应链核心竞争力的提升，将通过撬动资金流，实现物流、信息流和资金流的有机统一，为促进供应链整体的安全稳定、创新和可持续发展提供新的研究思路。

（3）有利于供应链金融相关激励引导性机制的制定，为政府部门建立开展供应链金融，助力产业经济高质量发展的引导政策提供借鉴和参考。

第2章 研究现状

近年来，随着国内外大量关于供应链中资金流管理实践的出现，企业运营与财务管理的交叉研究领域引起了越来越多学者的关注，供应链金融已成为供应链管理中的一个热点研究方向。供应链金融中的运营决策与风险管理等理论研究也受到了国内外学术界的重视。以下总结与本书密切相关的研究进展。

2.1 关于资金约束供应链的融资决策研究

如何解决资金约束供应链的融资问题是供应链金融领域讨论的核心内容，不同学者围绕这个问题进行了深入的研究，取得了丰硕的研究成果，大致可以分为以下两个方面。

2.1.1 供应链的内部融资

供应链的内部融资是指供应链中资金约束的企业通过交易信用的方式，占用其上下游企业资金的融资模式，较常见的有针对资金约束零售商的商业信用融资和针对资金约束供应商的提前预付融资。

商业信用，也称为延期付款融资模式，是当零售商存在资金约束时，上游供应商先提供零售商一定数量的商品，待商品销售季结束后的一段时间内再收取货款的一种融资模式。目前，贸易信用主要有两种形式：一种是供应商作为强势企业，为了增加销售，为零售商提供赊销服务，刺激零售商的购买力，从而增加供应商自身的利润；另一种是零售商作为强势企业，通过占用供应商的资金，实现规模扩张，从而进一步扩大市场份额，增加自己的收益。这里涉及的商业信用融资模式主要是供应商给予零售商的赊销模式。

提前预付融资模式，是指当供应商存在资金约束时，下游制造商或零售商提前支付给供应商一部分货款帮助供应商解决资金问题的一种融资方式。对于下游企业来说，这种融资方式对于缓解供应商资金压力，防止零部件或产品短缺，保证产品正常生产或供应起到了至关重要的作用。

1. 商业信用融资

针对商业信用融资模式，一大部分文献是以 EOQ 模型为基础，研究确定性需求背景下，单个企业的最优库存、生产、订货等问题。自从戈亚尔（Goyal，1985）建立了商业信用期限为一固定常量下的经济订购批量（EOQ）模型以来，大多数学者在此基础上进行改进，例如：阿加沃尔等（Aggarwal et al.，1995）考虑了存在缺货及物品易腐特性时的最优库存政策，拓展了模型的适用范围；金姆等（Kim et al.，1995）研究了供应商如何设置信用期长度以最大化自身利润的问题；钟（Chung，1998）得到了一个延期付款条件下的关于最优补货周期选择的定理，简化了 Goyal 模型的求解过程；钟和黄（Chung and Huang，2007）研究了有限存储能力和延期付款下零售商的最优订货策略；黄等（Chang et al.，2010）研究了供应商和零售商都为客户提供延期支付时的两阶段商业信用模型；滕等（Teng et al.，2012）针对产品需求为非降低变化情形时，结合商业信用给出了供应商和零售商的库存情况；索尼（Soni，2013）建立了需求随价格和库存变化时的延期支付 EOQ 模型；王等（Wang et al.，2014）对商业信用期限进行了研究。在上述文献中，都假定市场需求是确定的。

另一部分文献是以报童模型为基础，探讨随机需求下的商业信用问题。如：萨娜和乔杜里（Sana and Chaudhuri，2008）在数量折扣与延期付款给定条件下考虑了依赖于库存水平、时间、价格等的各种确定性需求背景下的零售商最优库存决策；戈亚尔和王（2009）研究了需求不确定条件下，商业信用期的合同参数以及如何影响企业库存最优决策。陈祥锋（2013）建立了零售商和供应商之间的贸易信用合同博弈模型，并且分析零售商有限责任约束条件下，零售商的订购决策和供应商的最优批发价格；高等（Gao et al.，2014）考虑了零售商支付一部分货款后享受剩余货款的商业信用这种情景，给出供应商和零售商的商业信用合同，以及可以使零供双方达到 Pareto 改进的合同参数；张等（Zhang et al.，2014）指出在随机需求条件下，商业信用给上游制造商带来了应收账款风险，制造商给予零售商的商业信用依赖于制造商的风险态度。

商业信用的作用不仅表现在融资方面，有些学者站在供应链的角度探讨商业信用在供应链中的协调作用。贾贝尔和奥斯曼（Jaber and Os-man，2006）将延期付款视为买卖双方共同的决策变量来研究供应链库存的协调管理问题；杨和黄（Yang and Wee，2006）建立了补货率有限情形下的易腐品供应链库存协作模型，指出延期付款可以实现供应链上企业的共赢策略；萨玛、阿查亚和戈亚尔（Sarmah，Acharya and Goyal，2007）利用延期付款条款建立了供应链成员之间利益再分配机制，考察了收益剩余的公平转移和分配以满足各方的利润目标。罗（Luo，2007）以延期付款作为内生变量与激励工具来研究供应链协作问题，证明了信用期激励机制是一种不等价于数量折扣的新的供应链激励机制；阿尔坎和赫佳兹（Arkan and Hejazi，2012）研究了可控提前期和订货成本下的延期付款激励问题；商业信用在供应链中的协调作用还可参考文献希恩和察奥（Sheen and Tsao，2007），陈和康（Chen and Kang，2010），李和瑞伊（Lee and Rhee，2011），罗和张（Luo and Zhang，2012）；等等。

在上述文献中，都假定供应商和零售商均为风险中性，不考虑供应商提供商业信用时的风险及风险控制策略。在商业信用模式中，客户的违约风险通常体现在上游供应商给予的信用额度（在 EOQ 模型中通常表现为信用期）中，企业的信贷部门将设置一个总的信贷额度，使零售商的期望违约支付量不会超过此额度水平。贾马尔等（Jamal et al.，2000）、施和张（Shi and Zhang，2010）对零售商的最优信用期进行了研究。考虑需求服从随机分布时，库韦利斯和赵（Kouvelis and Zhao，2011）分析了资金约束零售商有高额破产成本时，供应商的批发价和零售商订货量的均衡解；张等（Zhang et al.，2014）在商业信用融资模式下讨论零售商的违约风险对采购数量的影响。王文利（2012）探讨了供应商为风险厌恶时，商业信用融资的风险转移策略，以及分析了信用保险对供应商提供延期付款融资的激励作用。

2. 提前预付融资

对于供应商缺乏生产资金的情况，由下游制造商或零售商提前预付一部分或全部货款，这虽然占用了下游企业的现有资金，但一方面可以解决供应商的生产资金不足问题；另一方面，下游企业可以通过提前预付货款来锁定产品的市场价格，确保货源的充足。巴比奇（Babich, 2010）在制造商向供应商提供预付款的融资模型中，研究了制造商的联合能力预订和财务补贴决策，发现制造商的能力预订决策和财务补贴决策在一定条件下是相互独立的；钟远光等（2011）研究了市场不确定性需求下，探讨供应商设计零售商提前订货资金的最佳付款时间；坦加姆（Thangam, 2012）研究了存在两层延期付款问题时，确定性需求下预付款的最优价格折扣和批量问题；梅蒂等（Maiti et al., 2009）研究了随机提前期和价格依赖需求下考虑预付款的库存问题。王文利和骆建文（2014）探讨了预付款融资模式下供应商和制造商的最优生产和融资决策问题，分析了供应商的自有资金、价格折扣两种因素对供应链绩效的影响，结果发现：给定价格折扣，只有当供应商的自有资金量小于一定临界值时，供应商才会接受预付款融资合同。占济舟等（2014）研究了零售商提前预付融资模式下带有批发价折扣的供应商生产决策问题，并发现相对于供应商而言，提前支付货款可以给零售商带来更高的融资利润。

2.1.2　供应链的外部融资

供应链的外部融资主要是依靠银行等金融机构为供应链上资金约束的企业提供借贷融资服务。在供应链金融研究领域，大部分文献都考虑资金约束供应链的融资与运营交互问题，在银行信贷模式下，研究供应链上成员的库存和定价等运营决策问题。

布扎科特和张（Buzacott and Zhang, 2004）首次利用单期报童模型，将融资问题与生产、库存问题整合起来进行研究，指出传统的库存模型得出的最优生产库存策略往往难以付诸实践的主要原因在于忽视了企业的财务状况；并探讨了银行利润最大化时，零售商和银行的最优协同策略。徐和伯奇（Xu and Birge, 2004）建立了需求不确定和资本市场不完全竞争环境下企业的生产运作与资本结构（自有资金和借贷资金）联合决策模型，分析了利率、税率、（破产后）资产回收率等因素对企业最优生产投资或融资决策的影响；在此基础上，徐和伯奇（2005）考虑了公司所有者与经营者的利益冲突，将模型进一步扩展，研究了供应链上融资和管理的交互与激励问题；徐和伯奇（2006）提出了一个集成的公司计划模型，建立基于预测的折现红利定价模型，并利用随机规划方法求解企业的生产与融资联合决策问题；胡和索伯尔（Hu and Sobel，2007），赵（Chao，2008）等运用动态随机规划研究了存在资金约束的零售商的订货问题；李、舒比克和索伯尔（Li，Shubik and Sobel，2005）运用动态模型研究了存在需求不确定性和资金约束时的库存和融资交互影响问题；罗伊和夸兰塔（Roy and Quaranta，2012）从企业违约角度出发，构建银行信贷的随机动态规划模型，并利用蒙特卡罗数值模拟方法来分析企业的财务融资战略。艾伦和戈尔（Alan and Gaur，2018）探讨了银行贷款上限对于企业融资决策的影响。

在银行信贷研究文献中，关于银行利率的研究成果也比较丰富。贝赞可和塔库尔（Besanko and Thakor，1987），伯杰（Berger，1990）对贷款的利率指标进行了研究，认为银行可以通过设计担保物和利率的组合来区分不同风险的借款企业，高风险企业选择高利率和低要求的担保物，而低风险却相反。达达和胡（Dada and Hu，2008）建立了企业和银行之间的 Stackelberg 博弈模型，研究了风险中性的银行利率决策问题，研究表明银行设定的利率会随报童初始资产的增加而降低，并且设计了一个非线性借款合同来协调供应链。钟远光等（2011）分析了融资利率对零售商订购量和定价方面的影响。严和孙（Yan and Sun，2013）考虑零售商的信用额度和破产概率，分析了商业银行的最优融资利率、零售商的最优订购量以及制造商的最优批发价。鲁文斯坦等（Leuvensteijn et al.，2013）认为，均衡的贷款利率会随着银行市场竞争的激烈而降低。

特别地，针对存货质押这一融资模式，于辉等（2010），何等（He et al.，2012）运用动态博弈理论和 VaR 风险计量方法，对仓单质押融资业务的动态质押率测度进行了研究。张钦红等（2010）分析了存货需求随机波动时，银行的质押率决策问题。李毅学等（2011）考虑质押物价值受供应商订货策略的影响，对委托监管和统一授信两种方式下的季节性存货质押物的质押率进行了研究。拉加万和米什拉（Raghavan and Mishra，2011）进一步分析了供应链上零售商和生产商同时受到资金约束时质押率的决策问题，并比较了银行针对零售商和生产商独立做出的质押率决策与联合做出的质押率决策的不同。科斯等（Cossin et al.，2003）考虑企业违约概率外生情况，给出了与银行风险承受能力相一致的质押物折扣率。陈等（2013）、弗里克森等（Fredriksson et al.，2014）在企业违约概率外生的假设前提下，研究质押率及信贷决策的问题。一些学者认为银行的信贷决策既与质押物价值有关，也与企业的违约风险有关。李毅学等（2009）应用"主体 + 债项"（主体是指企业的主观违约率，债项是指质押贷款的客观违约风险）的风险评估策略，对价格随机波动下的库存商品的质押率进行了研究。

关于供应链外部融资模式中，假设银行处于完全竞争的融资市场，研究供应链中企业存在资金约束并向银行借贷时，供应链的最优运作策略。例如：陈祥锋等（2008）、陈和王（2011）、陈（2015）的研究表明当零售商出现资金约束时，外部融资可为整个供应链创造新价值，并且资本市场的竞争程度将直接影响零售商、供应商和金融机构的具体决策。来等（Lai et al.，2009）研究了当供应商和零售商都存在资金约束，需要向金融机构借款时，预定模式、寄售模式和混合模式对供应链绩效的影响，并从供应商的角度证明了混合模式是最佳的。卡尔登特和豪格（Caldentey and Haugh，2009）针对资金约束的零售商，设计了带金融套期保值的柔性采购合同，研究了供应链协调问题；拉加万和米什拉（2010）的研究表明，在制造商和零售商都存在资金约束时，若银行向制造商提供融资，那么他也有动机同时向零售商提供融资；库韦利斯和赵（Kouvelis and Zhao，2011）建立了具有破产成本的 Stackelberg 博弈模型，研究了存在破产成本时的银行融资问题，给出了供应商和零售商的最优决策，并且分析了零售商的资金水平及破产成本对最优决策的影响。鲁其辉和曾利飞等（2012）研究了供应链利用银行资金采取应收账款融资时，零售商的多周期订货和库存决策。

在银行融资过程中，信贷风险始终是制约企业的最优融资规模。因此，许多学者关注信贷风险的分担契约与风险担保机制。例如：来等（2009）在考虑零售商破产损失的情况下，建立了供应商分享零售商的库存风险的模型。李和瑞伊（2010）在存货质押融资环境下研究了回购机制的作用，指出：当考虑融资成本时，回购机制并不能使供应链的利益达到最大化，而只有供应商连带提供商业信用时，才能完全协调供应链。王文利等（2013）研究了银行下侧风险控制下零售商的最优订购策略，并分析了银行风险控制标准和供应商的回购价格（回购价格是一种外生变量）对零售商最优订购量的影响，得出零售商订货不受银行风险控制影响时，供应商的回购价格临界值。白世贞和徐娜（2013）在设定目标订购量回购契约（零售商的订购量超过目标订购量，供应商才会以某一固定的价格回购产品）的基础上，给出了下侧风险控制模式下的最优质押率决策结果。严和孙（2013）设计了一个零售商的数量折扣协调机制。德尔克（Diercks，2004）介绍了一些物流金融业务风险监控的办法，指出第三方或物流企业参与监控的必要性。伍特克等（Wuttke et al.，2013）通过6个案例说明了第三方物流企业在供应链融资创新中所起的作用。陈（2011）指出第三方物流企业在资金约束供应链中扮演代理和控制角色时，可以为资金约束供应链创造新的价值。王文利和骆建文（2014）比较了无保险、全额保险和共同保险下供应商为零售商提供的最优交易信用数量。

2.1.3 供应链内外融资模式的比较

为比较供应链内部融资和外部融资两种模式对资金约束供应链创造的融资价值，许多学者在不同的环境下，针对供应链内外两种融资进行对比研究。例如：巴比奇等（2007）、古卜达和王（Gupta and Wang，2009）在假设商业信用和银行融资成本为外生变量时，指出银行信用和商业信用是可以替代的，企业应选择融资成本越低的融资渠道；周和格罗内维尔特（Zhou and Groenevelt，2007）指出银行处于垄断地位，银行信用要优于贸易信用；而法布芮和梅尼奇尼（Fabbri and Menichini，2010）认为相对于银行来说，供应商更加容易掌握与零售商的交易信息，因此供应商有动机向具有资金约束的下游企业提供商业信用，但他更愿意提供有形的原材料，而非现金；库韦利斯和赵（2012）比较了有资金成本下的供应商融资与银行融资问题，设计了最优两阶段价格延期付款合同的结构，研究表明在一定假设下，供应商总是应该以低于无风险利率的优惠提供延期付款给零售商，最优合同下零售商偏好于供应商融资而非银行融资；钟远光和周永务等（2011）研究了商业信用和银行融资两种渠道下零售商的订货和定价问题，并指出商业信用对零售商更有利。陈（2015）指出当银行处于完全竞争市场时，贸易信用比银行信用更优越，并且比较了两种融资渠道下的收益共享契约。景等（Jing et al.，2012）指出银行信用和商业信用均有可能成为融资均衡，并给出了商业信用和银行信用融资均衡的条件。弗利特等（Vliet et al.，2015）对逆向保理和延期支付两种融资手段进行研究，给出两种融资方式均衡时的融资利率和信用期。

2.1.4　考虑竞争环境下的供应链融资决策

从上述的研究文献来看，大部分学者都是从供应链上下游企业的利益出发，讨论商业信用或者银行借贷两种融资渠道下，供应链上企业运营（订购量、批发价、库存等）和融资渠道的均衡问题，不考虑供应链所处的市场环境对融资决策的影响。近年来，一些学者也开始关注竞争环境下的供应链融资决策问题。

瓦德基和巴比奇（Wadecki and Babich，2010）研究了面临古诺竞争的制造商通过向供应商提供财务补贴来改善供应商的资金状况，分析了两个制造商分享同一个供应商和两个制造商向不同的供应商采购两种结构下存在供应商破产时的最优融资决策，研究发现当制造商存在竞争时，供应商获得的财务补贴会减少，并且竞争强度的增加会降低供应商的可靠性。马中华和陈祥锋（2014）在信息不对称的情况下，将零售商分为优质和劣质，讨论了零售商处于三种竞争环境（高度竞争、适度竞争和低度竞争）下的贸易信用合同。金伟和骆建文（2016）分析了当上游供应商资金约束时，两个竞争型制造商的资金补偿及均衡订货策略。研究结果表明，当资金机会成本低于某一临界值时，两个制造商均提供资金补偿。乔德（Chod，2016）探讨在一个零售商向两个竞争型供应商进行采购，销售两种可替代性产品时，商业信用和银行信贷模式对零售商库存策略的影响。指出，商业信用可以缓解零售商的库存不平衡的现象。杨等（Yang et al.，2017）在确定性需求基础上，考虑两个竞争型零售商发生资金约束时，一个零售商采取商业信用，另一个零售商采取银行融资时，零售商的订购决策和供应商的定价策略。佩拉等（Peura et al.，2017）借助 Betrand 竞争模型，建立了当供应商处于竞争环境时，向零售商提供商业信用的融资决策模型。研究表明，商业信用可以弱化供应商的价格竞争，在竞争环境下，供应商的均衡定价将大于产品的边际成本。并且，在商业信用融资模式下，一个拥有更多资金的供应商将排挤更弱的竞争者。吴等（Wu et al.，2018）借助竞争型报童模型，研究了当一个制造商将产品卖给多个竞争型零售商时，零售商的资金不对称对商业信用融资模式下订购决策的影响。并且，通过数值仿真分析了制造商的最优批发价决策，以及银行信贷与商业信用融资模式的均衡决策。结论表明：当零售商中的弱者拥有更少的自有资金时，相比于银行信贷模式，制造商更加愿意提供商业信用给资金约束的零售商。

从上述文献来看，在经典的由单一零售商和单一供应商构成的二级供应链环境下，关于供应链的商业信用融资和银行信贷融资决策的理论研究成果比较丰富，相对而言，讨论竞争环境下的供应链融资决策的理论研究成果还比较少。

2.2　关于区块链技术下供应链融资决策研究

自 2008 年中本聪（Satoshi Nakamoto）发表第一篇论文《比特币：一种点对点的现金交易系统》以来，区块链作为一种数字加密货币体系的支撑技术，逐渐被人们关注。工信部中国区块链技术和产业发展论坛标准发布的《区块链参考架构》中定义区块链为："一种在对等网络环境下，通过透明和可信规则，构建不可伪造、不可篡改和可追溯的块链式数据结构，实现和管理事务处理的模式。"区块链技术具有的去中心化、可追溯、不可篡改和智能合约等特征，在解决供应链金融中信息不对称、融资效率低等问题方面发挥了重要的作用，其应用潜力被产业界所认可，也逐渐被学术界所关注，关于区块链对供应链融资决策影响的相关研究也不断出现。主要有以下几方面。

2.2.1　区块链技术下供应链金融平台的设计

徐和姚（2016）设计了一个数字票据平台，平台成员之间的协议通过智能合约完成；段伟常（2018）构建了区块链在不同供应链金融模式下的应用理论框架；宋华（2019）从产业生态的角度认为区块链技术可以在金融活动和产业活动两个层面提升企业融资效率；储雪俭（2018）给出了区块链在金融机构主导、交易平台主导和第三方平台主导三种情形下的供应链金融业务模式中的应用特征；林楠（2019）建立了基于核心企业和基于互联网金融企业的区块链供应链金融服务框架，并对比分析了两种模式的优势。白燕飞等（2020）以4家供应链金融平台为例，阐述了区块链技术在平台应用的一般性原理、方法及模式。宁和元（Ning and Yuan，2021）通过案例研究，提出了一个基于区块链的供应链融资平台商业模式重构框架。

2.2.2　区块链对供应链金融的价值分析

巴比奇和希拉里（Babich and Hilary，2020）指出区块链能够提高供应链金融信息的透明度、避免信息不对称和道德风险，但同时也存在数据冗余、黑箱效应和低效等不足。奥夫曼等（Hofman et al.，2017）强调区块链可以避免应收账款融资中的欺诈和重复融资问题。杜等（Du et al.，2020）认为区块链解决了供应链参与者之间的不信任问题，提高了资金流和信息流的效率，降低了成本，为供应链相关方提供了更好的金融服务。唐丹和庄新田（2019）分析了区块链债转平台在扩大供应商产量、降低供应链融资成本、提高应收账款融资收益等方面的价值。董等（Dong et al.，2021）指出区块链在多层级供应链中使用预付款融资来缓解供应中断风险，影响多层供应链中代理商的运营和财务决策以及利润水平。胡东滨等（2021）运用文献计量的方法，对比分析了国内外在"区块链＋"商业模式创新应用方面的异同，指出国内学者更加聚焦区块链在金融领域的研究，国外研究更多探索多行业商业模式的创新研究。宋华等（2021）运用文献计量工具挖掘的方法，综述了区块链在供应链金融应用场景中的研究热点趋势和主题。

2.2.3　区块链对企业融资决策的影响

乔德（2020）首次从信号成本的角度建立了区块链技术对企业融

资决策影响模型，提出在一定条件下，区块链以较低的信号成本促使企业获得融资。卡塔利尼和甘斯（Catalini and Gans，2017）认为区块链可以降低企业交易成本，从而提高企业融资效率。廷（Tinn，2018）建立了区块链驱动下供应链企业之间的动态博弈模型，表明区块链下的融资合同设计取决于产品市场的基本特征以及公司的效益诉求。龚强等（2021）运用贝叶斯博弈方法，将存货抵押信息分为可核验信息和不可核验信息两类，建立供应链存货抵押融资中企业策略性信息操纵行为的理论模型，研究表明：当上链企业数量和上链信息质量达到一定程度时，银行将采取区块链技术防范的供应链金融风险，数字供应链金融优于传统供应链金融；反之，银行将采取传统的线下尽职调查的方式来防范风险，传统供应链金融将更具优势。李健等（2020）建立了区块链下供应链存货质押融资策略的数理模型，分析区块链技术对质押率决策的影响，研究表明，区块链适合产品利润率高、初始库存更高的企业，在同样风险容忍水平下，区块链可以提高银行的质押率上限。邓爱民和李云凤（2019）针对智能合约的自动化执行机制进行了建模分析，对考虑区块链影响的供应链保理融资过程进行三方（银行、核心企业、上游供应商及各系统信息模块）博弈分析，得出三方的均衡解（放贷、还款、还款），并分析了区块链技术对主体方行为的优化作用。区块链在多层级供应链融资决策分析方面的理论成果还不多见，刘露等（2021）建立了一个三级供应链中（其中生产商资金充足、分销商和零售商均受资金约束）信用传递功能驱动下的区块链供应链金融决策模型，指出当企业资金时间价值率较高时，区块链供应链金融可以为供应链创造更大价值。

从上述研究文献来看，随着人们对区块链在供应链金融领域研究的广泛关注，研究区块链对供应链金融的价值也逐渐增多，但运用数理模型研究区块链对供应链运营和融资决策影响的理论研究成果还是占少数，对尚未形成具体可以指导区块链在供应链融资研究领域的理论体系及决策模型。

2.3 关于绿色供应链融资决策研究

随着人们环保意识的逐渐提升，开始在各个领域追求绿色可持续的发展。其中不但包括生产技术的革新，也包括供应链管理上的转变。绿色供应链即将环境因素整合到供应链产品的设计、采购、生产、包装、物流和分配等各个环节中的过程，现在已经发展为环境、社会、经济上多维度的可持续发展。

2.3.1 绿色供应链管理

不少学者通过使用博弈论和建立数学模型的方式，探究绿色供应链上企业的运营决策。谢和陈（Sheu and Chen，2012）从政府的角度，分析了在竞争环境中的绿色供应链，政府减税并且补贴的金融投资的政策对绿色供应链中制造商的绿色程度激励的大小。江世英和李随成（2015）研究了绿色供应链模型及收益共享契约，对四种博弈模型在产品绿色度、产品价格以及批发价等方面进行比较。黄辉（2018）在此基础上继续考虑了产品绿色度的闭环供应链定价策略，研究了公平偏好对零售价格、批发价格、绿色度水平和废旧品回收率的影响。王康和钱勤华等（2019）以供应链为背景，讨论了有无绿色金融贷款下的供应链低碳排放水平，发现绿色金融利率是决定制造商利润的关键因素。吉等（Ji，Zhang and Yang，2017）考虑了一个双零售商并且售卖绿色产品的供应链，为这种模式下的供应链上各方确定定价策略和批发合同，发现在制造商进行绿色投资后，各方的利润都有增加。马赫和严（Maher and Yan，2020）根据消费者对产品绿色特性的支付意愿进行细分，给出了绿色产品的定价和定位策略以及协调分散决策供应链的协调机制，使分散供应链可以达到最佳盈利水平。朱和何（Zhu and He，2017）认为在竞争市场下，绿色产品价格竞争可以更好提升供应链的均衡绿色程度，而单纯的绿色程度竞争只会降低均衡绿色程度。杨、蔡和韦等（Yang，Cai and Wei et al.，2019）分析了港口供应链的运作，以控制排放为目的，研究了在三种不同博弈模型下，发现选择岸电与低硫燃料的港口供应链减排策略为最优。以上都是通过建立数理模型来分析绿色供应链，得出最优均衡决策，为实践管理提供指导。

除了使用博弈数学模型对绿色供应链进行分析之外，还有不少学者通过统计原理，对绿色供应链企业运营进行分析。

艾 - 谢耶迪和穆伊尔德曼（Al - Sheyadi and Muyldermans，2019）

则是对通过 138 家企业的调查数据建立统计模型，发现绿色供应链管理者应当注重全面管理实践，而不是寻求单个最佳。张璇和马志军等（2017）基于元分析方法，探究了影响企业绿色供应链的因素，指出企业的绿色供应链受社会系统因素、生产系统因素和消费系统因素的影响。扎伊拉尼等（Zailani et al.，2015）针对马来西亚的汽车行业进行研究，收集了 153 家相关公司对其绿色举措的绩效进行分析，为汽车行业的战略规划设计提供指导。约瑟夫·萨尔基斯等（Joseph Sarkis et al.，2010）早在 2010 年就对当时已有的关于绿色供应链的文章进行了梳理分类，分析出了绿色供应链中值得研究的几个问题，如投资，资金问题等。针对绿色供应链的研究很多，从物流运输，到原材料加工，到生产管理过程，到最后零售商营销设计，供应链的每一个环节都可以通过进行"绿色改造设计"来实现绿色可持续发展，这为学者提供了广泛的研究空间。然而在以上文献中所用到的模型，多为确定型模型，其参数之间的关系多为线性，而根据马库斯·勃兰登布尔等（Marcus Brandenburg et al.，2014）通过文献计量量化的方法所得出的结论，现有的大多数研究绿色供应链的文章都使用了确定性的参数变量进行研究，并在接下来的研究中需要更加注重不确定的决策环境，将更多不确定因素纳入模型。

将随机不确定性纳入绿色供应链研究之中，虽然增加了难度，但也使得研究更为贴合实际，更具有研究价值。并且以上研究均忽略了供应链企业受资金约束的情形，在绿色供应链的实践中，资金约束对供应链企业的绿色程度、订货量等决策具有重要影响。本书基于以上关于绿色供应链和消费者绿色偏好的研究，在资金约束的条件下探讨了企业的可持续发展策略，从而为资金约束下供应链企业的绿色运营提供管理启示。

2.3.2　绿色供应链金融

在供应链金融的研究中，通常把风险看作市场不确定性，这种不确定就可以加入绿色供应链的研究中，可以填补绿色供应链研究中，关于不确定性研究的部分空缺。目前对于绿色供应链金融的研究并不算很多。

大多数学者通过建立博弈模型的方式展开研究。周永圣和梁淑慧等（2017）基于政府对银行和企业的绿色金融信贷补贴，对企业是否采取绿色信贷的问题，分别讨论了长期和短期两种角度，发现从长期角度来看，在没有政府监督的情况下，企业和银行才会选择绿色信贷。杨浩雄和段炜钰（2019）分别研究了在分散决策和集中决策下，存在资金约束的制造商融资方式对供应链中企业最优决策的影响，给出了不同融资决策下制造商与零售商的最佳决策策略。察奥等（2009）针对信用期融资中的供应商的可持续绿色发展，发现更高的碳价格会降低回收成本，但也会减少企业订货量和供应链上企业的总利润。吴等（2019）对比分析了在零售商有资金约束时银行融资和信用期融资对供应链上订货量，以及制造商绿色程度的影响，得出信用期融资更有利于提升制造商的绿色程度。在此基础上，还设计了可以均衡绿色供应链的收益分享和制造商补偿合同。曹等（Cao et al.，2019）研究了一个包含一个供应商和一个制造商的二级供应链，考虑了碳交易和制造商有资金约束的情况，发现信用期融资往往优于银行融资。詹等（Zhan et al.，2018）研究了提前支付和银行反向保理两种金融支付方式对整个供应链的绿色可持续程度的影响，指出在反向保理中存在帕累托区域可以使这种支付方式优于提前支付。来和宋（Lai and Song，2020）通过建立数学模型，研究了有资金约束且生产绿色产品的制造商在银行融资和混合融资下的均衡策略，并且通过数字仿真的方式将两种方式进行比较，发现在制造商初始资金较多时，银行单一融资更能促进制造商绿色产品的生产，较低时则是混合融资。

付等（Fu et al.，2020）则对现有的 47 篇关于绿色供应链金融的文献进行分析研究，解释了这些理论研究如何推进可持续供应链发展，并且构建了绿色供应链金融概念的框架。关于绿色供应链金融，仍然有很多的研究空间，以上只是选取了部分供应链金融的模式再加上绿色金融后的研究，对于竞争环境中绿色供应链金融的作用，多级供应链中绿色供应链金融的模式等，都值得继续去研究和拓展。

2.4 研究述评

综上可知，虽然学术界对企业运营与财务管理的交叉领域进行了广泛研究，针对供应链融资问题进行了深入的探讨，取得了一系列丰硕的成果，但随着供应链金融实践的不断创新，目前理论研究中仍存在一些不足，具体如下：

（1）目前，针对产业链供应链安全和稳定视角下，供应链融资仅考虑单个企业的资金短缺问题。而现实中，任何企业都处于一定的市场竞争环境。当考虑多个供应商生产可替代性产品而处于市场竞争环境时，下游零售商应如何为供应商提供预付款融资服务，供应商如何安排生产可以发挥融资的最大作用及价值，以及市场竞争强度对预付款融资产生了怎样的影响，这是本书要研究的一个问题。同样，制造商为扩大销售市场规模，通常采取多渠道的销售方式。因此，针对渠道竞争环境下，供应商应如何为资金约束的零售商提供商业信用融资服务，以及不同渠道的资金状况如何影响商业信用融资模式中企业的运营决策是本书要研究的问题。

（2）现有关于区块链在供应链金融方面的应用研究大部分属于阐述性、概念性或者实证类型的定性分析，缺乏数学建模方面的定量研究。从现有关于区块链在供应链金融领域中应用的研究来看，现有文献主要探讨区块链技术可追溯功能在供应链运营管理中的应用，或者运用博弈论的思想分析区块链在供应链金融中的有效运行，区块链技术对供应链融资模式运营决策影响的理论研究成果还不丰富，区块链对多级供应链融资带来多大的创新价值仍是区块链＋供应链金融领域中有待深入探讨的课题。

（3）从已有研究文献来看，目前供应链金融和可持续供应链管理的研究是分离的，然而，实践中企业采取融资手段推动供应链可持续发展已逐渐被关注和推广。如何分析企业通过供应链金融服务激励企业提高产品的绿色程度、增加碳减排的努力程度以及可持续发展的投入，从而推动绿色供应链金融的发展是有待研究的问题。

第二篇　安全稳定视角下供应链融资策略研究

　　面对当前国际经济形势中不确定性、不稳定因素的增多，着力提升产业链供应链的安全和稳定是我国经济高质量发展的重要内容，供应链金融在加强产业链供应链安全和稳定性，盘活供应链资金流问题，解决链上中小企业融资困境等方面发挥了积极作用。本篇基于产业链、供应链安全和稳定的视角，研究供应链的融资决策问题。

第3章 零售商采购资金约束的供应链融资策略

随着经济一体化的不断加快和市场竞争的日益加剧，资金约束已经成为制约各大中小型企业甚至国际大型企业发展的普遍问题。如美国国家研究理事会于 2012 年 12 月 5 日发表的报告称，资金短缺将迫使 NASA 这家航空机构更难以在雄心勃勃的项目上取得进展。2012 年中国企业第三财报季的统计数据显示，诸如河北钢铁、广东美的、百盛商业集团等较多大型企业出现现金流转为负的情况。对于零售商而言，采购资金约束往往使其无法实现无资金约束情况下的最优订购量，从而直接影响企业的运营决策和效益。而且，由于现代企业的竞争主要体现在企业所在供应链之间的竞争，所以，零售商的采购资金约束会在供应链上进行传播，影响供应链中其他节点企业的发展。目前，解决零售商采购资金约束问题主要有两种途径：

一种是通过商业信用进行融资。卖方在销售产品时为客户提供一定的延迟付款期限，从而使买方获得卖方给予的短期内部融资，这种融资方式有时也被称为供应商融资或供应链内部融资。近年来，商业信用在市场交易过程中得到了越来越广泛的应用。在美国，约有 80% 的公司在买卖过程中为客户提供商业信用服务。

另一种是通过向第三方金融机构（如银行、证券机构等）寻求合适的融资服务产品，缓解企业的资金周转困难问题。其中，存货质押作为一种现代物流发展延伸的金融产品，在解决企业融资难、银行贷款风险大等方面起了重要的作用，受到人们的普遍关注。零售商可以借助供应链上核心企业的信用水平，以存货价值作为质押，以一定的贷款利率向银行融集资金。这两种融资方式在现实市场环境中都普遍存在，发挥着各自的作用。

然而，在供应商作为核心企业的二级供应链系统中，当零售商采购资金受到约束时，供应商在零售商融资过程中都需要承担一定的责任和风险。商业信用给予的赊销服务使下游企业向上游企业进行资金挤压，导致供应商延迟购买原材料，缩短生产存货，相应地推迟交货时间，从而给供应链的持续运营带来风险。所以，当供应商为零售商提供商业信用融资时，需要支付一定的融资成本。由于大多数零售商没有足够的抵押资产和第三方保证，所以，银行为避免资金风险，在为零售商办理存货质押融资业务时都需要供应商承担一定的担保责任。因此，对于两种融资方式，零供双方应该如何做出融资决策？这是一个值得思考的问题，而在现有文献中，关于融资方式的选择策略研究还不多见。

本章讨论的二级供应链系统中，供应商为 Stackelberg 博弈领导者，零售商为跟随者。基于随机需求服从均匀分布的假设条件下，建立商业信用和存货质押两种融资方式下，供应链上零售商和供应商的决策模型，考虑零售商和供应商的共同利益，给出供应链融资方式的选择策略。

3.1　问题描述与模型假设

3.1.1　问题描述

考虑由单一供应商和单一"报童型"零售商构成的二级供应链系统。当零售商自有采购资金 B 不能满足其订购需求 q 时（B < wq），有两种融资方式可供选择。一种是利用供应商提供的商业信用进行融资：零售商先支付 B 给零售商，剩下的 wq − B 可延迟到信用期满时再支付。供应商给予的信用期 M 不小于零售商的销售周期 T（M≥T），当 M 大于一定范围时，供应商将不能赢利，因此，供应商将就信用期 M 的大小进行决策。另一种是利用银行提供的存货质押服务进行融资：经银行认可的第三方物流企业的评估，零售商将价值为 wq 的货品放入第三方物流企业进行质押，获得物流企业开具的仓单。零售商支付给供应商采购资金 B，银行凭此仓单依据将零售商贷款金额 wq − B 转给供

应商，贷款利率为 r_b。待销售季节末，零售商支付第三方物流企业存储保管费用 hq，偿还银行本息（wq – B）（1 + r_b）。为确保零售商能够通过实现的销售收入偿还贷款本息，避免存在的信贷风险，银行通常要求供应商为零售商提供一定的担保。本书讨论的担保服务是，当产品在市场销售过程中出现供过于求时，供应商将以单价 s 从零售商处进行回购，从而达成供应商、零售商和银行之间的三方合作协议。本书研究的基于零售商两种融资方式的供应链系统框架如图 3.1 所示，图 3.1（a）表示通过商业信用进行融资，图 3.1（b）表示通过存货质押服务进行融资。

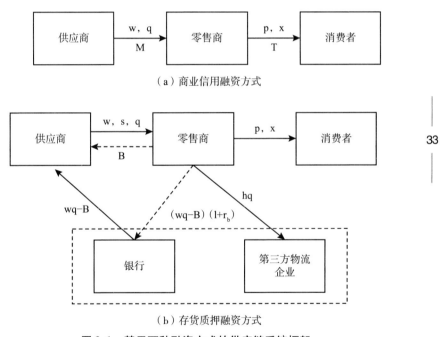

（a）商业信用融资方式

（b）存货质押融资方式

图 3.1　基于两种融资方式的供应链系统框架

3.1.2　模型假设

与此类研究的通常假设一样，以下对所建立的模型及模型中使用的主要符号进行假设。

（1）供应商、零售商和银行三方之间均具有完全信息，即信息对称，且三者都属风险中性者，追求利益的最大化。

（2）"报童型"零售商在销售周期前订货，且只有一次订货机会。

（3）供应商提供的产品中没有瑕疵品，且一次性向零售商发货。

（4）零售商缺货损失费用为零。

（5）无论零售商采取何种融资方式，都有可能出现拖延付款的情况，从而产生滞纳罚金。本书假设零售商遵守合约条款，不拖欠债务。

（6）在销售周期内，零售商不产生额外的机会收益。在销售季节末到商业信用期满这段时间内（即（T，M]），零售商可利用销售收入进行投资，获取机会收益，而供应商因零售商的延迟支付，在商业信用期内将产生融资成本。

（7）银行为零售商提供存货质押融资服务，其贷款利率不能使零售商无法承受而导致破产。若零售商在融资情形下的利润小于利用自有资金订货所获得的利润，那么，零售商将放弃融资服务，转而利用自有资金进行订货。

文中使用的主要符号如下：

p，w，v，c：单位商品的零售价格、批发价格、残值、生产成本价，均为固定的外生变量且 $p > w > v \geqslant c$；s：单位商品的回购价格，且 $s \geqslant v$；h：单位商品的库存保管费用；x：商品的市场随机需求量且 x 服从 $[a，b]$ 上的均匀分布（$b > a \geqslant 0$），其概率密度函数和分布函数分别为 $f(x)$ 和 $F(x)$，且 $F(x)$ 连续，$F(a) = 0$，$F(b) = 1$；$q_i (i = 0，1，2)$：分别表示零售商利用自有采购资金、商业信用融资方式、存货质押融资方式下的订货量；q_N：零售商资金充足时，按经典报童模型决策的订购量；B：零售商的自有采购资金；T：零售商的销售周期，为一个固定常数；M：供应商给予零售商的商业信用期，且 $M \geqslant T$；r_b：银行的贷款利率，为一个固定常数；I_e：单位商品单位时间零售商的机会收益利率，且 $I_e < r_b$；I_m：单位商品单位时间供应商的机会成本利率，且 $I_m < r_b$；$\pi_{r,N}$：表示经典报童模型下，零售商的利润；$\pi_{s,N}$：表示经典报童模型下，供应商的利润；$\pi_{r,i}$，$\pi_{s,i} (i = 0，1，2)$：分别为零售商和供应商的利润，0，1，2 为标号，分别表示零售商利用自有资金、商业信用融资和存货质押融资方式下的变量。

3.2　商业信用融资方式下的供应链决策模型

在经典报童模型中，零售商的利润为 $\pi_{r,N} = (p - w - h)q_N + v\min(0,$ $x - q_N)$，可得到采购资金充足时零售商的订购量为 $q_N = F^{-1}\left(\dfrac{p - w - h}{p - v}\right)$。此时，零售商的期望利润为 $E(\pi_{r,N}) = (p - w - h)q_N - (p - v)\int_0^{q_N} F(x)dx$，供应商的利润为 $\pi_{s,N} = (w - c)q_N$。

当零售商利用自有资金 B 进行订货时，订购量 $q_0 = B/w$，此时，零售商和供应商的利润分别为：

$$\pi_{r,0} = \begin{cases} p\dfrac{B}{w} - h\dfrac{B}{w} - B & x \geqslant \dfrac{B}{w} \\[3mm] px + v\left(\dfrac{B}{w} - x\right) - h\dfrac{B}{w} - B & x < \dfrac{B}{w} \end{cases} \tag{3.1}$$

$$\pi_{s,0} = (w - c)\dfrac{B}{w} \tag{3.2}$$

$$E(\pi_{r,0}) = (p - h)\dfrac{B}{w} - B - (p - v)\int_a^{B/w} F(x)dx$$

$$= (p - h)\dfrac{B}{w} - B - (p - v)\dfrac{(B/w - a)^2}{2(b - a)} \tag{3.3}$$

为扩大零售商的订购量，增加零售商的利润，供应商为零售商提供商业信用融资服务。零售商先支付货款 B 给供应商，剩下的货款 $wq_1 - B$ 将延迟到商业信用期满时支付。因为 $M \geqslant T$，所以在 $(T, M]$ 内，零售商可利用销售收入进行投资，获得机会收益，而供应商在商业信用期内产生机会成本。由此，零售商的利润为：

$$\pi_{r,1} = \begin{cases} pq_1[1 + I_e(M - T)] - (wq_1 - B) - hq_1 - B & x \geqslant q_1 \\[2mm] px[1 + I_e(M - T)] + v(q_1 - x) - (wq_1 - B) - hq_1 - B & x < q_1 \end{cases}$$

$$\tag{3.4}$$

可得，零售商的期望利润为：

$$E(\pi_{r,1}) = \{p[1 + I_e(M - T)] - w - h\}q_1$$

$$- \{p[1 + I_e(M - T)] - v\}\int_a^{q_1} F(x)dx \tag{3.5}$$

由于 $\dfrac{\partial^2 E(\pi_{r,1})}{\partial q_1^2} = -\{p[1 + I_e(M - T)] - v\}f(q_1) < 0$，所以，零售商的期望利润是订购量 q_1 的凹函数。令 $\dfrac{\partial E(\pi_r^1)}{\partial q_1} = 0$，得到零售商的最优订购量 q_1^*：

$$\dfrac{\partial E(\pi_{r,1})}{\partial q_1} = 0 \Rightarrow F(q_1^*) = 1 - \dfrac{w + h - v}{p[1 + I_e(M - T)] - v} \Rightarrow q_1^*$$

$$= b - \dfrac{(b - a)(w + h - v)}{p[1 + I_e(M - T)] - v} \tag{3.6}$$

从式（3.6）可以看出，零售商的最优订购量 q_1^* 仅与信用期 M 有关，且 M 越长，q_1^* 也越大。将式（3.6）代入式（3.5）可知，零售商的最优利润 $E(\pi_{r,1})$ 由信用期 M 唯一确定。此时，$\dfrac{dE(\pi_{r,1})}{dM} = pI_e[q_1^* - \int_0^{q_1^*} F(x)dx] > 0$。而当 $M = T$ 时，$q_1^* = q_N$，$E(\pi_{r,1}) = E(\pi_{r,N})$。因此，当 $M \geq T$ 时，$E(\pi_{r,1}) \geq E(\pi_{r,N})$。可见，商业信用融资模式可使零售商的利润比经典报童模型下所获得的利润更大。然而，对供应商而言，其利润函数为：

$$\pi_{s,1} = (w - c)q_1^* - (wq_1^* - B)I_m M \tag{3.7}$$

从式（3.7）可知：M 越大，零售商订购量 q_1^* 越大，供应商得到的销售收入 $(w - c)q_1^*$ 也越大，同时，因商业信用产生的机会成本 $(wq_1^* - B)I_m M$ 也越大，因此，供应商应对信用期 M 进行决策。

命题 3.1 假设商品的市场随机需求量 x 服从 $[a, b]$ 上的均匀分布（$b > a \geq 0$），零售商采购资金受到约束时，供应商为零售商提供商业信用融资服务，则最优的商业信用期 M^* 为：

$$M^* = \begin{cases} \bar{M} & B \geq wb - \dfrac{(b - a)(w + h - v)}{p - v}\left[w + \dfrac{(w - c - wI_m T)pI_e}{(p - v)I_m}\right] \\ T & B < wb - \dfrac{(b - a)(w + h - v)}{p - v}\left[w + \dfrac{(w - c - wI_m T)pI_e}{(p - v)I_m}\right] \end{cases} \tag{3.8}$$

其中，$\bar{M}$ 为方程 $G(M) = (w - c - wI_m M)\dfrac{(b - a)(w + h - v)pI_e}{\{p[1 + I_e(M - T)] - v\}^2} - \left[wb - B - \dfrac{w(b - a)(w + h - v)}{\{p[1 + I_e(M - T)] - v\}}\right]I_m = 0$ 的正根。

证明：由式（3.7）可得：$\dfrac{\partial^2 E(\pi_{s,1})}{\partial M^2} = -2wI_m \dfrac{\partial q_1^*}{\partial M} - (w - c - wI_m M)\dfrac{\partial^2 q_1^*}{\partial M^2}$，

而$\dfrac{\partial q_1^*}{\partial M} = \dfrac{(b-a)(w+h-v)pI_e}{\{p[1+I_e(M-T)]-v\}^2}$，$\dfrac{\partial^2 q_1^*}{\partial M^2} = -2\dfrac{(b-a)(w+h-v)(pI_e)^2}{\{p[1+I_e(M-T)]-v\}^3}$，对于

单位商品而言，供应商给予零售商商业信用后仍需保持利润大于零，即 $w -$

$c - wI_m M > 0$。因此，$\dfrac{\partial^2 E(\pi_{s,1})}{\partial M^2} < 0$，$\pi_{s,1}$ 是信用期 M 的凹函数。令：

$$\frac{\partial \pi_{s,1}}{\partial M} = G(M) = (w - c - wI_m M)\frac{(b-a)(w+h-v)pI_e}{\{p[1+I_e(M-T)]-v\}^2}$$
$$- \left[wb - B - \frac{w(b-a)(w+h-v)}{\{p[1+I_e(M-T)]-v\}}\right]I_m \qquad (3.9)$$

得：$\lim\limits_{M\to +\infty} G(M) = -(wb-B)I_m < 0$。

ⅰ）当 $wb - \dfrac{(b-a)(w+h-v)}{p-v}\left[w + \dfrac{(w-c-wI_mT)pI_e}{(p-v)I_m}\right] \leqslant B$ 时，

$\lim\limits_{M\to T}G(M) = (B - wb)I_m + \dfrac{(b-a)(w+h-v)}{(p-v)}\left[wI_m + \dfrac{(w-c-wI_mT)pI_e}{(p-v)}\right] \geqslant$

0，因而，方程 $G(M) = 0$ 存在根 $\overline{M} \in [T, +\infty)$。此时，$M^* = \overline{M}$。

ⅱ）当 $B < wb - \dfrac{(b-a)(w+h-v)}{p-v}\left[w + \dfrac{(w-c-wI_mT)pI_e}{(p-v)I_m}\right]$ 时，

$\lim\limits_{M\to T}G(M) < 0$，由$\dfrac{\partial^2 E(\pi_{s,1})}{\partial M^2} < 0$ 可知，$\dfrac{\partial \pi_{s,1}}{\partial M}$ 为 M 的单调递减函数，因

此，$\dfrac{\partial \pi_{s,1}}{\partial M} < 0(M \geqslant T)$，M 越大，$E(\pi_{s,1})$ 越小。此时 $M^* = T$。

由命题 3.1 可知，供应商给予零售商的商业信用期与零售商的自有资金 B 相关。给定某个 B 值，可得到最优信用期 M^* 值，将 M^* 值代入式（3.6）中，可得到商业信用融资方式下，零售商的最优订购量。供应商为零售商提供商业信用的目的是激励零售商扩大订购量，因而，$wq_1^* = w\left[b - \dfrac{(b-a)(w+h-v)}{p[1+I_e(M^*-T)]-v}\right] > B$，否则，零售商将利用自有资金进行采购。因此，零售商的最优订购量 q_1^*、零售商的期望利润 $E(\pi_{r,1})$ 和供应商的利润 $\pi_{s,1}$ 为：

$$q_1^* = \begin{cases} B/w & w\left\{b - \dfrac{(b-a)(w+h-v)}{p[1+I_e(M^*-T)]-v}\right\} \leqslant B \\ b - \dfrac{(b-a)(w+h-v)}{p[1+I_e(M^*-T)]-v} & w\left\{b - \dfrac{(b-a)(w+h-v)}{p[1+I_e(M^*-T)]-v}\right\} > B \end{cases}$$

$$(3.10)$$

$$E(\pi_{r,1}) = \begin{cases} E(\pi_{r,0}) & w\left\{b - \dfrac{(b-a)(w+h-v)}{p[1+I_e(M^*-T)]-v}\right\} \leqslant B \\ [p+pI_e(M^*-T)-w-h]q_1^* - & w\left\{b - \dfrac{(b-a)(w+h-v)}{p[1+I_e(M^*-T)]-v}\right\} > B \\ [p+pI_e(M^*-T)-v]\dfrac{(q_1^*-a)^2}{2(b-a)} & \end{cases}$$

$$(3.11)$$

$$\pi_{s,1} = \begin{cases} \pi_{s,0} & w\left\{b - \dfrac{(b-a)(w+h-v)}{p[1+I_e(M^*-T)]-v}\right\} \leqslant B \\ (w-c)q_1^* - (wq_1^*-B)I_m M^* & w\left\{b - \dfrac{(b-a)(w+h-v)}{p[1+I_e(M^*-T)]-v}\right\} > B \end{cases}$$

$$(3.12)$$

3.3 存货质押融资方式下的供应链决策模型

存货质押融资业务是依靠银行和第三方物流企业的支持，用以解决零售商资金约束问题的另一种有效的办法。零售商将价值为 wq_2 的产品作为抵押，获得银行的贷款金额 $wq_2 - B$，零售商将利用一边销售一边还款的方式赎回质押的产品。为避免零售商出现破产等风险，当产品市场需求小于零售商的订购量时，供应商为零售商提供一定的产品回购担保，单位产品的回购价为 s。由此，在存货质押融资方式下，零售商的期望利润为：

$$\pi_{r,2} = \begin{cases} pq_2 - wq_2 - hq_2 - (wq_2 - B)r_b & x \geqslant q_2 \\ px + s(q_2 - x) - wq_2 - hq_2 - (wq_2 - B)r_b & x < q_2 \end{cases} \quad (3.13)$$

可得，零售商的期望利润为：

$$E(\pi_{r,2}) = [p - w(1+r_b) - h]q_2 + Br_b - (p-s)\int_a^{q_2} F(x)dx$$

$$(3.14)$$

同理，易知：$\dfrac{\partial^2 E(\pi_{r,2})}{\partial q_2^2} = -(p-s)f(q_2) < 0$，所以，$E(\pi_{r,2})$ 是 q_2 的凹函数。令 $\dfrac{\partial E(\pi_{r,2})}{\partial q_2} = 0 \Rightarrow F(q_2) = \dfrac{p-w(1+r_b)-h}{p-s}$，即零售商的最优订购量为：

$$q_2^* = a + (b-a)\frac{p-w(1+r_b)-h}{p-s} \tag{3.15}$$

可见，s 是 q_2^* 的决策变量，s 越大，零售商的最优订购量 q_2^* 也越大。同时，$\dfrac{dE(\pi_{r,2})}{ds} = p\left[1 - F(q_2^*) + \dfrac{s}{p}F(q_2^*)\right](q_2^*)'_s + \displaystyle\int_a^{q_2^*} F(x)dx > 0$，所以，$s$ 越大，零售商的期望利润也更大。

在零售商采取最优订购量 q_2^* 的基础上，供应商的利润函数为：

$$\pi_{s,2} = \begin{cases} (w-c)q_2^* & x \geqslant q_2^* \\ (w-c)q_2^* - s(q_2^* - x) & x < q_2^* \end{cases} \tag{3.16}$$

可得：

$$E(\pi_{s,2}) = (w-c)q_2^* - s\int_0^{q_2^*} F(x)dx = (w-c)q_2^* - s\frac{(q_2^*-a)^2}{2(b-a)} \tag{3.17}$$

由式（3.17）可知，供应商的利润是回购价格 s 的函数，s 越大，零售商订购量越大，但供应商的回购代价也越大，所以，供应商需要对 s 进行决策。

命题 3.2 假设商品的市场随机需求量 x 服从 $[a, b]$ 上的均匀分布（$b > a \geqslant 0$），零售商采取存货质押方式进行融资，供应商为零售商提供回购担保。当银行利率 r_b 满足关系 $\dfrac{2(p-v)}{2p+v}(w-c) \leqslant p - w(1+r_b) - h \leqslant \dfrac{2(p-v)}{p+v}(w-c)$ 时，最优的回购价 s^* 为：

$$s^* = p - \frac{2p[p-w(1+r_b)-h]}{p-w(1+r_b)-h+2(w-c)} \tag{3.18}$$

且满足 $v \leqslant s^* \leqslant (p+2v)/3$。

证明：由式（3.17）可知，$\dfrac{\partial^2 E(\pi_{s,2})}{\partial s^2} = -2\dfrac{q_2^*-a}{b-a}(q_2^*)' - \dfrac{s}{b-a}$

$(q_2^*)'^2 + \left(w - c - \dfrac{q_2^*-a}{b-a}s\right)(q_2^*)'' = \dfrac{(b-a)[p-w(1+r_b)-h]}{(p-s)^3}\left\{-\left(2+\dfrac{3s}{p-s}\right)\right.$

$[p - w(1 + r_b) - h] + 2(w - c)\}$。由第 3.2 节模型假设中，$v \leq s$ 易得：

$\frac{3s}{p - s} \geq \frac{3v}{p - v}$，而 $\frac{2(p - v)}{2p + v}(w - c) \leq p - w(1 + r_b) - h$，因而，$\Big\{ -\Big(2 + \frac{3s}{p - s}\Big)$

$[p - w(1 + r_b) - h] + 2(w - c)\} \leq \Big\{ -\Big(2 + \frac{3v}{p - v}\Big)[p - w(1 + r_b) - h] + 2(w -$

$c)\Big\} \leq 0$，$\frac{\partial^2 E(\pi_{s,2})}{\partial s^2} \leq 0$。由式（3.17）的一阶条件，容易得到，$s^*$ 满足式

（3.18）。因为 $\frac{2(p - v)}{2p + v}(w - c) \leq p - w(1 + r_b) - h \leq \frac{2(p - v)}{p + v}(w - c)$，所以

$p - \dfrac{2p \dfrac{2(p - v)}{p + v}(w - c)}{\dfrac{2(p - v)}{p + v}(w - c) + 2(w - c)} \leq s^* \leq p - \dfrac{2p \dfrac{2(p - v)}{2p + v}(w - c)}{\dfrac{2(p - v)}{2p + v}(w - c) + 2(w - c)} \Rightarrow v \leq$

$s^* \leq \dfrac{p + 2v}{3}$。

由 $\dfrac{ds^*}{dr_b} = \dfrac{4pw(w - c)}{[p - w(1 + r_b) - h + 2(w - c)]^2} > 0$ 可知，银行贷款利率越大，供应商的回购价格也应越大。将式（3.18）分别代入式（3.15）、式（3.14）、式（3.17），易得到在存货质押融资方式下，零售商的最优订购量、期望利润和供应商的利润。

$$q_2^* = a + (b - a)\frac{p - w(1 + r_b) - h + 2(w - c)}{2p} \tag{3.19}$$

$$E(\pi_{r,2}) = [p - w(1 + r_b) - h]\left[a + (b - a)\frac{p - w(1 + r_b) - h + 2(w - c)}{4p}\right] + Br_b \tag{3.20}$$

$$E(\pi_{s,2}) = (w - c)a + \frac{(b - a)[p - w(1 + r_b) - h + 2(w - c)]^2}{8p} \tag{3.21}$$

若银行贷款利率足够大，使得 $E(\pi_{r,2}) \leq E(\pi_{r,0})$，此时，零售商将转而利用自有资金进行采购。此外，需要注意的是，$wq_2^* > B$，否则，零售商的订购量为 q_0，零供双方的期望利润如式（3.2）、式（3.3）所示。

3.4 供应链两种融资方式的选择策略

当零售商面临采购资金约束时，可供选择的融资方式有两种：一种是通过供应商提供的商业信用，利用延迟支付货款起到内部融资的作用；另一种是通过银行提供的存货质押融资业务，在供应商的回购担保条件下进行外部融资。在这两种融资方式下，零售商的订购量不同，零售商和供应商各自的期望利润也不相同，那么，考虑供应商和零售商双方的共同利益，供应链应该选择哪一种融资方式，可以达到零供双方同时获利的目的。因此，需要对两种融资方式下，零供双方的利润进行比较。

由第 3.2 节可知，给定零售商自有资金 B，供应商依 B 给出最优信用期 M^*。当满足 $w\left\{b - \dfrac{(b-a)(w+h-v)}{p[1+I_e(M^*-T)]-v}\right\} > B$ 时，零售商接受商业信用融资服务，按最优订购量 q_1^* 进行订货，从而得到零售商的期望利润 $E(\pi_{r,1})$ 和供应商利润 $\pi_{s,1}$。在第 3.3 节中，首先，结合命题 3.2 计算出贷款利率 r_b 的变化范围，然后依次得出零售商订购量 q_2^*、期望利润 $E(\pi_{r,2})$ 和 $E(\pi_{s,2})$。假设供应链选择银行提供的存货质押融资服务，则：

$$\begin{cases} E(\pi_{r,2}) \geqslant E(\pi_{r,1}) \\ E(\pi_{s,2}) \geqslant E(\pi_{s,1}) \end{cases} \tag{3.22}$$

因此，以下讨论当给定某一 B 值时，r_b 应如何变化，才能使式（3.22）成立。

当 $w\left\{b - \dfrac{(b-a)(w+h-v)}{p[1+I_e(M^*-T)-v]}\right\} > B$ 且 $w\left[a + (b-a)\dfrac{p-w(1+r_b)-h+2(w-c)}{2p}\right] > B$ 时，令 $\eta = p - w(1+r_b) - h$，有：

$$\Delta\pi_r = E(\pi_{r,2}) - E(\pi_{r,1}) = \frac{b-a}{4p}\eta^2 + \left[\frac{(b-a)(w-c)}{2p} + a - \frac{B}{w}\right]\eta$$

$$+ B\frac{p-w-h}{w} - [p + pI_e(M^*-T) - w - h]$$

$$\left[\frac{b+a}{2} - \frac{b-a}{2}\frac{w+h-v}{p+pI_e(M^*-T)-v}\right] \tag{3.23}$$

$$\Delta\pi_s = E(\pi_{s,2}) - \pi_{s,1} = \frac{b-a}{8p}[\eta + 2(w-c)]^2 + (w-c)a - BI_m(M^*$$

$$-T)-\left[w-wI_m(M^*-T)-c\right]\left[b-\frac{(b-a)(w+h-v)}{p+pI_e(M^*-T)-v}\right]$$

$$(3.24)$$

令参数 $A_1=\dfrac{b-a}{4p}$，$A_2=\dfrac{(b-a)(w-c)}{2p}+a-\dfrac{B}{w}$，$A_3=B\dfrac{p-w-h}{w}-$

$\left[p+pI_e(M^*-T)-w-h\right]\left[\dfrac{b+a}{2}-\dfrac{b-a}{2}\dfrac{w+h-v}{p+pI_e(M^*-T)-v}\right]$，$A_4=BI_m$

$(M^*-T)+\left[w-wI_m(M^*-T)-c\right]\left[b-\dfrac{(b-a)(w+h-v)}{p+pI_e(M^*-T)-v}\right]-(w-c)a。$

由式（3.23）可得：

Ⅰ）若 $A_2^2-4A_1A_3\leqslant0$，则 $\Delta\pi_r\geqslant0$ 恒成立；

Ⅱ）若 $A_2^2-4A_1A_3>0$，则 $\Delta\pi_r\geqslant0\Leftrightarrow\eta\geqslant\dfrac{-A_2+\sqrt{A_2^2-4A_1A_3}}{2A_1}$或 $\eta<$

$\dfrac{-A_2-\sqrt{A_2^2-4A_1A_3}}{2A_1}$（因 $\eta>0$，舍去）由式（3.24）可得：$\Delta\pi_s\geqslant0\Leftrightarrow$

$\eta\geqslant\sqrt{\dfrac{8pA_4}{b-a}}-2(w-c)。$

综合命题3.2中条件$\dfrac{2(p-v)}{2p+v}(w-c)\leqslant p-w(1+r_b)-h\leqslant\dfrac{2(p-v)}{p+v}$

$(w-c)$，$w\left[a+(b-a)\dfrac{p-w(1+r_b)-h+2(w-c)}{2p}\right]>B$，以及 $\eta<p-$

$w-h$ 得 η 的取值范围，如下：

当 $A_2^2-4A_1A_3\leqslant0$ 时，$\Delta\pi_r\geqslant0$，$\Delta\pi_s\geqslant0\Leftrightarrow\max\left\{\dfrac{2(p-v)(w-c)}{2p+v}\right.$，

$\dfrac{2p(B/w-a)}{b-a}-2(w-c)$，$\left.\sqrt{\dfrac{8pA_4}{b-a}}-2(w-c)\right\}\leqslant\eta\leqslant\min\left\{p-w-h\right.$，

$\left.\dfrac{2(p-v)(w-c)}{p+v}\right\}$

$$(3.25)$$

当 $A_2^2-4A_1A_3>0$ 时，$\Delta\pi_r\geqslant0$，$\Delta\pi_s\geqslant0\Leftrightarrow\max\left\{\dfrac{2(p-v)(w-c)}{2p+v}\right.$，

$\dfrac{2p(B/w-a)}{b-a}-2(w-c)$，$\sqrt{\dfrac{8pA_4}{b-a}}-2(w-c)$，$\left.\dfrac{-A_2+\sqrt{A_2^2-4A_1A_3}}{2A_1}\right\}\leqslant$

$\eta\leqslant\min\left\{p-w-h,\dfrac{2(p-v)(w-c)}{p+v}\right\}$

$$(3.26)$$

因此，在一个二级供应链系统中，若商品的市场需求为 $[a, b]$ $(0 \leq a < b)$ 上的均匀分布，而零售商自有采购资金 B 不能满足其最优的运营决策，从而寻求外界的融资服务。作为供应链的核心领导者，一种方式是供应商可以允许零售商延迟支付货款，为零售商提供商业信用融资服务；另一种方式是供应商、零售商和银行（包含第三方物流企业）签订三方协议，银行同意为零售商提供存货质押融资服务，同时供应商给予零售商一定的回购担保。可见，零售商的融资过程与供应链的利润紧密相关。供应链对于这两种融资方式的选择决策步骤如下：

第一，根据零售商自有采购资金 B，由式（3.8）计算最优的信用期 M^*。

第二，计算参数的 A_1，A_2，A_3，A_4 值，若银行贷款利率 r_b 所在表达式 $\eta = p - w(1 + r_b) - h$ 满足关系：

$$\begin{cases} \eta \text{ 满足式（3.25），} & A_2^2 - 4A_1A_3 \leq 0 \\ \eta \text{ 满足式（3.26），} & A_2^2 - 4A_1A_3 > 0 \end{cases}$$，那么，供应商应该为零售商

提供回购服务，回购价格见式（3.18）。此时，供应链选择存货质押融资方式，其中，零售商的最优订购量、零售商的利润、供应商的利润分别由式（3.19）、式（3.20）和式（3.21）得到。若银行贷款利率 r_b 不满足上述关系，转入第三步。

第三，供应链选择商业信用这一融资方式，供应商提供的最优信用期见式（3.8）。此时，零售商的最优订购量、零售商的利润、供应商的利润由式（3.10）、式（3.11）和式（3.12）得到。

3.5　算例分析

假设某一商品的市场需求服从 $[100, 1000]$ 上的均匀分布，$p = 100$，$w = 55$，$v = 10$，$c = 10$，$h = 4$，$T = 10$，$I_e = 0.015$，$I_m = 0.02$，设定 B 从 10000 变化到 30000。经计算，经典报童模型下，零售商的订购量为 $q_N = 510$，需要的采购资金为 28050 元，此时，零售商的利润为 $E(\pi_{r,N}) = 12505$，供应商的利润为 $\pi_{s,N} = 22950$。零售商利用自有资金订货，以及在两种融资方式下的订购量、零售商的期望利润、供应商的期望利润和零售商的融资方式决策结果如表 3.1 所示。

表 3.1　零售商利用自有资金订货和在两种融资方式下的决策结果比较

$B \times 10^4$	M^*	r_b	s^*	零售商订购量			零售商期望利润			供应商期望利润			融资方式选择
				q_0	q_1^*	q_2^*	$E(\pi_{r,0}) \times 10^4$	$E(\pi_{r,1}) \times 10^4$	$E(\pi_{r,2}) \times 10^4$	$\pi_{s,0} \times 10^4$	$\pi_{s,1} \times 10^4$	$E(\pi_{s,2}) \times 10^4$	
1.0	10	[0, 0.0442]	[37.41, 40]	181.8	510	[678.57, 689.50]	0.712	1.251	[1.546, 1.618]	0.818	1.934	[2.310, 2.381]	Ⅱ
1.1	10	[0, 0.0442]	[37.41, 40]	200	510	[678.57, 689.50]	0.77	1.251	[1.55, 1.618]	0.900	1.954	[2.310, 2.381]	Ⅱ
1.2	10	[0, 0.0442]	[37.41, 40]	218.2	510	[678.57, 689.50]	0.825	1.251	[1.555, 1.618]	0.982	1.974	[2.310, 2.381]	Ⅱ
1.3	10	[0, 0.0442]	[37.41, 40]	236.4	510	[678.57, 689.50]	0.876	1.251	[1.559, 1.618]	1.064	1.994	[2.310, 2.381]	Ⅱ
1.4	10	[0, 0.0442]	[37.41, 40]	254.6	510	[678.57, 689.50]	0.924	1.251	[1.563, 1.618]	1.146	2.014	[2.310, 2.381]	Ⅱ
1.5	10.6218	[0, 0.0442]	[37.41, 40]	272.7	515.0	[678.57, 689.50]	0.969	1.29	[1.568, 1.618]	1.227	2.035	[2.310, 2.381]	Ⅱ
1.6	11.3941	[0, 0.0441]	[37.41, 39.99]	290.9	521.1	[678.58, 689.50]	1.011	1.338	[1.572, 1.618]	1.309	2.057	[2.310, 2.381]	Ⅱ

续表

$B \times 10^4$	M^*	r_b	s^*	零售商订购量			零售商期望利润			供应商期望利润			融资方式选择
				q_0	q_1^*	q_2^*	$E(\pi_{r,0}) \times 10^4$	$E(\pi_{r,1}) \times 10^4$	$E(\pi_{r,2}) \times 10^4$	$\pi_{s,0} \times 10^4$	$\pi_{s,1} \times 10^4$	$E(\pi_{s,2}) \times 10^4$	
1.7	12.1966	[0, 0.0376]	[37.41, 39.61]	309.1	527.3	[680.20, 689.50]	1.049	1.389	[1.583, 1.618]	1.391	2.080	[2.320, 2.364]	II
1.8	13.0315	[0, 0.03]	[37.41, 39.16]	327.3	533.6	[682.07, 689.50]	1.084	1.443	[1.593, 1.618]	1.473	2.105	[2.332, 2.381]	II
1.9	13.9010	[0, 0.0213]	[37.41, 38.65]	345.5	539.9	[684.22, 689.50]	1.115	1.499	[1.602, 1.618]	1.555	2.132	[2.346, 2.381]	II
2.0	14.8074	[0, 0.0115]	[37.41, 38.07]	363.6	546.3	[686.64, 689.50]	1.143	1.558	[1.611, 1.618]	1.636	2.161	[2.362, 2.381]	II
2.1	15.7536	—	—	381.8	552.9	—	1.168	1.62	—	1.718	2.192	—	I
2.2	16.7424	—	—	400	559.5	—	1.19	1.686	—	1.800	2.224	—	I
2.3	17.7772	—	—	418.2	566.2	—	1.208	1.754	—	1.882	2.259	—	I
2.4	18.8617	—	—	436.4	573.1	—	1.223	1.827	—	1.964	2.295	—	I
2.5	20.0	—	—	454.6	580.0	—	1.235	1.904	—	2.046	2.334	—	I
2.6	21.1967	—	—	472.7	587.1	—	1.244	1.985	—	2.127	2.375	—	I
2.7	22.4569	—	—	490.9	594.2	—	1.249	2.072	—	2.209	2.419	—	I

续表

$B \times 10^4$	M^*	r_b	s^*	零售商订购量			零售商期望利润			供应商期望利润			融资方式选择
				q_0	q_1^*	q_2^*	$E(\pi_{r,0}) \times 10^4$	$E(\pi_{r,1}) \times 10^4$	$E(\pi_{r,2}) \times 10^4$	$\pi_{s,0} \times 10^4$	$\pi_{s,1} \times 10^4$	$E(\pi_{s,2}) \times 10^4$	
2.8	23.7865	—	—	509.1	601.6	—	1.251	2.164	—	2.291	2.465	—	I
2.9	25.1921	—	—	527.3	609.0	—	1.249	2.261	—	2.373	2.514	—	I
3.0	26.6812	—	—	545.5	616.6	—	1.244	2.366	—	2.455	2.566	—	I

注：—表示空值，I代表商业信用，II代表存货质押。

从表 3.1 可以看出：

（1）在商业信用和存货质押两种融资方式下，零售商的订购量得到了明显增加，相应地，零售商和供应商的期望利润都显著上升。这说明融资可以为供应链创造价值，有效解决零售商的采购资金约束问题。

（2）零售商自有采购资金 B 越小，只要银行给出合适的贷款利率 r_b，存货质押融资方式将优于商业信用融资方式。此时，供应商应为零售商提供商品回购担保，且单位回购价格 s^* 随 B 的增大而减小。这是因为，零售商自有资金越多，寻求银行借贷的可能性就越小，银行只有降低贷款利率才能吸引零售商进行融资，而 r_b 减小，融资成本相对减小，供应商的回购价格 s^* 也随之减小。算例中，当 r_b 降到 0 时，s^* 可达到最低值 37.41。可见，存货质押融资方式适合零售商采购资金严重缺乏的情形。

（3）当零售商自有采购资金 B 大于某一范围时（B > 20000），供应商将更加愿意为零售商提供商业信用融资服务。而且，B 越大，供应商给予的信用期限 M^* 越长。甚至，当零售商的资金足够使其实现不受资金约束条件下（即经典报童模型）的最优订购量时（B > 28050），商业信用融资仍然能够扩大零售商的订购量，提高零售商和供应商的利润。但前提是，供应商的资金十分充足，足以抵御零售商延迟支付可能带来的生产资金断裂、资金运转困难等风险。因此，商业信用融资适合于零售商具有一定自有资金，而供应商的资金充足时的情形。

假设存货质押融资过程中，银行为追求最大利润，将贷款利率设为表 3.1 中 r_b 的上限，此时，零售商订购量、零供双方利润都达到下限值。比如，B = 10000 时，r_b 设为 0.0442，那么，$q_2^* = 678.57$，$E(\pi_{r,2}) = 15460$，$E(\pi_{s,2}) = 23100$。我们将零售商利用自有资金进行采购、不受资金约束时按报童模型进行订货、商业信用融资方式、存货质押融资方式四种情况下，零售商的订货量和零供双方利润变化情况进行对比。

图 3.2 ~ 图 3.4 分别给出了零售商最优订购量、零售商利润、供应商利润随零售商自有资金 B 的变化情况。可以看出，当 B 较小时，存货质押融资方式发挥了重要作用，给零售商和供应商都创造了价值。但相对零售商而言，B 越小，供应商的赢利更大。相反，当 B 大于一定值时，商业信用的作用更大，而且，相对供应商而言，商业信用给零售商带来的成效更大。

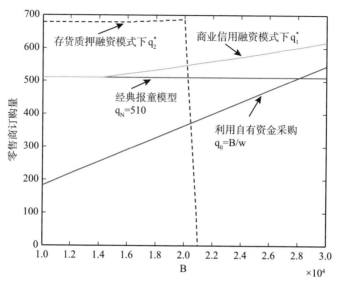

图 3.2　零售商订购量随采购资金 B 的变化

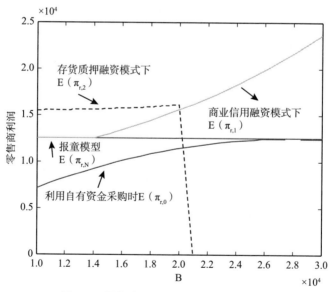

图 3.3　零售商利润随采购资金 B 的变化

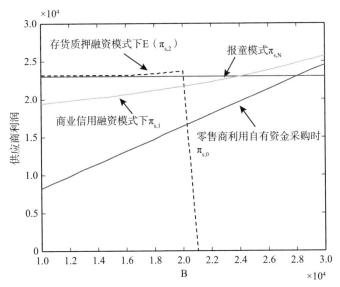

图 3.4　供应商利润随采购资金 B 的变化

3.6　本章小结

　　资金约束是企业面临的普遍问题，如何合理地为企业提供有效融资服务是物流与供应链金融研究中的重要课题。本章以二级供应链中零售商受采购资金约束为例，在假设市场需求服从均匀分布的基础上，研究了供应链融资方式的选择策略问题。其创新之处主要有：（1）现有研究成果主要从零售商角度出发来讨论供应链的金融问题。本章考虑零供双方的共同利益，研究供应链融资方式的选择决策问题，丰富了现有的研究成果。（2）将存货质押和商业信用两种具体的融资方式进行对比分析，克服了以往研究过程中只考虑单一融资方式的不足。

　　目前，关于供应链融资方式选择策略的研究成果还不多见，本章的研究结论是建立在产品市场需求服从均匀分布这一假设基础之上的，这是本章的研究缺陷。今后可以进一步探讨需求服从一般随机分布情况下，供应链融资方式选择的问题。此外，考虑订购产品中具有瑕疵品、零售商具有拖欠债务风险的情况下，供应链的融资方式选择策略也是今后研究的方向。

第4章 制造商生产资金约束的供应链融资策略

随着生产规模的扩张、原材料价格和人工成本的上涨，生产资金不足导致供应商无法满足下游零售商的订单需求，不仅制约着供应商的生产经营，也给零售商带来了缺货风险，从而影响整个供应链的稳定发展。

目前，针对供应商生产资金不足的情况，主要有两种解决途径：一种是由下游零售商向供应商提前支付一部分或全部货款，以保障供应商的生产资金运营安全。提前支付虽然占用了零售商的流动资金，但为零售商争取更多的货源、抢占销售渠道、扩大盈利提供了有力的保证。沃尔玛、家乐福、物美等多家大型零售企业为了争取更多优质的供应商，都纷纷为其上游供货商提供提前支付的融资服务，保证品质优良并且稳固的货源。一些品牌家电制造企业（如美的、海尔电器）在产品市场淡季通常会获得经销商一定数量的资金额度，以保证旺季供货。然而，零售商在供应链中占有主导地位，在为上游供应商提前支付货款的同时，要求供应商必须保证以低于市场批发价进行供货，这有可能使供应商因利润较少而被迫放弃这种融资方式。2011年，宜家就采取强势的低价策略，导致为宜家代工16年的耐力木业与宜家解除了供货合同，在中国，也有十多家宜家代工厂终止了与宜家的合作。

另一种是借助金融机构（主要是银行）提供的金融产品进行融资。由于大多数中小供应商缺乏足够的固定资产作为抵押，为避免资金风险，银行通常要求核心企业为融资企业提供资金担保服务。在零售商为供应商提供信贷担保的前提下，银行将对零售商的信用水平、供应商的生产状况和零供双方的产品交易情况进行评估，为供应商提供一定限额的贷款，解决供应商生产资金不足的困难。

近年来，许多学者针对供应链中企业融资方面的不同问题进行了理论研究。从现有的研究文献来看，关于零售商采购资金约束的研究成果已比较丰富，主要是针对商业信用交易（延期支付）的内部融资和以存货质押为主的外部融资进行研究。相对而言，关于供应商生产资金不足的研究成果仍为少数。本章比较研究了零售商提前支付和零售商信贷担保下银行借贷两种模式下，制造商的融资和生产决策以及融资对供应链系统产生的价值。

4.1　零售商提前支付下的供应商融资和生产决策

本章考虑在由单一供应商和单一"报童型"零售商构成的二级供应链系统中，供应商生产资金受到约束，此时，考虑供应商的两种融资方式：一是零售商提前支付一部分货款 L，以市场批发折扣价 αw 获得数量为 $L/\alpha w$ 的预订产品，供应商的生产量不得低于零售商的预订量，当零售商订购量大于预订量时，其超出部分按市场批发价 w 进行交易；二是零售商提供担保资金 K，供应商获得银行提供的额度为 K 的借贷资金后进行生产。零售商根据市场实际需求进行订货，当市场需求足够小，供应商将出现破产，零售商将偿还供应商未能支付的银行本息。在模型建立过程中，给出如下一般假设：

（1）零售商和供应商的经营行为都遵循融资的操作规范，不发生违约的情形。

（2）供应商和零售商都属于风险中性，且信息对称。

（3）供应商只有一次生产机会。

（4）不计算零售商的资金成本。

（5）产品的残值为零。

文中使用的符号主要有：p，w，c：单位商品的零售价格、批发价格、生产成本价，均为固定的外生变量且 p > w > c；s：单位商品的缺货成本；$\alpha(0 \leq \alpha \leq 1)$：零售商提前支付时的批发价优惠程度，为一常量且满足折后价 $\alpha w \geq c$；r：银行的贷款利率，为一大于无风险利率的常量且满足融资条件 w > c(1 + r)；x：商品的市场随机需求量，其概率

密度函数为 $f(x)[f(x)>0]$ 和分布函数 $F(x)[0 \leqslant F(x) \leqslant 1]$，$F(x)$ 连续，且满足单调增加故障率分布 IFRD 特性[17]；B：供应商的自有生产资金；L：零售商提前支付的货款；K：零售商信贷担保额度；$Q_i(i=0,1,2)$：分别为供应商利用自有资金、零售商提前支付、银行信贷融资下的产量；Q_N：供应商无资金约束时，零售商按报童模型决策的生产量；$\pi_{r,N}$，$\pi_{s,N}$，$\pi_{I,N}$：分别为经典报童模型下零售商、供应商和供应链系统的利润；$\pi_{r,i}(i=0,1,2)$：分别为供应商利用自有资金、零售商提前支付、银行融资下的零售商利润；$\pi_{s,i}(i=0,1,2)$：分别为供应商利用自有资金、零售商提前支付、银行融资下的供应商利润；$\pi_{I,i}(i=0,1,2)$：分别为供应商利用自有资金、零售商提前支付、银行融资下的供应链系统利润。

当供应商无资金约束时，零售商将按照经典报童模型进行订购，其期望利润为 $E(\pi_{r,N}) = (p-w)Q_N - p\int_0^{Q_N} F(x)dx - s\int_{Q_N}^{+\infty}(x-Q_N)f(x)dx$，供应商的期望利润 $E(\pi_{s,N}) = (w-c)Q_N$，可得无资金约束下供应商的生产量 $Q_N = F^{-1}\left(1 - \dfrac{w}{p+s}\right)$。此时，供应链系统期望利润为 $E(\pi_{I,N}) = (p-c)Q_N - p\int_0^{Q_N} F(x)dx - s\int_{Q_N}^{+\infty}(x-Q_N)f(x)dx$。

当供应商利用自有资金 B 进行生产时，其生产量 $Q_0 = B/c < Q_N$，零售商的期望利润 $E(\pi_{r,0}) = (p-w)\dfrac{B}{c} - p\int_0^{\frac{B}{c}} F(x)dx - s\int_{\frac{B}{c}}^{+\infty}\left(x - \dfrac{B}{c}\right)f(x)dx$，而 $E(\pi_{s,0}) = (w-c)\dfrac{B}{c}$，$E(\pi_{I,0}) = (p-c)\dfrac{B}{c} - p\int_0^{\frac{B}{c}} F(x)dx - s\int_{\frac{B}{c}}^{+\infty}\left(x - \dfrac{B}{c}\right)f(x)dx$。显然，供应商受生产资金约束时，零售商的订购量受到限制，供应链上下游企业的利润都无法达到报童模型下的期望利润。

若零售商在销售季节前向供应商提前支付货款 L，以批发优惠价 αw 获得数量为 $L/\alpha w (\geqslant B/c)$ 的预定量。在产品销售期间，若市场需求 x 小于预定量 $L/\alpha w$，零售商则自行处理剩余产品，不可将其退回给供应商。若市场需求 x 大于预定量 $L/\alpha w$，零售商再次向供应商进行订货时，将不再享受批发价的折扣优惠。因此，在零售商提前支付下，供

应商的生产量为 Q_1，零售商的最终订购量为 $L/\alpha w + [\min(Q_1, x) - L/\alpha w]^+$，有：

$$\pi_{r,1} = \begin{cases} px - L, & x < L/\alpha w \leqslant Q_1 \\ px - L - w(x - L/\alpha w), & L/\alpha w \leqslant x < Q_1 \\ pQ_1 - L - w(Q_1 - L/\alpha w) - s(x - Q_1) & L/\alpha w < Q_1 \leqslant x \end{cases} \quad (4.1)$$

$$E(\pi_{r,1}) = p\Big[Q_1 - \int_0^{Q_1} F(x)\,dx\Big] - w\Big(Q_1 - \frac{L}{\alpha w}\Big)$$
$$+ w\int_{\frac{L}{\alpha w}}^{Q_1} F(x)\,dx - s\int_{Q_1}^{+\infty}(x - Q_1)f(x)\,dx - L$$

$$(4.2)$$

供应商的利润为：

$$\pi_{s,1} = \begin{cases} L - cQ_1, & x < L/\alpha w \leqslant Q_1 \\ L + w(x - L/\alpha w) - cQ_1, & L/\alpha w \leqslant x < Q_1 \\ L + w(Q_1 - L/\alpha w) - cQ_1, & L/\alpha w < Q_1 \leqslant x \end{cases} \quad (4.3)$$

其生产决策模型为：

$$\text{Max}E(\pi_{s,1}) = w\Big(Q_1 - \frac{L}{\alpha w}\Big) - w\int_{\frac{L}{\alpha w}}^{Q_1} F(x)\,dx + L - cQ_1$$

$$\text{s. t.} \quad \frac{L}{\alpha w} \leqslant Q_1 \leqslant \frac{L + B}{c} \quad (4.4)$$

由于 $\dfrac{\partial^2 E(\pi_{s,1})}{\partial Q_1^2} = -wf(Q_1) < 0$，式（4）约束条件中 Q_1 为 L 的线性表达，因此，式（4.4）是关于 Q_1 的非线性凸规划，由 K–T 条件可得供应商的最优生产量为：

$$Q_1^* = \begin{cases} F^{-1}\Big(1 - \dfrac{c}{w}\Big), & \dfrac{L}{\alpha w} \leqslant F^{-1}\Big(1 - \dfrac{c}{w}\Big) \leqslant \dfrac{L + B}{c} \\ \dfrac{L}{\alpha w}, & F^{-1}\Big(1 - \dfrac{c}{w}\Big) < \dfrac{L}{\alpha w} \\ \dfrac{L + B}{c} & F^{-1}\Big(1 - \dfrac{c}{w}\Big) > \dfrac{L + B}{c} \end{cases} \quad (4.5)$$

证明：式（4.4）的非线性规划可写成：

$$\text{Max}E(\pi_{s,1}) = w\Big(Q_1 - \frac{L}{\alpha w}\Big) - w\int_{\frac{L}{\alpha w}}^{Q_1} F(x)\,dx + L - cQ_1$$

$$\text{s. t.} \begin{cases} Q_1 - \dfrac{L}{\alpha w} \geq 0 \\ \dfrac{L+B}{c} - Q_1 \geq 0 \end{cases},$$

约束条件中 $\dfrac{\partial\left(Q_1 - \dfrac{L}{\alpha w}\right)}{\partial Q_1} = 1$，$\dfrac{\partial\left(\dfrac{L+B}{c} - Q_1\right)}{\partial Q_1} = -1$。由库恩—塔克

（K-T）条件，可得：

$$\begin{cases} \dfrac{\partial E(\pi_{s,1})}{\partial Q_1} - \lambda_1 + \lambda_2 = 0 \\ \lambda_1\left(Q_1 - \dfrac{L}{\alpha w}\right) = 0 \\ \lambda_2\left(\dfrac{L+B}{c} - Q_1\right) = 0 \\ \lambda_1,\ \lambda_2 \geq 0 \end{cases}$$，其中 λ_1，λ_2 为广义拉格朗日乘子。计算可得，

当 $\lambda_1 = \lambda_2 = 0$ 时，$\dfrac{\partial E(\pi_{s,1})}{\partial Q_1} = 0 \Rightarrow Q_1^* = F^{-1}\left(1 - \dfrac{c}{w}\right)$；当 $\lambda_1 = 0$，$\lambda_2 \neq 0$

时，$Q_1^* = \dfrac{L+B}{c}$，且 $F^{-1}\left(1 - \dfrac{c}{w}\right) > \dfrac{L+B}{c}$；当 $\lambda_1 \neq 0$，$\lambda_2 = 0$ 时，$Q_1^* =$

$\dfrac{L}{\alpha w}$，且 $F^{-1}\left(1 - \dfrac{c}{w}\right) < \dfrac{L}{\alpha w}$。因此：

$$Q_1^* = \begin{cases} F^{-1}\left(1 - \dfrac{c}{w}\right), & \dfrac{L}{\alpha w} \leq F^{-1}\left(1 - \dfrac{c}{w}\right) \leq \dfrac{L+B}{c} \\ \dfrac{L}{\alpha w}, & F^{-1}\left(1 - \dfrac{c}{w}\right) < \dfrac{L}{\alpha w} \\ \dfrac{L+B}{c} & F^{-1}\left(1 - \dfrac{c}{w}\right) > \dfrac{L+B}{c} \end{cases}$$，即式（4.5）成立。

将式（4.5）代入式（4.2），可得：

（1）当 $Q_1^* = F^{-1}\left(1 - \dfrac{c}{w}\right)$ 时，$\dfrac{\partial E(\pi_{r,1})}{\partial L} = \dfrac{1}{\alpha}\bar{F}\left(\dfrac{L}{\alpha w}\right) - 1$，$\dfrac{\partial^2 E(\pi_{r,1})}{\partial L^2} =$

$-\dfrac{1}{\alpha}f\left(\dfrac{L}{\alpha w}\right)\dfrac{1}{\alpha w} < 0$，所以，由 $\dfrac{\partial E(\pi_{r,1})}{\partial L} = 0$ 可得 $L^* = \alpha w F^{-1}(1 - \alpha)$。由

条件 $\dfrac{L}{\alpha w} \leq F^{-1}\left(1 - \dfrac{c}{w}\right) \leq \dfrac{L+B}{c}$，可知 $L^* = \alpha w F^{-1}(1 - \alpha)$ 成立的条件是

$\alpha w F^{-1}(1 - \alpha) + B - c F^{-1}\left(1 - \dfrac{c}{w}\right) \geq 0$。

（2）当 $Q_1^* = \dfrac{L}{\alpha w}$ 时，$\dfrac{\partial E(\pi_{r,1})}{\partial L} = \dfrac{p+s}{\alpha w}\overline{F}\left(\dfrac{L}{\alpha w}\right) - 1$，$\dfrac{\partial^2 E(\pi_{r,1})}{\partial L^2} = -\dfrac{p+s}{(\alpha w)^2}$
$f\left(\dfrac{L}{\alpha w}\right) < 0$，此时，$L^* = \alpha w F^{-1}\left(1 - \dfrac{\alpha w}{p+s}\right)$ 成立的条件为 $F^{-1}\left(1 - \dfrac{c}{w}\right) < \dfrac{L^*}{\alpha w} \Rightarrow$
$\alpha w < (p+s)\dfrac{c}{w}$。

（3）当 $Q_1^* = \dfrac{L+B}{c}$ 时，$\dfrac{\partial E(\pi_{r,1})}{\partial L} = \dfrac{p+s-w}{c}\overline{F}\left(\dfrac{L+B}{c}\right) + \dfrac{1}{\alpha}\overline{F}\left(\dfrac{L}{\alpha w}\right) -$
1，$\dfrac{\partial^2 E(\pi_{r,1})}{\partial L^2} = -\dfrac{p+s-w}{c^2}f\left(\dfrac{L+B}{c}\right) - \dfrac{1}{\alpha^2 w}f\left(\dfrac{L}{\alpha w}\right) < 0$，由于 $Q_1^* = \dfrac{L+B}{c}$ 成
立的条件为 $F^{-1}\left(1 - \dfrac{c}{w}\right) > \dfrac{L+B}{c}$，而 $\lim\limits_{L \to 0}\dfrac{\partial E(\pi_{r,1})}{\partial L} = \dfrac{p+s-w}{c}\overline{F}\left(\dfrac{B}{c}\right) + \dfrac{1}{\alpha} -$
$1 > 0$，当 $\lim\limits_{L \to cF^{-1}(1-c/w)-B}\dfrac{\partial E(\pi_{r,1})}{\partial L} = \dfrac{p+s-2w}{w} + \dfrac{1}{\alpha}\overline{F}\left[\dfrac{cF^{-1}\left(1 - \dfrac{c}{w}\right) - B}{\alpha w}\right] \leqslant 0$
时，则存在 L^* 满足 $\dfrac{\partial E(\pi_{r,1})}{\partial L} = 0$。所以，$L$ 满足 $\dfrac{p+s-w}{c}\overline{F}\left(\dfrac{L+B}{c}\right) + \dfrac{1}{\alpha}$
$\overline{F}\left(\dfrac{L}{\alpha w}\right) - 1 = 0$ 的条件是 $\dfrac{p+s-2w}{w} + \dfrac{1}{\alpha}\overline{F}\left[\dfrac{cF^{-1}\left(1 - \dfrac{c}{w}\right) - B}{\alpha w}\right] \leqslant 0$。

因此，零售商最优提前支付货款为：

$$L^* = \begin{cases} \alpha w F^{-1}(1-\alpha), & \alpha w F^{-1}(1-\alpha) + B - cF^{-1}\left(1-\dfrac{c}{w}\right) \geqslant 0 \\[3mm] \alpha w F^{-1}\left(1 - \dfrac{\alpha w}{p+s}\right), & \alpha w < (p+s)\dfrac{c}{w} \\[3mm] \text{满足}\dfrac{p-w+s}{c}\overline{F}\left(\dfrac{L+B}{c}\right) + \dfrac{1}{\alpha}\overline{F}\left(\dfrac{L}{\alpha w}\right) - 1 = 0 & \dfrac{p+s-2w}{w} + \dfrac{1}{\alpha}\overline{F}\left[\dfrac{cF^{-1}\left(1-\dfrac{c}{w}\right) - B}{\alpha w}\right] \leqslant 0 \end{cases}$$

$$(4.6)$$

相应地，式（4.5）中供应商的最优生产量也可写为：

$$Q_1^* = \begin{cases} F^{-1}\left(1 - \dfrac{c}{w}\right), & \alpha w F^{-1}(1-\alpha) + B - cF^{-1}\left(1 - \dfrac{c}{w}\right) \geqslant 0 \\[2mm] F^{-1}\left(1 - \dfrac{\alpha w}{p+s}\right), & \alpha w < (p+s)\dfrac{c}{w} \\[2mm] \dfrac{L^* + B}{c}, \text{ 其中 } L^* \text{ 满足} & \dfrac{p-w+s}{c} \\[2mm] \overline{F}\left(\dfrac{L+B}{c}\right) + \dfrac{1}{\alpha}\overline{F}\left(\dfrac{L}{\alpha w}\right) - 1 = 0, & \dfrac{p+s-2w}{w} + \dfrac{1}{\alpha}\overline{F}\left[\dfrac{cF^{-1}\left(1 - \dfrac{c}{w}\right) - B}{\alpha w}\right] \leqslant 0 \end{cases}$$

$$(4.7)$$

由式（4.6）和式（4.7）可知，批发价折扣系数 α 决定了零售商的提前支付款 L^* 和供应商的最优生产量 Q_1^*。

命题 4.1　当商品的市场随机需求量 x 满足 IFRD 特性［即 $f(x)/\overline{F}(x)$ 单调递增］时，零售商提前支付融资方式中 $(L^*)'_\alpha \geqslant 0$ 的充要条件是 $(L^*)'_\alpha$ 中满足范式 $\dfrac{(\cdot)f(\cdot)}{\overline{F}(\cdot)} \geqslant 1$；零售商期望利润 $E(\pi_{r,1})$ 随 α 单调递减；而当 $(L^*)'_\alpha \geqslant 0$ 时，供应商期望利润 $E(\pi_{s,1})$ 随 α 单调递增。

证明：由式（4.6）可知：

（1）当 $L^* = \alpha w F^{-1}(1-\alpha)$ 时，$(L^*)'_\alpha = wF^{-1}(1-\alpha) - \alpha w \dfrac{1}{f[F^{-1}(1-\alpha)]}$。令 $t = F^{-1}(1-\alpha)$，则 $0 \leqslant t \leqslant F^{-1}\left(1 - \dfrac{c}{w}\right)$。令 $G(t) = t - \dfrac{\overline{F}(t)}{f(t)}$，由于 x 满足 IFRD 特性，则 $G(t)$ 单调递增。$G(0) = -\dfrac{\overline{F}(0)}{f(0)} < 0$，若 $G\left[F^{-1}\left(1 - \dfrac{c}{w}\right)\right] \leqslant 0$，$G(t) \leqslant 0$ 恒成立。若 $G\left[F^{-1}\left(1 - \dfrac{c}{w}\right)\right] > 0$，$G(t) = 0$ 存在唯一解，且存在 $t\left[0 \leqslant t \leqslant F^{-1}\left(1 - \dfrac{c}{w}\right)\right]$ 使得 $G(t) > 0$［或 $G(t) < 0$］。即当 $t \in \left[0, F^{-1}\left(1 - \dfrac{c}{w}\right)\right]$ 时，$\dfrac{tf(t)}{\overline{F}(t)} \geqslant 1$ 和 $\dfrac{tf(t)}{\overline{F}(t)} < 1$ 均有意义。因此，$(L^*)'_\alpha \geqslant 0 \Leftrightarrow \dfrac{tf(t)}{\overline{F}(t)} \geqslant 1$，$(L^*)'_\alpha < 0 \Leftrightarrow \dfrac{tf(t)}{\overline{F}(t)} < 1$；

类似上述证明方法，当 $L^* = \alpha w F^{-1}\left(1 - \dfrac{\alpha w}{p+s}\right)$ 时，$(L^*)'_\alpha = wF^{-1}\left(1 - \dfrac{\alpha w}{p+s}\right) - \alpha w \dfrac{w}{(p+s)f\left[F^{-1}\left(1 - \dfrac{\alpha w}{p+s}\right)\right]}$。令 $u = F^{-1}\left(1 - \dfrac{\alpha w}{p+s}\right)$，

则 $(L^*)'_\alpha \geqslant 0 \Leftrightarrow \dfrac{uf(u)}{\bar{F}(u)} \geqslant 1$，$(L^*)'_\alpha < 0 \Leftrightarrow \dfrac{uf(u)}{\bar{F}(u)} < 1$；当 L^* 满足方程

$\dfrac{p-w+s}{c}\bar{F}\left(\dfrac{L+B}{c}\right) + \dfrac{1}{\alpha}\bar{F}\left(\dfrac{L}{\alpha w}\right) - 1 = 0$ 时，利用隐函数求导法，可得

$\bar{F}\left(\dfrac{L}{\alpha w}\right) - \dfrac{L}{\alpha w}f\left(\dfrac{L}{\alpha w}\right) = (L^*)'_\alpha \times A$，其中，$A = -\left(\dfrac{\alpha}{c}\right)^2 (p-w+s)f\left(\dfrac{L+B}{c}\right) -$

$\dfrac{1}{w}f\left(\dfrac{L}{\alpha w}\right) < 0$，因此，当 $(L^*)'_\alpha \geqslant 0 \Leftrightarrow \dfrac{\dfrac{L}{\alpha w}f\left(\dfrac{L}{\alpha w}\right)}{\bar{F}\left(\dfrac{L}{\alpha w}\right)} > 1$，$(L^*)'_\alpha < 0 \Leftrightarrow \dfrac{\dfrac{L}{\alpha w}f\left(\dfrac{L}{\alpha w}\right)}{\bar{F}\left(\dfrac{L}{\alpha w}\right)} < 1$。

（2）根据式（4.2）、式（4.6）和式（4.7）可知：

$$[E(\pi_{r,1})]'_\alpha = \begin{cases} -wF^{-1}(1-\alpha), & Q_1^* = F^{-1}\left(1-\dfrac{c}{w}\right) \\ -wF^{-1}\left(1-\dfrac{\alpha w}{p+s}\right), & Q_1^* = F^{-1}\left(1-\dfrac{\alpha w}{p+s}\right), \\ -\dfrac{L^*}{\alpha^2}\bar{F}\left(\dfrac{L^*}{\alpha w}\right) & Q_1^* = \dfrac{L^*+B}{c} \end{cases}$$ 所以

$[E(\pi_{r,1})]'_\alpha < 0$；

$$[E(\pi_{s,1})]'_\alpha = \begin{cases} wF^{-1}(1-\alpha), & Q_1^* = F^{-1}\left(1-\dfrac{c}{w}\right) \\ (L^*)'_\alpha\left(1-\dfrac{c}{\alpha w}\right)\dfrac{c}{\alpha}F^{-1}\left(1-\dfrac{\alpha w}{p+s}\right), & Q_1^* = F^{-1}\left(1-\dfrac{\alpha w}{p+s}\right), \\ (L^*)'_\alpha\dfrac{p+s-w}{w} + \dfrac{L^*}{\alpha^2}\bar{F}\left(\dfrac{L^*}{\alpha w}\right) & Q_1^* = \dfrac{L^*+B}{c} \end{cases}$$

所以，当 $(L^*)'_\alpha \geqslant 0$ 时 $[E(\pi_{s,1})]'_\alpha \geqslant 0$。

从式（4.5）中 Q_1^* 的三种取值情况来看，$\dfrac{L}{\alpha w} > F^{-1}\left(1-\dfrac{c}{w}\right) > \dfrac{L+B}{c}$。结合式（4.7）可知，当 α 满足 $\alpha w < (p+s)\dfrac{c}{w}$ 时，$L^* = \alpha wF^{-1}\left(1-\dfrac{\alpha w}{p+s}\right)$，此时，$Q_1^* = \dfrac{L^*}{\alpha w} = F^{-1}\left(1-\dfrac{\alpha w}{p+s}\right)$ 即供应商按零售商的预订量生产，供应商生产量将达到最大，且 $Q_1^* > Q_N$。

从 $E(\pi_{1,1}) = (p-c)Q_1 - p\displaystyle\int_0^{Q_1} F(x)\mathrm{d}x - s\displaystyle\int_{Q_1}^{+\infty}(x-Q_1)f(x)\mathrm{d}x$ 可知，

当 $0 \leqslant Q_1 \leqslant F^{-1}\left(1-\dfrac{c}{p+s}\right)$ 时，$E(\pi_{1,1})$ 单调递增。因此，结合式（4.7）

中 Q_1^* 的各种取值情况，当 $Q_1^* = \dfrac{L^*}{\alpha w} = F^{-1}\left(1 - \dfrac{\alpha w}{p+s}\right)$ 时，$E(\pi_{I,1})$ 将达到极大。

4.2 零售商信贷担保下的供应商融资和生产决策

在零售商提供信贷担保融资方式下，零售商为供应商提供一笔额度为 K 的担保资金，银行为规避资金风险，根据零售商的担保情况为供应商提供额度为 K 的贷款，在销售周期末收取本息 $K(1+r)$。为保证市场需求大于生产量时，供应商不发生违约情况，零售商要求供应商的生产量 $Q_2 \geqslant K(1+r)/w$。零售商根据市场需求和供应商的生产情况，以批发价 w 订购数量为 $\min\{x, Q_2\}$ 的产品，同第 4.1 节讨论的情景，零售商承担缺货成本。只有当市场需求 $x < \dfrac{K(1+r)}{w}$ 时，供应商销售总额 $w\min\{x, Q_2\} < K(1+r)$，供应商出现破产，此时，零售商将偿还剩余的银行借款。因此，在零售商信贷担保下，供应商期望利润为：

$$E(\pi_{s,2}) = E\{K + [w\min(x, Q_2) - K(1+r)]^+ - cQ_2\}$$

$$= (w-c)Q_2 - w\int_{\frac{K(1+r)}{w}}^{Q_2} F(x)\,dx - Kr \qquad (4.8)$$

由 $\dfrac{\partial^2 E(\pi_{s,2})}{\partial Q_2^2} = -wf(Q_2) < 0$，从式（4.8）的一阶条件和产量约束条件 $\dfrac{K(1+r)}{w} \leqslant Q_2 \leqslant \dfrac{K+B}{c}$ 可得，供应商的最优生产量 $Q_2^* = \min\left[\dfrac{B+K}{c}, F^{-1}\left(1 - \dfrac{c}{w}\right)\right]$。

零售商的期望利润为：

$$E(\pi_{r,2}) = E\{(p-w)\min(x, Q_2) - [K(1+r) - w\min(x, Q_2)]^+ - s(x - Q_2)^+\}$$

$$= (p-w)\left[Q_2 - \int_0^{Q_2} F(x)\,dx\right] - w\int_0^{\frac{K(1+r)}{w}} F(x)\,dx$$

$$- s\int_{Q_2}^{+\infty}(x - Q_2)f(x)\,dx \qquad (4.9)$$

命题 4.2　在零售商提供信贷担保融资方式下，供应商按 $Q_2^* = \min\left[\dfrac{B+K}{c}, F^{-1}\left(1-\dfrac{c}{w}\right)\right]$ 进行生产，当银行贷款利率满足 $\dfrac{p-w+s}{w} - (1+r)F\left\{\dfrac{(1+r)\left[cF^{-1}\left(1-\dfrac{c}{w}\right)-B\right]}{w}\right\} < 0$ 时，零售商的最优担保额度 K^* 如式（4.10）所示：

$$K^* = \begin{cases} cF^{-1}\left(1-\dfrac{c}{w}\right)-B, & Q_2^* = F^{-1}\left(1-\dfrac{c}{w}\right) \\[3mm] 满足\dfrac{p-w+s}{c}\overline{F}\left(\dfrac{B+K}{c}\right)-(1+r)F\left[\dfrac{K(1+r)}{w}\right]=0 & Q_2^* = \dfrac{B+K}{c} \end{cases}$$

$$(4.10)$$

证明：当 $Q_2^* = F^{-1}\left(1-\dfrac{c}{w}\right)$ 时，由于 $\dfrac{\partial E(\pi_{r,2})}{\partial K} = -(1+r)F\left[\dfrac{K(1+r)}{w}\right] < 0$，所以，零售商的最优担保额度 K^* 应恰好满足供应商的生产需求，即 $K^* = cQ_2^* - B = cF^{-1}\left(1-\dfrac{c}{w}\right) - B$；

当 $Q_2^* = \dfrac{B+K}{c}$ 时，$\dfrac{\partial E(\pi_{r,2})}{\partial K} = \dfrac{p-w+s}{c}\left[1-F\left(\dfrac{B+K}{c}\right)\right] - (1+r)F\left[\dfrac{K(1+r)}{w}\right]$，$\dfrac{\partial^2 E(\pi_{r,2})}{\partial K^2} = -\dfrac{p-w+s}{c^2}f\left(\dfrac{B+K}{c}\right) - \dfrac{(1+r)^2}{w}f\left[\dfrac{K(1+r)}{w}\right] < 0$，所以，$E(\pi_{r,2})$ 是 K 的凹函数。由 $K\to0$ 时，$\dfrac{p-w+s}{c}\overline{F}\left(\dfrac{B+K}{c}\right) - (1+r)F\left[\dfrac{K(1+r)}{w}\right] \to \dfrac{p-w+s}{c}\overline{F}\left(\dfrac{B}{c}\right) > 0$，而当 $K\to cF^{-1}\left(1-\dfrac{c}{w}\right) - B$ 时，$\dfrac{p-w+s}{w} - (1+r)F\left\{\dfrac{(1+r)\left[cF^{-1}\left(1-\dfrac{c}{w}\right)-B\right]}{w}\right\} < 0$，所以由式（4.9）的一阶条件可得，存在 K^* 为方程 $\dfrac{p-w+s}{c}\overline{F}\left(\dfrac{B+K}{c}\right) - (1+r)F\left[\dfrac{K(1+r)}{w}\right] = 0$ 的正解。

从式（4.10）中可得：当 $Q_2^* = \dfrac{B+K}{c}$ 时，$F(Q_2^*) = 1 - \dfrac{c(1+r)}{p-w+s}F\left[\dfrac{K(1+r)}{w}\right] > 1 - \dfrac{c(1+r)}{p-w+s}$。若 $1 - \dfrac{c(1+r)}{p-w+s} > 1 - \dfrac{c}{w}$，即 $2 + r < \dfrac{p+s}{w}$ 时，

供应商最优产量 $Q_2^* = F^{-1}\left(1 - \dfrac{c}{w}\right)$，且在条件 $1 - \dfrac{c}{w} \geq 1 - \dfrac{w}{p+s}$ 下，$Q_2^* \geq Q_N$，即利率满足 $2 + r < \dfrac{p+s}{w} < \dfrac{w}{c}$ 时，供应商可实现无资金约束下的最优产量。

利用隐函数对式（4.10）中方程 $\dfrac{p-w+s}{c}\bar{F}\left(\dfrac{B+K}{c}\right) - (1+r)F\left[\dfrac{K(1+r)}{w}\right] = 0$ 求 $(K^*)'_r$，可知 $(K^*)'_r < 0$，因而，当利率越大，零售商愿意担保的额度越小。

将式（4.10）代入式（4.8）和式（4.9）中，容易得到：

当 $Q_2^* = F^{-1}\left(1 - \dfrac{c}{w}\right)$ 时，$\dfrac{\partial E(\pi_{r,2})}{\partial r} = -KF\left[\dfrac{K(1+r)}{w}\right] < 0$，$\dfrac{\partial E(\pi_{s,2})}{\partial r} = -K\bar{F}\left[\dfrac{K(1+r)}{w}\right] < 0$；当 $Q_2^* = \dfrac{B+K}{c}$ 时，$\dfrac{\partial E(\pi_{r,2})}{\partial r} = -KF\left[\dfrac{K(1+r)}{w}\right] < 0$，$\dfrac{\partial E(\pi_{s,2})}{\partial r} = \left[\dfrac{p+s}{c}\bar{F}\left(\dfrac{B+K}{c}\right) - (1+r)\right]K'_r - \bar{F}\left[\dfrac{K(1+r)}{w}\right]K$，所以，当 $\dfrac{p+s}{c}\bar{F}\left(\dfrac{B+K}{c}\right) > 1 + r$ 时，$\dfrac{\partial E(\pi_{s,2})}{\partial r} < 0$。

供应链的系统利润 $E(\pi_{1,2}) = E(\pi_{r,2}) + (\pi_{s,2}) = (p-c)Q_2^* - p\displaystyle\int_0^{Q_2^*} F(x)\,dx - s\displaystyle\int_{Q_2^*}^{+\infty}(x - Q_2^*)f(x)\,dx - Kr$。

4.3 两种融资方式下的供应链融资价值比较分析

供应商生产资金受到约束时，零售商一方面可以采取提前支付为供应商提供资金支持；另一方面，也可以提供信贷担保，通过银行为供应商进行融资。针对这两种融资方式，零售商和供应商双方应就融资方式的选择问题进行决策，以发挥融资的最大价值。

考虑供应链系统利润最大化，由式（4.7）可知，零售商提前支付融资方式下，供应商的最大生产量为 $F^{-1}\left(1 - \dfrac{\alpha w}{p+s}\right)$，零售商需提供的

资金额度为 $\alpha w F^{-1}\left(1-\dfrac{\alpha w}{p+s}\right)$。零售商采取信贷担保，通过银行进行融资时，供应商的最大生产量为 $F^{-1}\left(1-\dfrac{c}{w}\right)$，零售商需提供担保资金 $cF^{-1}\left(1-\dfrac{c}{w}\right)-B$。在两种融资方式下，将供应链系统的利润与无资金约束下获得的利润进行比较，有：

命题 4.3 零售商采取提前支付融资方式时，$Q_1^* = F^{-1}\left(1-\dfrac{\alpha w}{p+s}\right) > Q_N$，$E(\pi_{I,1}) > E(\pi_{I,N})$；零售商提供担保的银行信贷融资方式时，$Q_2^* = 1-\dfrac{c}{w}$，担保资金 $K = cF^{-1}\left(1-\dfrac{c}{w}\right)-B$，在条件 $(p+s)c \leqslant w^2$ 以及银行借贷利率 $r \leqslant \dfrac{c}{K}\left(\dfrac{p+s-w}{w}\right)\left[F^{-1}\left(1-\dfrac{c}{w}\right)-F^{-1}\left(1-\dfrac{w}{p+s}\right)\right]$ 下，$(Q_2^*)N_{\max}$，$E(\pi_{I,2}) \geqslant E(\pi_{I,N})$；当 $\alpha \leqslant \dfrac{c(p+s)}{w^2}$ 时，$Q_1^* \geqslant Q_2^*$ 且 $E(\pi_{I,1}) > E(\pi_{I,2})$。

证明：零售商采取提前支付融资方式时，供应商的最大产量为 $Q_1^* = F^{-1}\left(1-\dfrac{\alpha w}{p+s}\right)$，显然 $Q_1^* > Q_N$。由 $\Delta_1 = E(\pi_{I,1}) - E(\pi_{I,N}) = (p-c+s)(Q_1-Q_N) - (p+s)\displaystyle\int_{Q_N}^{Q_1} F(x)\,dx$ 可知：

$\Delta_1 > \left[(p-c+s)-(p+s)F(Q_1)\right](Q_1-Q_N) = (\alpha w - c)(Q_1-Q_N) \geqslant 0$，所以 $E(\pi_{I,1}) \geqslant E(\pi_{I,N})$；

零售商采取担保的银行信贷融资方式下，供应商最大生产量 $Q_2^* = 1-\dfrac{c}{w}$，担保资金 $K = cF^{-1}\left(1-\dfrac{c}{w}\right)-B$。当 $(p+s)c \leqslant w^2$ 易得 $(Q_2^*)N_{\max}$。

由 $\Delta_2 = E(\pi_{I,2}) - E(\pi_{I,N}) = (p-c+s)(Q_2-Q_N) - (p+s)\displaystyle\int_{Q_N}^{Q_2} F(x)\,dx - Kr$ 可知，$\Delta_2 \geqslant \left[p+s-c-(p+s)F(Q_2^*)\right](Q_2^*-Q_N) - Kr = c\left(\dfrac{p+s-w}{w}\right)(Q_2^*-Q_N) - Kr$，若贷款利率 $r \leqslant \dfrac{c}{K}\left(\dfrac{p+s-w}{w}\right)\left[F^{-1}\left(1-\dfrac{c}{w}\right)-F^{-1}\left(1-\dfrac{w}{p+s}\right)\right]$，$E(\pi_{I,2}) \geqslant E(\pi_{I,N})$。

根据 $\Delta_3 = E(\pi_{1,1}) - E(\pi_{1,2}) = (p - c + s)(Q_1 - Q_2) - (p + s)$ $\int_{Q_2}^{Q_1} F(x) dx + Kr$，易得：$\Delta_3 \geqslant (Q_1 - Q_2)[p - c + s - (p + s)F(Q_1)] + Kr = (\alpha w - c)(Q_1 - Q_2) + Kr$，即 $\alpha \leqslant \dfrac{c(p + s)}{w^2}$ 时，$Q_1^* \geqslant Q_2^*$ 且 $E(\pi_{1,1}) > E(\pi_{1,2})$。

从命题 4.3 可知，两种融资方式都能为资金约束供应链系统创造融资价值，且在一定条件下，供应商都能实现无资金约束下的最优生产量。当供应商给予零售商提前支付时的市场批发价格折扣优惠力度较大，或者说，零售商议价能力较强，处于价格优势时，零售商应采取提前支付的方式帮助供应商扩大生产规模。当零售商的议价能力处于弱势地位时，应视银行贷款利率的大小，权衡融资收益与风险，为供应商提供信贷担保融资。

4.4　算 例 分 析

假设某一产品的市场需求服从 [0，500] 的均匀分布，供应商自有资金 B = 3000，市场价格 p = 100，批发价 w = 60，生产成本 c = 25，缺货成本 s = 30；银行贷款利率 r = 0.03。供应商利用自有资金进行生产，产量 Q_0 = 120，$E(\pi_{r,0})$ = −972，$E(\pi_{s,0})$ = 4200；在无资金约束条件下，供应商的最优产量 Q_N = 269.23，$E(\pi_{r,N})$ = 1923，$E(\pi_{s,N})$ = 9423。

若零售商采取提前支付为供应商提供融资服务，并要求供应商低价供货，其优惠价 αw 由零售商和供应商双方的讨价还价能力来决定，从而得到供应商的生产量 Q_1^*、零售商提前支付的融资额度 L^*、零供双方的期望利润 $E(\pi_{r,1})$、$E(\pi_{s,1})$ 和供应链系统利润 $E(\pi_{1,1})$。

若零售商提供信贷担保，银行为供应商提供资金支持，零售商将为供应商的破产风险买单。在这种融资方式下，得到供应商的最优生产量 Q_2^*，零售商的信贷担保额度 K^*，以及零供双方的期望利润 $E(\pi_{r,2})$、$E(\pi_{s,2})$ 和供应链系统利润 $E(\pi_{1,2})$。

经式（4.7）计算可得，$\dfrac{p+s-2w}{w}+\dfrac{1}{\alpha}\bar{F}\left[\dfrac{cF^{-1}\left(1-\dfrac{c}{w}\right)-B}{\alpha w}\right]\leqslant 0$ 不

满足，方程 $\dfrac{p-w+s}{c}\bar{F}\left(\dfrac{L+B}{c}\right)+\dfrac{1}{\alpha}\bar{F}\left(\dfrac{L}{\alpha w}\right)-1=0$ 的解 L^* 不能满足

$F^{-1}\left(1-\dfrac{c}{w}\right)>\dfrac{L^*+B}{c}$。因此，在零售商提前支付融资方式下，供应商不

会将所有资金 $L+B$ 用于生产，Q_1^* 取值为式（4.7）的前两种情况。

$Q_2^*=\min\left[\dfrac{B+K}{c},\ F^{-1}\left(1-\dfrac{c}{w}\right)\right]=291.67$，$Q_1^*$ 与 Q_2^* 随参数 α 的变化规

律如图4.1所示。零售商提前支付的融资额度 L^* 与信贷担保额度 K^* 的

比较如图4.2所示。$E(\pi_{r,1})$ 和 $E(\pi_{r,2})$ 的对比情况如图4.3所示。

$E(\pi_{s,1})$ 和 $E(\pi_{s,2})$ 的对比情况如图4.4所示。$E(\pi_{l,1})$ 和 $E(\pi_{l,2})$ 的

对比情况如图4.5所示。

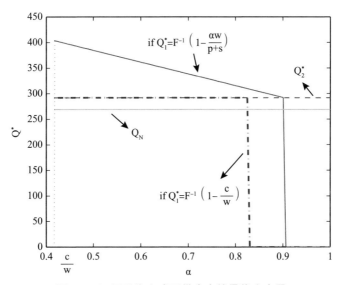

图4.1　不同融资方式下供应商的最优生产量

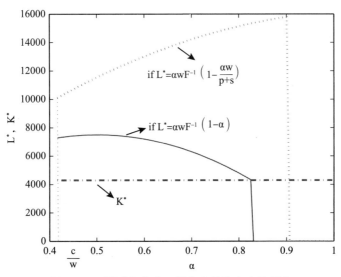

图 4.2　不同融资方式下零售商的资金支持额度

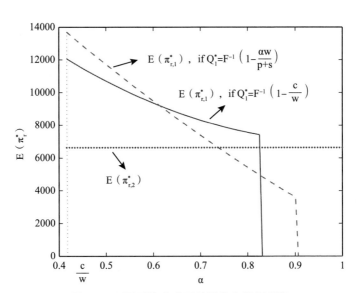

图 4.3　不同融资方式下的零售商期望利润

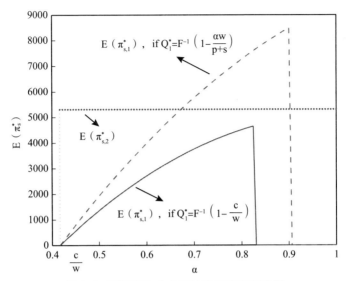

图4.4　不同融资方式下的供应商期望利润

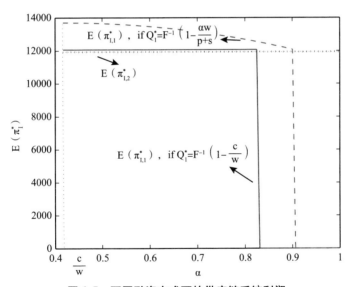

图4.5　不同融资方式下的供应链系统利润

　　从图4.1可以看出，两种融资方式下，供应商的最优产量均大于经典报童模型下的最优产量，且 α 越低，供应商在零售商提前支付融资方式下的产量越大，当 α 越高，银行给定合适的贷款利率时，供应商在零售商信贷担保融资方式下的产量越大。

从图 4.2 可以看出，零售商提前支付融资方式下所提供的资金额远大于信贷担保融资服务下的资金额，且当 α 越高，提前支付总额越高。

从图 4.3 可以看出，两种融资方式下，零售商的期望利润都将大于经典报童模型下的期望利润，且 α 越少，零售商提前支付越占优势，随着 α 的增大，零售商提前支付的货款将逐渐减小，所得期望利润随之减少；并且，贷款利率 r 较低，而 α 较大时，零售商将为供应商提供信贷担保，供应商将获得银行的资金帮助。

从图 4.4 可以看出，与零售商情况相反，两种融资方式下，供应商的期望利润都将低于经典报童模型下的期望利润 $E(\pi_{s,N})$。当 α 较小或者 r 较高时，供应商的利润小于利用自有资金所得利润 $E(\pi_{s,0})=4200$，此时，供应商将不接受融资服务。只有当 α 高于一定水平时，供应商才愿意接受零售商的预订融资。同样，当银行借贷利率 r 较高时，尽管零售商愿意为供应商提供信贷担保，但供应商仍不愿意接受银行的信贷融资服务。这是因为，供应商为减少产品的缺货损失，将通过融资渠道扩大产量，但银行借贷利率 r 越高时，供应商的融资成本越高，破产风险越大，因此，供应商将放弃融资服务转而利用自有资金进行生产。

从图 4.5 可以看出，两种融资服务都可以为供应链系统创造融资价值，实现无资金约束时的最优期望利润 $E(\pi_{1,N})=11346$。并且，当 α 越低时，零售商采取提前支付融资服务，供应商按零售商的预订量进行生产，此时，系统利润更大。

综合上述分析，两种融资方式都可以解决供应商生产资金的约束问题，提高供应商的利润。相对供应商而言，零售商从融资过程中获得了更多的利润，这也解释了实际中为什么处于强势地位的零售商通常愿意为其上游供应商提供资金支持的原因。

4.5　本章小结

在生产资金约束的供应链中，零售商处于核心企业的地位，为避免缺货损失，考虑为供应商提供两种融资方式：一种是零售商为供应商提前支付一部分货款，同时获得供应商的价格折扣优惠；另一种是银行为供应商提供融资服务，但零售商需为供应商提供信贷担保。本章研究了这两种融资方式下，零售商的最优投资策略和供应商的最优生产决策，并分析了融资对供应链系统利润的影响。结果表明：只有当零供双方商定合适的批发价折扣率，提前支付融资相比银行融资才更具优势，且融资将给零售商带来更多的利润。否则，零售商将考虑银行借贷利率，选择为供应商提供信贷担保融资。

第5章　面向竞争型零售商的商业信用融资

商业信用（即延期支付）是上游供应商为帮助下游零售商摆脱采购资金困境的一种短期融资服务。特别是面向那些缺乏固定资产抵押和信用记录的中小微企业，商业信用是普遍采用的一种融资方式。在实践中，供应商为扩大产品市场占有率，往往在不同的销售渠道出售同一种产品，这将直接导致零售商之间的相互竞争。例如：海尔不仅有同京东、国美、苏宁等合作的网络销售平台，同时在全国拥有遍布城乡的近3万家专卖店，并且大多数专卖店都是中小微企业。针对中小微企业的融资难问题，海尔综合考虑其融资风险和操作成本，施行差异化的信贷政策，为小微企业提供优质的商业信用融资服务。在实际经济活动中，除完全垄断的企业外，任何企业都不可避免地受到产业内竞争企业的影响。因此，供应商将如何根据零售商所处的市场竞争环境，为资金约束零售商提供商业信用融资服务已经成为理论界和企业界关注的焦点。本章针对零售商资金约束问题进行研究，给出在不同竞争环境下，供应商的商业信用融资策略。

5.1　模　型　假　设

考虑由一个资金充足的供应商（S）和两个进行库诺特（Cournot）竞争的零售商（R_1 和 R_2）构成的供应链中，只有当零售商采购资金不足时，才能通过商业信用这个唯一融资渠道解决资金约束问题。当零售商利用自有资金订购时，供应商给予他们的产品批发价为 w_0；当其中一个零售商（不失一般性，假设 R_1）资金不足时，R_1 可以通过供应商提供的商业信用扩大订购量，但批发价为 w_1，同时需要支付供应商一定的融资成本，融资利率为 r_1。当两个零售商均出现资金不足时，不考虑零售商间的差异，在商业信用合同中，供应商同时为两个下游零售商提供的批发价为 w_2，同时融资利率为 r_2。

在供应链的运营过程中，供应商是斯塔克尔伯格（Stackelberg）领导者，两个零售商是追随者，并且相互之间服从 Cournot 竞争模式。本章中采取的主要符号假设如下：

c：供应商的边际生产成本；w_0：零售商利用自有资金采购时的产品单价；w_1：单一零售商在商业信用融资模式下的产品采购单价；w_2：两个零售商同时采取商业信用融资模式下的产品采购单价；r_1：单一零售商采取商业信用时的融资利率；r_2：两个零售商同时采取商业信用时的融资利率，$0 \leqslant r_1$，$r_2 \leqslant 1$；B_1，B_2：分别为零售商 R_1，R_2 的初始采购资金；p_1，p_2：分别为零售商 R_1，R_2 产品的市场销售价格；Q_1，Q_2：分别为零售商 R_1，R_2 无资金约束情形下的订购量；q_1^T，q_2^T：分别为单一零售商资金约束时，零售商 R_1，R_2 的订购量；q_1^{TC}，q_2^{TC}：分别为两个零售商均资金约束时，零售商 R_1，R_2 的订购量；$\pi_0^{R_i}$，π_0^S：零售商利用自有资金进行采购时零售商 $R_i(i = 1，2)$ 的利润和供应商的利润；$\pi_1^{R_i}$，π_1^S：单一零售商资金约束时，零售商 $R_i(i = 1，2)$ 的利润和供应商的利润；$\pi_2^{R_i}$，π_2^S：两个零售商资金约束时，零售商 $R_i(i = 1，2)$ 的利润和供应商的利润。

类似于已有文献，假设两个零售商的市场需求的逆向函数表示为：

$$p_i = a - k(q_i + bq_{3-i})，i = 1，2 \tag{5.1}$$

其中，$a > 0$ 表示产品的最高可行价格，$k > 0$ 表示产品的价格敏感系数，$b \in [0，1]$ 表示零售商之间的竞争强度，且 b 越大，竞争越激烈。本文对零售商在竞争环境下的商业信用合同进行研究，模型中零售商的采购量和供应商在商业信用合同中的批发价 w_1，w_2 是内生决策变量，其他变量为外生变量。此外，当零售商不采取商业信用融资时，供应商可参考同类商品给出市场批发价 w_0（假设为外生变量），且零售商的最大边际收益 $a - w_0$ 大于供应商的边际收益 $w_0 - c$，即 $a + c \geqslant 2w_0$。

当两个零售商资金充足，利用自有资金进行采购时，零售商的决策问题为：

$$\underset{Q_i \geqslant 0}{\text{Max}} \pi_0^{R_i} = (p_i - w_0)Q_i \tag{5.2}$$

引理 5.1 当零售商的自有资金 $B_i \geqslant \dfrac{w_0(a-w_0)}{k(2+b)}(i=1,2)$ 时，竞争性零售商的最优均衡订购量为 $Q_1^* = Q_2^* = \dfrac{a-w_0}{k(2+b)}$，此时，零售商和供应商利润分别为 $\pi_0^{R_i} = \dfrac{(a-w_0)^2}{k(2+b)^2}(i=1,2)$，$\pi_0^S = \dfrac{2(w_0-c)(a-w_0)}{k(2+b)}$。

证明：将 $p_i = a - k(Q_i + bQ_{3-i})$，$i=1,2$ 代入式（5.2），分别对 Q_1，Q_2 求导，容易得到引理 5.1，证毕。

当某个零售商出现资金不足 $\left[B_i < \dfrac{w_0(a-w_0)}{k(2+b)}(i=1,2) \right]$ 时，其订购量将低于最优均衡订购量。此时，若竞争者拥有充裕的采购资金，那么，受资金约束的零售商通过商业信贷扩大订购量，对自身及竞争者的订购量有何影响？对供应商和零售商的利润有何影响？通过商业信贷融资渠道，资金约束的零售商能否获得无资金约束下的利润？若竞争者同样也受到资金约束，那么，供应商应该如何为两个零售商提供商业信贷服务？接下来，将对这些问题进行研究。

5.2 模 型 分 析

5.2.1 单一零售商资金约束时的商业信用融资决策

不妨设零售商 R_1 资金受到约束 $\left(B_1 < \dfrac{w_0(a-w_0)}{k(2+b)} \right)$，而竞争者 R_2 资金充裕。在商业信用合同中，供应商给予资金约束零售商的产品批发价为 w_1，R_1 先支付部分货款 B_1，在销售季末支付剩余货款 $w_1q_1 - B_1$，并且向供应商支付信贷融资成本 $(w_1q_1 - B_1)r_1$；由于竞争者 R_2 拥有足够多的采购资金，所以，R_2 不允许延期支付，支付采购成本 w_0q_2。因此，当两个零售商采取 Cournot 竞争时，零售商 R_1 需要对是否接受商业信用合同进行决策。

若 R_1 不接受商业信用融资，而利用自有资金进行采购时，其订购量为 $q_1^* = B_1/w_0$，竞争者 R_2 的决策问题为：

$$\underset{q_2 \geqslant 0}{\text{Max}}\, \pi_1^{R_2} = (p_2 - w_0)q_2 = -\left[kq_2^2 - kbq_1q_2 + (a-w_0)q_2 \right] \quad (5.3)$$

由一阶条件可知，R_2 的最优订购量 $q_2^* = \dfrac{a - kbB_1/w_0 - w_0}{2k}$。供应链上各

方的利润为：

$$\pi_1^{R_1} = -\frac{k(2-b^2)}{2}\left(\frac{B_1}{w_0}\right)^2 + \frac{a(2-b)B_1}{2w_0} + \frac{b-2}{2}B_1 \tag{5.4}$$

$$\pi_1^{R_2} = \frac{(a - kbB_1/w_0 - w_0)^2}{4k} \tag{5.5}$$

$$\pi_1^S = (w_0 - c)(q_1^* + q_2^*) = (w_0 - c)\left[\frac{a - w_0}{2k} + \frac{(2-b)B_1}{2w_0}\right] \tag{5.6}$$

若 R_1 通过商业信用融资扩大订购量时，其决策问题为：

$$\underset{q_1 \geqslant 0}{\text{Max}}\pi_1^{R_1} = (p_1 - w_1)q_1 - (w_1q_1 - B_1)r_1 \tag{5.7}$$

竞争者 R_2 的订购决策为：

$$\underset{q_2 \geqslant 0}{\text{Max}}\pi_1^{R_2} = (p_2 - w_0)q_2 \tag{5.8}$$

以及供应商的定价决策为：

$$\underset{w_1 \geqslant 0}{\text{Max}}\pi_1^S = (w_1 - c)q_1 + (w_1q_1 - B_1)r_1 + (w_0 - c)q_2 \tag{5.9}$$

利用逆向归纳法，可得商业信用合同中的最优批发价为：

$$w_1^* = \frac{(2-b)(a+c) + 2bw_0}{4(1+r_1)} \tag{5.10}$$

以及零售商的均衡订购量为：

$$\begin{cases} q_1^T = \dfrac{a-c}{2k(2+b)} \\[3mm] q_2^T = \dfrac{4(a-w_0) + b(a+c-2w_0)}{4k(2+b)} \end{cases} \tag{5.11}$$

在此情形下，供应链中的各成员利润分别为：

$$\pi_1^{R_1^T} = \frac{(a-c)^2}{4k(2+b)^2} + B_1r_1 \tag{5.12}$$

$$\pi_1^{R_2^T} = \frac{[4a + (a+c)b - 2w_0(2+b)]^2}{16k(2+b)^2} \tag{5.13}$$

$$\pi_1^{S^T} = (w_0 - c)\left[\frac{4a + (a+c)b - 2w_0(2+b)}{4k(2+b)}\right]$$
$$+ \frac{a-c}{2k(2+b)}\left[\frac{(a+c)(2-b) + 2bw_0}{4} - c\right] - B_1r_1 \tag{5.14}$$

可以看出，当零售商 R_1 资金 $B_1 < \dfrac{w_0(a-w_0)}{k(2+b)}$ 时，无论 R_1 是否接受商业信贷合同，两个零售商的订购量以及供应链中各成员的利润都与零售商之间的市场竞争有关，且随着竞争程度的加剧而降低。

命题 5.1 给定零售商竞争程度 b，有：（1）$q_1^T < Q_1^*$，$q_2^T > Q_2^*$，且当 $B_1 \leq \dfrac{(a-c)w_0}{2k(2+b)}$ 时，$q_1^T \geq q_1^*$，$q_2^T \leq q_2^*$；当 $\dfrac{w_0(a-w_0)}{k(2+b)} > B_1 > \dfrac{(a-c)w_0}{2k(2+b)}$ 时，$q_1^T \leq q_1^*$，$q_2^T \geq q_2^*$；（2）若 $0 \leq r_1 \leq \dfrac{(2-b)(a+c-2w_0)}{4w_0}$，则 $w_1^* \geq w_0$，反之，若 $1 \geq r_1 > \dfrac{(2-b)(a+c-2w_0)}{4w_0}$，则 $w_1^* < w_0$。

证明：（1）因为 $a+c-2w_0 \geq 0$，所以 $q_1^T < Q_1^* = Q_2^* < q_2^T$。将式 (5.11) 与 q_1^*，q_2^* 相比，易得 $B_1 \leq \dfrac{(a-c)w_0}{2k(2+b)}$ 时，有 $q_1^T \geq q_1^*$，$q_2^T \leq q_2^*$；反之，若 $\dfrac{w_0(a-w_0)}{k(2+b)} > B_1 > \dfrac{(a-c)w_0}{2k(2+b)}$ 时，$q_1^T \leq Q_1^*$ 且 $q_1^T \leq q_1^*$，$q_2^T \geq q_2^*$。（2）从式 (5.10) 中易得。证毕。

命题 5.1 告诉我们，在零售商进行 Cournot 竞争时，若零售商 R_1 受到资金约束，商业信用能促使其扩大订购量，但不能达到无资金约束下的最优订购量。受市场竞争的影响，零售商 R_2 的订购决策依赖于 R_1 的订购量，R_1 的订购量越少，R_2 的市场份额就越多，订购量越大。当零售商 R_1 自有资金充分小 $\left(B_1 \leq \dfrac{(a-c)\ w_0}{2k\ (2+b)}\right)$ 时，商业信用提高了 R_1 的订购（$q_1^T \geq q_1^*$），却使竞争者 R_2 失去了一部分市场份额（$q_2^T \leq q_2^*$）；反之，当 R_1 具有一定的采购资金 $\left(\dfrac{w_0(a-w_0)}{k(2+b)} > B_1 > \dfrac{(a-c)w_0}{2k(2+b)}\right)$ 时，R_1 将利用自有资金采购（$q_1^* > q_1^T$），R_2 的市场份额将缩小（$q_2^* < q_2^T$）；当 R_1 具有充足的采购资金 $\left(B_1 \geq \dfrac{w_0(a-w_0)}{k\ (2+b)}\right)$ 时，两个零售商的订购量将达到均衡（$Q_1^* = Q_2^*$），此时，R_2 的市场份额最小。对于供应商而言，其利润主要来自下游零售商的订购量，而资金约束导致零售商 R_1 的订购量受到限制。供应商为零售商 R_1 提供商业信贷融资服务扩大其采购量，同时，获取融资利息来弥补商业信贷中出现的融资风险和成本。因此，

供应商给予零售商 R_1 的批发价与融资利率 r_1 相关。若 r_1 较低，批发价则更高，且当 $r_1 \leqslant \dfrac{(2-b)(a+c-2w_0)}{4w_0}$ 时，零售商 R_1 的采购价格将大于零售商 R_2 的采购价格，即，如果商业信贷融资成本较低，相对资金充裕的零售商而言，供应商将提高资金不足零售商的批发价，使两个相互竞争的零售商的订购量达到均衡。反之，当融资成本较高时，供应商反而会降低资金约束零售商的采购价格，使其愿意采取商业信贷来扩大自身的采购量。因此，在相互竞争的零售商中，若有一方存在资金不足，供应商可根据融资成本调整批发价，给出合理的商业信贷合同，避免零售市场出现恶性竞争。

从命题 5.1 也可以看出，相比零售商在无资金约束下的最优均衡采购量，商业信用可以帮助资金约束零售商提高订购量（$q_1^T \geqslant q_1^*$），同时也可扩大竞争者的最优采购量（$q_2^T \geqslant Q_2^*$）。但作为供应链的主导者，供应商希望能通过商业信用融资为供应链中上下游企业创造额外收益。因此，接下来，将分别比较供应商和两个零售商在不同情形下的利润，探讨商业信用的融资价值。

引理 5.2　资金不足零售商 R_1 采取商业信用融资方式时，$\pi_1^{R^T} \geqslant \pi_0^{R_1}$ 与 $\pi_1^{S^T} \geqslant \pi_0^S$ 不能同时成立。

证明：假若 $\pi_1^{R^T} \geqslant \pi_0^{R_1}$ 与 $\pi_1^{S^T} \geqslant \pi_0^S$ 同时成立，那么 $\pi_1^{R^T} \geqslant \pi_0^{R_1} \Rightarrow B_1 r_1 \geqslant \dfrac{4(a-w_0)^2-(a-c)^2}{4k(2+b)^2}$，$\pi_1^{S^T} \geqslant \pi_0^S \Rightarrow B_1 r_1 \leqslant \dfrac{(a+c-2w_0)^2(2-b)}{8k(2+b)}$；要使得两者同时成立，则 $\dfrac{4(a-w_0)^2-(a-c)^2}{4k(2+b)^2} \leqslant \dfrac{(a+c-2w_0)^2(2-b)}{8k(2+b)}$ 即 $b^2 < \dfrac{6c-4w_0-2a}{a+c-2w_0} < 0$，矛盾。因此 $\pi_1^{R^T} \geqslant \pi_0^{R_1}$ 与 $\pi_1^{S^T} \geqslant \pi_0^S$ 不能同时成立。证毕。

令 $\underline{r_1} = -\dfrac{B_1 k(2-b^2)}{2w_0^2} + \dfrac{(a-w_0)(2-b)}{2w_0} - \dfrac{(a-c)^2}{4B_1 k(2+b)^2}$，$\overline{r_1} = \dfrac{(a+c-2w_0)^2(2-b)}{8B_1 k(2+b)}$。

命题 5.2　给定零售商 R_1 的资金水平 B_1 和零售商的竞争程度 b，存在批发价 w_1^* 的 Pareto 区间 $[\underline{w_1^*}, \overline{w_1^*}]$，其中 $\underline{w_1^*} = \dfrac{(2-b)(a+c)+2bw_0}{4[1+\overline{r_1}]}$，

$$\overline{w_1^*} = \frac{(2-b)(a+c)+2bw_0}{4[1+\underline{r_1}]}$$，使得当供应链中各方利润满足：（1）$\pi_1^{R_1} \leqslant$ $\pi_1^{R_1^T} \leqslant \pi_0^{R_1}$；（2）$\pi_0^{R_2} \leqslant \pi_1^{R_2^T} \leqslant \pi_1^{R_2}$；（3）$\pi_1^S \leqslant \pi_0^S \leqslant \pi_1^{S^T}$。

证明：由式（5.10）可知，当 $w_1^* \in \left[\underline{w_1^*}, \overline{w_1^*}\right]$ 时，$r_1 \in \left[\underline{r_1}, \overline{r_1}\right]$。

若 $\pi_1^{R_1^T} \geqslant \pi_0^{R_1}$，则 $B_1 r_1 \geqslant \dfrac{4(a-w_0)^2 - (a-c)^2}{4k(2+b)^2}$，这与条件 $B_1 r_1 \leqslant$

$\dfrac{(a+c-2w_0)^2(2-b)}{8k(2+b)} < \dfrac{4(a-w_0)^2 - (a-c)^2}{4k(2+b)^2}$ 矛盾，因此 $\pi_1^{R_1^T} \leqslant \pi_0^{R_1}$。从

式（5.4）和式（5.12）可以看出，若 $r_1 \geqslant \underline{r_1}$，有 $\dfrac{(a-c)^2}{4k(2+b)^2} + B_1 r_1 \geqslant$

$\dfrac{-k(2-b^2)}{2}\left(\dfrac{B_1}{w_0}\right)^2 + \dfrac{a(2-b)B_1}{2w_0} + \dfrac{(b-2)B_1}{2}$，即 $\pi_1^{R_1} \leqslant \pi_1^{R_1^T}$。因此 $\pi_1^{R_1} \leqslant$

$\pi_1^{R_1^T} \leqslant \pi_0^{R_1}$。同样，根据引理1，通过比较式（5.5）和式（5.13），可得 $\pi_0^{R_2} \leqslant \pi_1^{R_2^T} \leqslant \pi_1^{R_2}$；根据引理2，式（5.6）和式（5.14），可得 $\pi_1^S \leqslant \pi_0^S \leqslant \pi_1^{S^T}$。证毕。

命题5.2表明，资金约束限制零售商不能达到最优采购量，这不仅会降低其自身利润，也削减了上游供应商的利润。而商业信用融资可以改善零售商面临的资金困境，但受市场竞争的影响，仍无法使零售商达到无资金约束下的均衡利润。相对资金约束零售商而言，供应商可以通过设定信用合同，使自身利润达到最大化，甚至超过零售商无资金约束情形下所获得的最优利润。这是因为，供应商作为核心企业，在为零售商提供信贷服务的同时，通过收取融资利息来抵消信贷带来的融资风险，这为供应商在融资过程中获得额外的利润来源。因此，供应商愿意为零售商提供商业信贷服务，实现零供双方的 Pareto 最优利润。然而，针对资金充足的零售商而言，对方的资金约束扩大了自身的市场份额，无论对方是否愿意采取商业信用融资模式，资金充足都能为零售商赢得增长的产品市场需求，从而获得赢利。并且，如果对方不采取商业信用融资扩大订购量，零售商在竞争环境下能占有更多的市场份额，获取更多利润。

推论5.1 当零售商 R_1 在商业信贷服务下提高订购量时 $\left(即 q_1^T \geqslant\right.$

$\left.q_1^* = \dfrac{B_1}{w_0}\right)$，有：（1）$\overline{w_1^*} \geqslant w_0$；（2）当 $B_1 \geqslant \dfrac{w_0(a+c-2w_0)}{2k(2+b)}$ 时，$\underline{w_1^*} \geqslant$

w_0；否则，$\underline{w_1^*} < w_0$。

证明：（1）当 $q_1^T \geqslant q_1^* = \dfrac{B_1}{w_0}$ 时，有 $B_1 \leqslant \dfrac{(a-c)}{2k(2+b)}w_0 < \dfrac{(a-c)w_0}{k(2+b)\sqrt{4-2b^2}}$，

而当 $B_1 \leqslant \dfrac{(a-c)w_0}{k(2+b)\sqrt{4-2b^2}}$ 时，$\overline{w_1^*}$ 随 B_1 单调递减。所以，当 $B_1 \leqslant$

$\dfrac{(a-c)}{2k(2+b)}w_0$ 时，$\dfrac{B_1 k(2-b^2)}{2w_0^2} + \dfrac{(a-c)^2}{4B_1 k(2+b)^2} \geqslant \dfrac{(a-c)(2-b)}{4w_0}$，从而

$\overline{w_1^*} \geqslant w_0$；（2）由命题 1 可知：当 $B_1 \geqslant \dfrac{w_0(a+c-2w_0)}{2k(2+b)}$ 时，$\overline{r_1} =$

$\dfrac{(a+c-2w_0)^2(2-b)}{8B_1 k(2+b)} \leqslant \dfrac{(a+c-2w_0)(2-b)}{4w_0}$，即 $\underline{w_1^*} \geqslant w_0$；反之亦然，

证毕。

推论 5.2　给定零售商竞争程度 b，有：$\dfrac{\partial w_1^*}{\partial B_1} \geqslant 0$，$\dfrac{\partial \overline{w_1^*}}{\partial B_1} < 0$。

推论 5.2 可从命题 5.2 直接得到，证明过程略。由于 $\underline{w_1^*}$，$\overline{w_1^*}$ 关于 b 的表达式十分复杂，因此将通过数值仿真对 $\underline{w_1^*}$，$\overline{w_1^*}$ 关于 b 的灵敏度进行分析。

结合推论 5.1 和推论 5.2，可以看出：针对单一零售商出现资金短缺问题，供应商可以根据融资利率和零售商之间的竞争程度，为资金约束零售商提供商业信贷融资。在商业信用合同中，供应商的批发价要大于一般情形下的市场批发价。而且，随着零售商之间竞争的加剧，以及零售商自有资金的增加，商业信贷的融资效用将逐渐减弱。

5.2.2　两个零售商资金约束时的商业信用融资决策

在产品销售过程中，两个零售商进行的是 Cournot 竞争，当两者均出现资金不足 $\left(B_i < \dfrac{w_0(a-w_0)}{k(2+b)},\ i=1,\ 2 \right)$ 时，任何一个零售商采取商业信贷扩大其采购量的同时都抢占了对方的产品市场份额。因此，在信息对称的供应链中，针对两个零售商的资金情况，供应商要么都不给予信贷融资，要么同时为零售商提供融资服务，并且给予两个零售商 R_1 和 R_2 同等的产品售价 w_2 和融资利率 r_2。本节讨论在此情形下，供应链的

商业信用融资策略。

当供应商不提供商业信用时，零售商均采取初始资金进行采购，零售商 R_i 的决策问题为：

$$\underset{0 \leq q_i \leq B_i / w_0}{\text{Max}} \pi_2^{R_i} = (p_i - w_0) q_i \tag{5.15}$$

受资金约束，零售商 R_i 的最优订购量为 $q_i^* = B_i / w_0$，此时，零售商和供应商的利润分别为：

$$\pi_2^{R_1} = \left[a - k \left(\frac{B_1 + bB_2}{w_0} \right) \right] \frac{B_1}{w_0} - B_1 \tag{5.16}$$

$$\pi_2^{R_2} = \left[a - k \left(\frac{B_2 + bB_1}{w_0} \right) \right] \frac{B_2}{w_0} - B_2 \tag{5.17}$$

$$\pi_2^{S} = (B_1 + B_2) \left(1 - \frac{c}{w_0} \right) \tag{5.18}$$

当供应商提供商业信贷服务时，零售商 R_i 的决策问题为：

$$\underset{q_i \geq 0}{\text{Max}} \pi_2^{R_i^T} = (p_i - w_2) q_i - (w_2 q_i - B_i) r_2 \tag{5.19}$$

以及供应商的决策问题为：

$$\underset{w_2 \geq 0}{\text{Max}} \pi_2^{S^T} = (w_2 - c)(q_1 + q_2) + [w_2(q_1 + q_2) - (B_1 + B_2)] r_2 \tag{5.20}$$

利用逆向归纳法，可得零售商 R_i 的最优订购量为：

$$q_1^{TC} = q_2^{TC} = \frac{a - c}{2k(2 + b)} \tag{5.21}$$

供应商的最优定价为：

$$w_2^* = \frac{a + c}{2(1 + r_2)} \tag{5.22}$$

在此情形下，供应链中的各成员利润分别为：

$$\pi_2^{R_1^T} = \frac{(a - c)^2}{4k(2 + b)^2} + B_1 r_2 \tag{5.23}$$

$$\pi_2^{R_2^T} = \frac{(a - c)^2}{4k(2 + b)^2} + B_2 r_2 \tag{5.24}$$

$$\pi_2^{S^T} = \frac{(a - c)^2}{2k(2 + b)} - (B_1 + B_2) r_2 \tag{5.25}$$

命题 5.3 给定零售商的竞争系数 b，有：(1) $q_i^{TC} \leq Q_i^*$，且当 $B_i \leq$ $\frac{(a - c) w_0}{2k(2 + b)} < \frac{(a - w_0) w_0}{k(2 + b)}$ 时，$q_i^{TC} \geq q_i^* = B_i / w_0 (i = 1, 2)$；(2) 当 $0 \leq r_2 \leq$

$\dfrac{a+c}{2w_0}-1$ 时，$w_2^* \geqslant w_0$；反之，当 $\dfrac{a+c}{2w_0}-1 < r_2 \leqslant 1$ 时，$w_2^* < w_0$。

证明：因为 $a+c \geqslant 2w_0$，对比 q_i^{TC} 与 Q_i^*，以及 w_2^* 与 w_0 的表达式，容易得到结论。证毕。

从命题 5.3 可知：两个相互竞争的零售商都出现资金约束时，商业信用虽然能扩大其采购量，但都不能使其达到无资金约束下的最优均衡订购量。在信贷合同中，供应商根据融资利率来给定产品的最优批发价，且与单一零售商资金约束下的产品定价不同，供应商的最优定价决策依赖于融资利率。这是因为，处于 Cournot 竞争模式的零售商将同时通过商业信用融资渠道进行采购，这就是说，零售商的采购决策将达到类似无资金约束下的均衡状态。而供应商针对两个零售商都给予相同的融资利率，所以，基于零售商的均衡采购量，供应商的定价决策依赖于融资利率。

令 $\underline{r_2} = \max\limits_{i=1,2} \left\{ \left[a - k\dfrac{B_i + bB_{3-i}}{w_0} \right]\dfrac{1}{w_0} - \dfrac{(a-c)^2}{4k(2+b)^2 B_i} \right\} - 1$，$\overline{r_2} = \dfrac{(a-c)^2}{2k(2+b)(B_1+B_2)} + \dfrac{c}{w_0} - 1$。

命题 5.4　在供应商为两个零售商提供的商业信用合同中，存在批发价 w_2^* 的 Pareto 区间 $[\underline{w_2^*}, \overline{w_2^*}]$，其中 $\underline{w_2^*} = \dfrac{a+c}{2(1+\overline{r_2})}$，$\overline{w_2^*} = \dfrac{a+c}{2(1+\underline{r_2})}$，使供应链中各方利润都满足：$\pi_2^{R_1} \leqslant \pi_2^{R_1^T}$，$\pi_2^{R_2} \leqslant \pi_2^{R_2^T}$，$\pi_2^S \leqslant \pi_2^{ST}$。但商业信用融资不能使两个零售商和供应商同时获得无资金约束下的最优利润 $\pi_0^{R_i}(i=1,2)$ 和 π_0^S。

证明：分别比较式（5.16）~ 式（5.18）和式（5.23）~ 式（5.25），易得：当 $r_2 \in [\underline{r_2}, \overline{r_2}]$ 时，$\pi_2^{R_1} \leqslant \pi_2^{R_1^T}$，$\pi_2^{R_2} \leqslant \pi_2^{R_2^T}$，$\pi_2^S \leqslant \pi_2^{ST}$ 同时成立。根据引理 1，若 $\pi_0^{R_i} \leqslant \pi_2^{R_i^T}$（$i=1,2$）且 $\pi_0^S \leqslant \pi_2^{ST}$，则 $r_2 \geqslant \dfrac{(a+c-2w_0)(3a-c-2w_0)}{4k(2+b)^2 \min\{B_1, B_2\}}$，$r_2 \leqslant \dfrac{(a+c-2w_0)^2}{2k(2+b)(B_1+B_2)}$，考虑 r_2 的存在条件，即 $\dfrac{(a+c-2w_0)(3a-c-2w_0)}{4k(2+b)^2 \min\{B_1, B_2\}} \leqslant \dfrac{(a+c-2w_0)^2}{2k(2+b)(B_1+B_2)}$。然而，$\dfrac{(B_1+B_2)(3a-c-2w_0)}{\min\{B_1, B_2\}} > 2(3a-c-2w_0)$，以及 $2(3a-c-2w_0) \geqslant 2(a+$

$c-2w_0)(2+b)$，所以，r_2 存在性条件不满足。因此，商业信用不能使供应链中各方利润都达到无资金约束下的最优均衡利润。证毕。

命题 5.4 说明，当两个零售商都出现资金缺口时，商业信贷可以为资金约束供应链创造价值。但在零售商竞争环境下，若供应商要从商业信贷过程中获取无资金约束下的最优利润，这将至少导致一个零售商不能获得无资金约束下的均衡利润。从命题 5.4 容易得到如下推论：

推论 5.3 给定零售商间的竞争程度系数 b，$\underline{w_2^*} < w_0$；若$\overline{w_2^*} \leq w_0$，则对任意 $r_2 \in [\underline{r_2}, \overline{r_2}]$ 有 $w_2^*(r_2) \leq w_0$；若$\overline{w_2^*} > w_0$，则存在$\hat{r}_2$，使得 $w_2^*(r_2)\big|_{r_2 \in [\underline{r_2}, \hat{r}_2]} \geq w_0$，$w_2^*(r_2)\big|_{r_2 \in [\hat{r}_2, \overline{r_2}]} < w_0$。

证明：因为 $B_i \leq \dfrac{(a-c)w_0}{2k(2+b)}$（$i = 1$，2），所以 $B_1 + B_2 \leq \dfrac{(a-c)w_0}{k(2+b)}$，将$\overline{r_2}$代入$\underline{w_2^*} = \dfrac{a+c}{2(1+r_2)}$中，可以得出：$\underline{w_2^*} < w_0$。由于式（5.22）表明 $w_2^*(r_2)$ 随 r_2 单调低减，因此，当$\overline{w_2^*} \leq w_0$ 时，$w_2^*(r_2)\big|_{r_2 \in [\underline{r_2}, \overline{r_2}]} \leq w_0$；当$\overline{w_2^*} > w_0$ 时，则存在$\hat{r}_2 \in [\underline{r_2}, \overline{r_2}]$，使得 $w_2^*(\hat{r}_2) = w_0$，且当 $\underline{r_2} \leq r_2 \leq \hat{r}_2$时，$w_2^*(r_2) \geq w_0$，当$\hat{r}_2 \leq r_2 \leq \overline{r_2}$时，$w_2^*(r_2) < w_0$。证毕。

推论 5.3 表明：当供应商为两个零售商同时提供商业信用时，要使得信贷合同使供应链上各成员实现 Pareto 收益，则批发价的上下限只与零售商自有资金有关。并且，最低批发价$\underline{w_2^*}$将小于零售商资金充足时的批发价 w_0。若零售商自有资金充分大（使得$\overline{w_2^*} \leq w_0$）时，信贷合同中的批发价 w_2^* 小于 w_0；若零售商自有资金小于某一临近值（使得$\overline{w_2^*} > w_0$）时，则在 Pareto 区间 $[\underline{w_2^*}, \overline{w_2^*}]$ 上，存在与 w_0 均衡的最优批发价 w_2^*。

推论 5.4 （1）$\dfrac{\partial \overline{w_2^*}}{\partial B_i} \leq 0$，$\dfrac{\partial \underline{w_2^*}}{\partial B_i} \geq 0$（$i = 1$，2）；（2）$\dfrac{\partial \overline{w_2^*}}{\partial b} \leq 0$ 且当 $B_1 B_2 \leq \dfrac{(a-c)^2 w_0^2}{2k^2(2+b)^3}$时，$\dfrac{\partial \underline{w_2^*}}{\partial b} \geq 0$。

证明：根据命题 5.4，将$\underline{w_2^*}$，$\overline{w_2^*}$ 分别对 B_i 和 b 求偏导数，易得到推论 5.4。证毕。

推论 5.4 表明：随着零售商自有资金的增多，$[\underline{w_2^*}, \overline{w_2^*}]$ 将逐渐缩小，即，商业信贷的效用将逐渐减弱。并且，当两个零售商自有资金

小于某一水平 $\left(B_1 B_2 \leqslant \dfrac{(a-c)^2 w_0^2}{2k^2(2+b)^3} \right)$ 时，$\left[\underline{w_2^*}, \overline{w_2^*} \right]$ 随市场竞争程度的加剧而缩小，此时，市场竞争越激烈，商业信用越不能实现供应链上各参与方的 Pareto 利润。

5.3　数值分析

本节利用算例对其中所得结论进行数值仿真。假设在含有一个供应商，两个相互竞争性零售商的供应链中，产品最高价格 $a=100$；产品的价格敏感系数 $k=0.3$；当两个零售商资金不出现短缺时，供应商给予他们的产品批发价为 $w_0=30$，单位产品生产成本为 $c=10$；零售商竞争程度 $b \in [0, 1]$。

首先，当其中一个零售商 R_1 资金约束，而其竞争者 R_2 资金充足时，资金约束零售商可以通过商业信用融资扩大其采购量，设定商业信用融资利率 $r_1=0.3$。两个零售商的最优订购量（$q_1^{R_1}$，$q_2^{R_2}$）随零售商的初始资本 B_1 和市场竞争程度 b 的变化情况如表 5.1 所示。

表 5.1　　　　　　两个零售商的最优订购量随 B_1 和 b 的变化

($q_1^{R_1}$, $q_2^{R_2}$)	b				
B_1	0.2	0.4	0.6	0.8	1
1000	(68.18, 109.85)	(62.50, 104.17)	(57.69, 99.36)	(53.57, 95.24)	(50.00, 91.67)
1500	(68.18, 109.85)	(62.50, 104.17)	(57.69, 99.36)	(53.57, 95.24)	(50.00, 91.67)
2000	(68.18, 109.85)	(66.67, 103.33)	(66.67, 96.67)	(66.67, 90.00)	(66.67, 83.33)
2500	(83.33, 108.33)	(83.33, 100.00)	(83.33, 91.67)	(83.33, 83.33)	(77.78, 77.78)
3000	(100.00, 106.67)	(97.22, 97.22)	(89.74, 89.74)	(83.33, 83.33)	(77.78, 77.78)

续表

$(q_1^{R_1}, q_2^{R_2})$	b				
B_1	0.2	0.4	0.6	0.8	1
3500	(106.06, 106.06)	(97.22, 97.22)	(89.74, 89.74)	(83.33, 83.33)	(77.78, 77.78)

通过表 5.1 可以看出，当零售商 R_1 自有资金出现不足（$B_1 < 2000$）时，零售商会通过商业信贷来提高自身的订购量；当 $2000 \leqslant B_1 < 3500$ 时，零售商虽然受资金约束但会利用自有资金进行采购；当 $B_1 \geqslant 3500$ 时，两个零售商达到无资金约束下的最优均衡订购量。可见，商业信贷适合零售商自有资金缺口较大的情形。并且，两个零售商的订购量都随市场竞争的加剧而减少，而随着零售商 R_1 的自有资金 B_1 逐步增加，订购量也逐渐增大，这给竞争者 R_2 带来了竞争压力，其订购量也随之减少。

给定 $B_1 = 1100$，供应商可以对资金约束零售商进行合理的产品定价，使得自身在商业信用融资过程中获利最大，并且也为两个下游零售商带来赢利。图 5.1 给出了最优批发价 w_1^* 的 Pareto 区间 $[\underline{w_1^*}, \overline{w_1^*}]$ 随竞争强度 b 的变化情况。给定 $b = 0.2$，图 5.2 给出了 $[\underline{w_1^*}, \overline{w_1^*}]$ 随零售商初始资金 B_1 的变化情况。

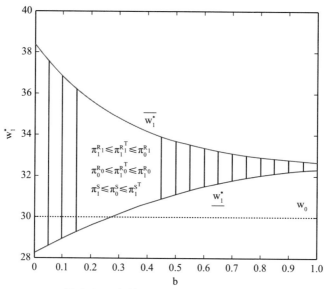

图 5.1 w_1^* 的 Pareto 区间随 b 的变化

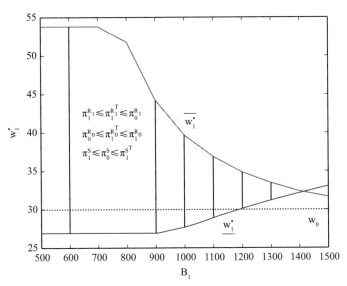

图 5.2 w_1^* 的 Pareto 区间随 B_1 的变化

从图 5.1 可以看出，随着零售商市场竞争的不断加剧，$\overline{w_1^*}$ 随之降低，$\underline{w_1^*}$ 随之增加。这也就是说，w_1^* 的 Pareto 区间逐渐缩小，商业信用在为资金约束零售商创造价值的同时，供应商也能通过提供信贷服务获取融资利润，但越来越难实现下游零售商资金充裕时所获得的利润。可见，考虑零售商市场竞争环境时，商业信用可以为资金约束供应链创造价值，但不能实现无资金约束下的最优利润。而在传统背景下（即单一供应商和单一资金约束零售商构成的供应链），商业信用可以促使供应链中各方成员都实现无资金约束时的最优利润。因此，零售商之间的竞争会制约商业信用发挥其最大效用。从图 5.2 可以看出，随着资金约束零售商自有资金的不断增多，商业信用的融资效用将愈来愈弱。这也从另一方面说明，商业信用适用于零售商资金缺口较大的情形。

其次，考虑两个零售商均资金不足的情况。同样，设定商业信用融资利率 $r_2 = 0.3$。两个零售商的最优订购量（$q_1^{R_1}$，$q_2^{R_2}$）随零售商的初始资本（B_1，B_2）和市场竞争程度 b 的变化情况如表 5.2 所示。

表 5. 2　　　　　　两个零售商的最优订购量随 B_1，B_2 和 b 的变化

$(q_1^{R_1}$, $q_2^{R_2})$	b				
$(B_1$, $B_2)$	0.2	0.4	0.6	0.8	1.0
(1000, 1500)	(68.18, 68.18)	(62.50, 62.50)	(57.69, 57.69)	(53.57, 53.57)	(50.00, 50.00)
(1500, 2000)	(68.18, 68.18)	(62.50, 62.50)	(57.69, 57.69)	(53.57, 53.57)	(50.00, 50.00)
(2000, 2500)	(68.18, 68.18)	(66.67, 83.33)	(66.67, 83.33)	(66.67, 83.33)	(66.67, 83.33)
(2500, 3000)	(83.33, 100.0)	(83.33, 100.0)	(83.33, 100.0)	(83.33, 100.0)	(77.78, 77.78)
(3000, 3500)	(100.0, 106.67)	(97.22, 97.22)	(89.74, 89.74)	(83.33, 83.33)	(77.78, 77.78)
(3500, 4000)	(106.06, 106.06)	(97.22, 97.22)	(89.74, 89.74)	(83.33, 83.33)	(77.78, 77.78)

　　从表 5. 2 可以看出，当两个零售商出现资金不足时，在 Cournot 竞争环境下，任何一方的资金都影响着双方的订购决策，使双方的订购量达到一种博弈均衡状态。当 B_1，$B_2 \leqslant 2000$ 时，两个零售商均接受商业信用合同，此时，双方的均衡订购量仅与市场竞争程度有关，与自有资金无关。并且，这种均衡订购量随市场竞争的加剧而降低。当 $2000 < B_1$，$B_2 \leqslant 3000$ 时，虽然零售商采购资金不足，但因融资成本较大，都转而利用自有资金进行采购。当 $3000 < B_1$，B_2 时，在一定的市场竞争环境下，零售商的资金显得充足，从而达到无资金约束下的均衡订购量。与单一零售商受到资金约束不同，两个零售商的采购决策都受对方资金情况的影响，双方将要么同时接受商业信用融资方案，要么同时利用自有资金进行采购。总体而言，零售商的均衡订购量随市场竞争强度的增大而减少，随任何一方的资金增大而增大。

　　给定 $B_1 = B_2 = 1000$，图 5.3 给出了最优批发价 w_2^* 的 Pareto 区间 $[\underline{w_2^*}, \overline{w_2^*}]$ 随竞争强度 b 的变化情况。给定 $b = 0.2$，图 5.4 给出了 $[\underline{w_2^*}, \overline{w_2^*}]$ 随零售商资金情况 B_1，B_2 的变化情况。

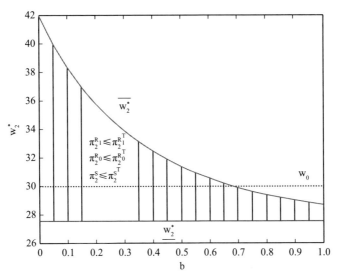

图 5.3 w_2^* 的 Pareto 区间随 b 的变化

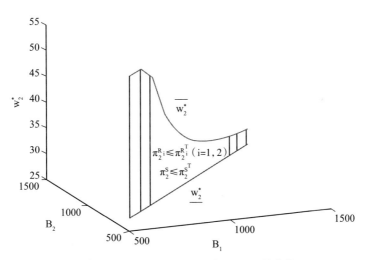

图 5.4 w_2^* 的 Pareto 区间随 B_1，B_2 的变化

从图 5.3 可以看出，在为两个零售商进行融资的商业信用合同中，供应商可以设定合理的批发价 $w_2^* \in [\underline{w_2^*}, \overline{w_2^*}]$，使得供应商和零售商在商业信贷融资过程中获利，但无法同时达到零售商无资金约束下的均衡利润。并且，随着零售商之间竞争程度的加剧，$[\underline{w_2^*}, \overline{w_2^*}]$ 越来越窄，即商业信贷合同将越来越难以实现供应链中各方利益的 Pareto 均衡

利润。从 w_2^* 的变化情况可知，为发挥商业信用的融资作用，供应商给予的产品批发价可以低于零售商无资金约束时的产品价格。从图 5.4 可以看出，随着零售商各自初始资金的增多，供应商考虑各方的利益将降低最优批发价，并且商业信用的融资效用也将随之减弱。

5.4 本章小结

商业信用是解决供应链中买方资金约束问题的一种重要的融资渠道，如何将融资与企业运营决策相结合，从而发挥融资的最大价值是供应链金融研究领域的主要课题。本章在含有一个供应商和两个竞争性零售商的供应链中，探讨了在 Cournot 竞争环境下的零售商出现资金约束时，供应链的商业信用融资决策。研究发现：当一个零售商资金受到约束而竞争者资金充足时，供应商可以通过设定资金约束零售商的产品采购价，使得商业信用实现供应链中上下游企业的 Pareto 最优利润。其中，供应商可以从商业信用融资过程中获得零售商无资金约束时的利润，而零售商资金约束的困境虽然得到有效改善，但仍不能实现无资金约束情形下的均衡利润。对于资金充裕的竞争者而言，无论对方是否接受商业信用合同，充分的资金储备都促使零售商在竞争中扩大产品订购量，从而提高其销售利润，且超过零售商无资金约束情形下的均衡利润。当两个零售商资金都受到约束时，供应商同时为两个零售商提供商业信用融资服务，且当产品批发价处于一定范围时，商业信用可以实现上下游企业的 Pareto 最优利润，但不能使供应链中各企业均达到无资金约束下的均衡利润。同时，随着零售商之间竞争程度的加剧以及零售商自有资金的逐步增加，商业信用的融资效用将逐渐减弱。

本章中所得结论有三个方面的管理启示：一是解释了在竞争激烈的零售市场中，供应商为何仍会采取商业信用对资金约束零售商进行短期融资；二是给出了零售商不同初始资金的条件下，商业信贷的批发价决策，为了更好地实现融资价值提供理论依据；三是进一步给出了商业信用的效用随零售商自有资金和市场竞争程度的变化情况，为供应商合理采用商业信贷融资手段提供帮助。

第6章 面向竞争型制造商的预付账款融资策略

随着生产规模的不断扩张、原材料价格和人工成本的上涨，生产资金不足导致供应商无法满足下游零售商的订单需求，不仅制约着供应商的生产经营，也给零售商带来了缺货风险，从而影响整个供应链的稳定发展。针对供应商生产资金不足的情况，下游零售商通常会供应商提前预付一部分或全部货款，以保障供应商的生产资金运营安全，同时，零售商通常要求供应商以低于市场批发价进行供货。提前支付虽然占用了零售商的流动资金，但为零售商争取更多的货源、抢占销售渠道及扩大盈利提供了有力的保证。

然而，在激烈的市场竞争中，产品的同质化问题严重，下游核心企业往往从多个供货商处采购原材料，加工制造成具有类似功能和效能的产品供消费者选择。以家电零配件企业为例，2014年，为海尔提供配件的多家宁波慈溪家电企业出现资金紧绷、融资困难而迫使倒闭等现象。而海尔为了保证产品的高端品质，不断在全球采购顶级零部件，整合全球顶级配件供应商。同时，海尔与优质零配件供应商合作，推出"五段全程标准"，共同为消费者提供售后服务。激烈的市场竞争正在不断压缩企业的利润空间，而在实际经济活动中，除完全垄断的企业外，任何企业都不可避免地受到产业内竞争企业的影响。同行业中替代产品越多，竞争程度越高，对信贷资源的争夺也越激烈，从而对企业融资的影响越大。可见，产品市场竞争环境与企业融资结构有着密切的联系。那么，作为供应链上的主导者，核心企业将如何在产品市场竞争因素的影响下，对其上下游企业提供融资服务是供应链融资决策中亟须解决的一个问题。本章以宁波慈溪家电企业倒闭和海尔公司全球采购零配件的实践背景为例，分析产品市场竞争环境对零售商预付款融资决策的影响。

6.1 模型假设及符号设定

考虑在由单一零售商和两个供应商构成的二级供应链系统中,供应商处于一定的市场竞争环境,其产品具有可替代性。为解决生产资金不足的问题,零售商同时向两个供应商提供预付款融资服务,同时要求供应商给予一定的批发价折扣优惠。此时,供应商的生产量不得低于零售商的预订量,且零售商具有二次订购机会,当零售商订购量大于预订量时,其超出部分(即第二次订购量)按单位商品市场批发价进行交易。考虑供应商产品市场竞争环境的预付款融资框架如图6.1所示。

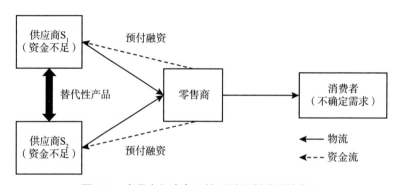

图6.1　产品市场竞争环境下的预付款融资框架

为简化模型,对问题进行如下假设:

(1) 两个供应商的初始资金为零,且零供双方的经营行为都遵循融资的操作规范;

(2) 市场需求服从一随机分布;

(3) 供应商只有一次生产机会;

(4) 供应商和零售商都属于风险中性,且信息对称;

(5) 不计算零售商的资金成本;

(6) 产品的残值和损失成本均为零。

本章中使用的主要符号如下:

p_i,w_i,c_i 为第 i 个供应商的单个商品市场零售价、批发价和生产成本，均为外生变量且 $p_i > w_i > c_i$，$i = 1, 2$；r_i 为零售商向第 i 个供应商提前支付时的批发价折扣系数，为一常量且满足折扣价 $w_i / (1 + r_i) \geqslant c_i$，$(0 \leqslant r_i \leqslant 1)$；$X_i$ 为第 i 个供应商的商品市场随机需求量，且两种商品市场随机联合分布密度函数为 $f(x_1, x_2)(x_1, x_2 \geqslant 0)$；$q_i$ 为零售商从第 i 个供应商处的预订量；Q_i 为第 i 个供应商的生产量且 $Q_i \geqslant q_i$；α_i 为第 j 种商品转化为第 i 种商品的转移程度且 $0 \leqslant \alpha_i \leqslant 1$；$\pi_{s_i}$ 为第 i 个供应商的利润函数；π_r 为零售商的利润函数。

6.2　产品市场竞争环境下的预付融资均衡决策

在零售商预付款融资模式下，零售商为两个竞争型供应商提供资金支持。考虑产品市场需求为随机分布，将零售商的订购问题转化为一个竞争型"报童"问题。在供应链融资框架下，零供双方的博弈顺序为：在产品预订阶段（$t = 0$），每个供应商公布提前预订时的产品批发价折扣率 r_i，零售商决定提前预订量 q_i，在得到预付款后，供应商决定生产量 $Q_i(Q_i \geqslant q_i)$，且生产时间几乎为零。在产品销售阶段（$t = 1$），市场需求实现，若第 i 个供应商的产品需求量大于市场需求量，且供应商 S_i 仍有库存时，零售商将以市场批发价 w_i 进行第二次采购。并且，零售商和供应商分别对所得利润进行清算。

首先，借用李普曼和迈卡多（Lippman and McCardle, 1997），在竞争型"报童模型"中，供应商产品的市场有效需求刻画为：

$$x_i^e = x_i + \alpha_i (x_j - q_j)^+ \tag{6.1}$$

其中，$()^+ = \max\{\cdot, 0\}$，$i, j \in \{1, 2\}$。

由于两个供应商的初始资金均为零，且零售商对两个供应商同时提供预付融资，可将两个供应商视为对称性供应商。不失一般性，接下来分析第一个供应商 S_1 的融资运营决策，将零售商的提前订购量 q_1 和供应商的生产量 Q_1 关系分为如下几种情况：

（1）当 $x_1 \geqslant Q_1$ 或者 $q_1 \leqslant x_1 < Q_1$，$x_2 \geqslant q_2$，$x_1^e \geqslant Q_1$ 时，第一个供应商 S_1 的产品销售情况比较乐观，零售商将 S_1 的产品对进行第二次采购，即 $x_1^e = Q_1$，此时，供应商 S_1 的利润为：

$$\pi_{s_1} = [w_1 / (1 + r_1)] q_1 + w_1 (Q_1 - q_1) - c_1 Q_1 \tag{6.2}$$

零售商销售供应商 S_1 的产品获得利润为：

$$\pi_r^{s_1} = p_1 Q_1 - [w_1/(1+r_1)]q_1 - w_1(Q_1 - q_1) \tag{6.3}$$

（2）当 $q_1 \leqslant x_1 < Q_1$，$x_2 < q_2$ 时，供应商 S_1 的产品市场有效需求 $x_1^e = x_1$，则：

$$\pi_{s_1} = [w_1/(1+r_1)]q_1 + w_1(x_1 - q_1) - c_1 Q_1 \tag{6.4}$$

$$\pi_r^{s_1} = p_1 x_1 - [w_1/(1+r_1)]q_1 - w_1(x_1 - q_1) \tag{6.5}$$

（3）当 $q_1 \leqslant x_1 < Q_1$，$x_2 \geqslant q_2$，$x_1^e < Q_1$ 或 $x_1 < q_1$，$x_2 \geqslant q_2$，$q_1 \leqslant x_1^e < Q_1$，供应商 S_1 的产品市场有效需求为 $x_1^e = x_1 + \alpha_1(x_2 - q_2)$，有：

$$\pi_{s_1} = [w_1/(1+r_1)]q_1 + w_1(x_1^e - q_1) - c_1 Q_1 \tag{6.6}$$

$$\pi_r^{s_1} = p_1 x_1^e - [w_1/(1+r_1)]q_1 - w_1(x_1^e - q_1) \tag{6.7}$$

（4）当 $x_1 < q_1$，$x_2 < q_2$ 时，有 $x_1^e = x_1$，此时：

$$\pi_{s_1} = [w_1/(1+r_1)]q_1 - c_1 Q_1 \tag{6.8}$$

$$\pi_r^{s_1} = p_1 x_1 - [w_1/(1+r_1)]q_1 \tag{6.9}$$

（5）当 $x_1 < q_1$，$x_2 \geqslant q_2$，$x_1^e < q_1$ 时，$x_1^e = x_1 + \alpha_1(x_2 - q_2)$，则：

$$\pi_{s_1} = [w_1/(1+r_1)]q_1 - c_1 Q_1 \tag{6.10}$$

$$\pi_r^{s_1} = p_1 x_1^e - [w_1/(1+r_1)]q_1 \tag{6.11}$$

综上所述，第一个供应商 S_1 的期望利润为：

$$
\begin{aligned}
E(\pi_{s_1}) = {} & [w_1/(1+r_1)]q_1 - c_1 Q_1 + w_1 \Big\{ \int_0^{q_2} dx_2 \int_{q_1}^{Q_1} (x_1 - q_1) f(x_1, x_2) dx_1 \\
& + \int_{q_2}^{+\infty} dx_2 \int_{q_1 - \alpha_1(x_2 - q_2)}^{Q_1 - \alpha_1(x_2 - q_2)} [x_1 + \alpha_1(x_2 - q_2) - q_1] f(x_1, x_2) dx_1 \Big\} \\
& + w_1(Q_1 - q_1) \times \Big[\int_0^{q_2} dx_2 \int_{Q_1}^{+\infty} f(x_1, x_2) dx_1 \\
& + \int_{q_2}^{+\infty} dx_2 \int_{Q_1 - \alpha_1(x_2 - q_2)}^{+\infty} f(x_1, x_2) dx_1 \Big]
\end{aligned} \tag{6.12}
$$

零售商从销售供应商 S_1 的产品中所得期望利润为：

$$
\begin{aligned}
E(\pi_r^{s_1}) = {} & [p_1 - w_1/(1+r_1)]q_1 + (p_1 - w_1) \Big\{ \int_0^{q_2} dx_2 \int_{q_1}^{Q_1} (x_1 - q_1) f(x_1, x_2) dx_1 \\
& + \int_{q_2}^{+\infty} dx_2 \int_{q_1 - \alpha_1(x_2 - q_2)}^{Q_1 - \alpha_1(x_2 - q_2)} [x_1 + \alpha_1(x_2 - q_2) - q_1] f(x_1, x_2) dx_1 \Big\} \\
& + (p_1 - w_1)(Q_1 - q_1) \times \Big[\int_0^{q_2} dx_2 \int_{Q_1}^{+\infty} f(x_1, x_2) dx_1 \\
& + \int_{q_2}^{+\infty} dx_2 \int_{Q_1 - \alpha_1(x_2 - q_2)}^{+\infty} f(x_1, x_2) dx_1 \Big] - p_1 \Big\{ \int_0^{q_2} dx_2 \int_0^{q_1} (q_1
\end{aligned}
$$

$$- x_1) f(x_1, x_2) dx_1 + \int_{q_2}^{+\infty} dx_2 \int_0^{q_1 - \alpha_1(x_2 - q_2)} [q_1 - x_1 - \alpha_1(x_2$$

$$- q_2)] f(x_1, x_2) dx_1 \} \tag{6.13}$$

由于产品具有可替代性，以及供应商之间的对称性可得到第二个供应商 S_2 的期望利润为：

$$E(\pi_{s_2}) = [w_2/(1 + r_2)] q_2 - c_2 Q_2 + w_2 \{ \int_0^{q_1} dx_1 \int_{q_2}^{Q_2} (x_2 - q_2) f(x_1, x_2) dx_2$$

$$+ \int_{q_1}^{+\infty} dx_1 \int_{q_2 - \alpha_2(x_1 - q_1)}^{Q_2 - \alpha_2(x_1 - q_1)} [x_2 + \alpha_2(x_1 - q_1) - q_2] f(x_1, x_2) dx_2 \}$$

$$+ w_2 (Q_2 - q_2) \times [\int_0^{q_1} dx_1 \int_{Q_2}^{+\infty} f(x_1, x_2) dx_2$$

$$+ \int_{q_1}^{+\infty} dx_1 \int_{Q_2 - \alpha_2(x_1 - q_1)}^{+\infty} f(x_1, x_2) dx_2] \tag{6.14}$$

零售商从销售供应商 S_2 的产品中所得期望利润为：

$$E(\pi_r^{s_2}) = [p_2 - w_2/(1 + r_2)] q_2 + (p_2 - w_2) \{ \int_0^{q_1} dx_1 \int_{q_2}^{Q_2} (x_2 - q_2) f(x_1, x_2) dx_2$$

$$+ \int_{q_1}^{+\infty} dx_1 \int_{q_2 - \alpha_2(x_1 - q_1)}^{Q_2 - \alpha_2(x_1 - q_1)} [x_2 + \alpha_2(x_1 - q_1) - q_2] f(x_1, x_2) dx_2 \}$$

$$+ (p_2 - w_2) (Q_2 - q_2) \times [\int_0^{q_1} dx_1 \int_{Q_2}^{+\infty} f(x_1, x_2) dx_2$$

$$+ \int_{q_1}^{+\infty} dx_1 \int_{Q_2 - \alpha_2(x_1 - q_1)}^{+\infty} f(x_1, x_2) dx_2] - p_2 \{ \int_0^{q_1} dx_1 \int_0^{q_2} (q_2$$

$$- x_2) f(x_1, x_2) dx_2 + + \int_{q_1}^{+\infty} dx_1 \int_0^{q_2 - \alpha_2(x_1 - q_1)} [q_2 - x_2$$

$$- \alpha_2(x_1 - q_1)] f(x_1, x_2) dx_2 \} \tag{6.15}$$

因此，供应商的决策问题为：

$$\underset{q_i \leqslant Q_i \leqslant w_i q_i/(1 + r_i)}{\text{Max} \quad E(\pi_{s_i})} \tag{6.16}$$

其中，$E(\pi_{s_1})$ 和 $E(\pi_{s_2})$ 如式（6.12）和式（6.14）所示。

零售商的决策问题为：

$$\underset{q_1, q_2}{\text{Max}} E(\pi_r) = E(\pi_r^{s_1}) + E(\pi_r^{s_2})$$

$$\text{s. t.} \quad Q_1 = Q_1^*, \quad Q_2 = Q_2^* \tag{6.17}$$

其中，$E(\pi_r^{s_1})$ 和 $E(\pi_r^{s_2})$ 如式（6.13）和式（6.16）所示。

根据李普曼和迈卡多（1997）和赵和阿特金斯（2008），$E(\pi_{s_i})$，$E(\pi_r^{s_i})(i = 1, 2)$ 是拟凹函数，考虑供应商之间的对称性，式（6.16）

和式（6.17）的最优解可分为如下几种情形：

情形 A：当 $Q_1^* = q_1$，$Q_2^* = q_2$ 时，两个供应商的最优产量即为制造商的预订量，此时，零售商将没有第二次采购的机会。此时，存在唯一的 Nash 均衡最优解 (q_1^*, q_2^*)［记为 (q_1^A, q_2^A)］为如下方程的根。

$$\begin{cases} p_1 \left[\int_0^{q_2^A} dx_2 \int_{q_1^A}^{+\infty} f(x_1, x_2) dx_1 + \int_{q_2^A}^{+\infty} dx_2 \int_{q_1^A - \alpha_1(x_2 - q_2^A)}^{+\infty} f(x_1, x_2) dx_1 \right] = \dfrac{w_1}{1 + r_1} \\ p_2 \left[\int_0^{q_1^A} dx_1 \int_{q_2^A}^{+\infty} f(x_1, x_2) dx_2 + \int_{q_1^A}^{+\infty} dx_1 \int_{q_2^A - \alpha_2(x_1 - q_1^A)}^{+\infty} f(x_1, x_2) dx_2 \right] = \dfrac{w_2}{1 + r_2} \end{cases}$$

$$(6.18)$$

情形 B：当 $Q_1^* = \dfrac{w_1 q_1}{c_1 (1 + r_1)}$，$Q_2^* = \dfrac{w_2 q_2}{c_2 (1 + r_2)}$ 时，两个供应商将耗尽零售商的预付款进行生产，此时，存在唯一的 Nash 均衡最优解 (q_1^*, q_2^*)［记为 (q_1^B, q_2^B)］为如下方程的根：

$$\begin{cases} \dfrac{p_1 - w_1}{c_1} \left[\int_0^{q_2^B} dx_2 \int_{\frac{w_1 q_1^B}{c_1(1+r_1)}}^{+\infty} f(x_1, x_2) dx_1 + \int_{q_2^B}^{+\infty} dx_2 \int_{\frac{w_1 q_1^B}{c_1(1+r_1)} - \alpha_1(x_2 - q_2^B)}^{+\infty} f(x_1, x_2) dx_1 \right] \\ \qquad + (1 + r_1) \left[\int_0^{q_2^B} dx_2 \int_{q_1^B}^{+\infty} f(x_1, x_2) dx_1 + \int_{q_2^B}^{+\infty} dx_2 \int_{q_1^B - \alpha_1(x_2 - q_2^B)}^{+\infty} f(x_1, x_2) dx_1 \right] = 1 \\ \dfrac{p_2 - w_2}{c_2} \left[\int_0^{q_1^B} dx_1 \int_{\frac{w_2 q_2^B}{c_2(1+r_2)}}^{+\infty} f(x_1, x_2) dx_2 + \int_{q_1^B}^{+\infty} dx_1 \int_{\frac{w_2 q_2^B}{c_2(1+r_2)} - \alpha_2(x_1 - q_1^B)}^{+\infty} f(x_1, x_2) dx_2 \right] \\ \qquad + (1 + r_2) \left[\int_0^{q_1^B} dx_1 \int_{q_2^B}^{+\infty} f(x_1, x_2) dx_2 + \int_{q_1^B}^{+\infty} dx_1 \int_{q_2^B - \alpha_2(x_1 - q_1^B)}^{+\infty} f(x_1, x_2) dx_2 \right] = 1 \end{cases}$$

$$(6.19)$$

情形 C：当 $Q_1^* \in \left(q_1, \dfrac{w_1 q_1}{c_1(1 + r_1)} \right)$，$Q_2^* \in \left(q_2, \dfrac{w_2 q_2}{c_2(1 + r_2)} \right)$ 时，零售商的最优订购量［记为 (q_1^C, q_2^C)］为如下方程的根：

$$\begin{cases} (1 + r_1) \left[\int_0^{q_2^C} dx_2 \int_{q_1^C}^{+\infty} f(x_1, x_2) dx_1 + \int_{q_2^C}^{+\infty} dx_2 \int_{q_1^C - \alpha_1(x_2 - q_2^C)}^{+\infty} f(x_1, x_2) dx_1 \right] = 1 \\ (1 + r_2) \left[\int_0^{q_1^C} dx_1 \int_{q_2^C}^{+\infty} f(x_1, x_2) dx_2 + \int_{q_1^C}^{+\infty} dx_1 \int_{q_2^C - \alpha_2(x_1 - q_1^C)}^{+\infty} f(x_1, x_2) dx_2 \right] = 1 \end{cases}$$

$$(6.20)$$

此时，供应商的最优均衡产量为如下方程的根：

$$
\begin{cases}
w_1 \left[\int_0^{q_2^C} dx_2 \int_{Q_1^C}^{+\infty} f(x_1, x_2) dx_1 + \int_{q_2^C}^{+\infty} dx_2 \int_{Q_1^C - \alpha_1(x_2 - q_2^C)}^{+\infty} f(x_1, x_2) dx_1 \right] = c_1 \\
w_2 \left[\int_0^{q_1^C} dx_1 \int_{Q_2^C}^{+\infty} f(x_1, x_2) dx_2 + \int_{q_1^C}^{+\infty} dx_1 \int_{Q_2^C - \alpha_2(x_1 - q_1^C)}^{+\infty} f(x_1, x_2) dx_2 \right] = c_2
\end{cases}
$$

$$
(6.21)
$$

从上述结果来看，供应商处于的竞争环境和产品的替代程度对零售商最优预订决策具有重要影响。并且，两种产品之间的预订决策量之间存在什么样的关系，命题 6.1 分析了零售商均衡预订量随产品替代程度的变化以及两种产品预订量之间的关系。

命题 6.1　给定两个供应商之间的替代程度 α_i 和 α_j，则（1）$dq_i^k / d\alpha_i > 0$ 且 $dq_i^k / d\alpha_j < 0$；（2）$dq_i^k / dq_j^k < 0$ 且 $|dq_i^k / dq_j^k| < \alpha_i$（其中，i，j = 1，2；k = A，B，C）。

证明：（1）由式（6.18）可得：

$$
\frac{dq_1^A}{d\alpha_1} = -\frac{\partial T_1 / \partial \alpha_1}{\partial T_1 / \partial q_1^A} = \frac{\int_{q_2^A}^{+\infty} (x_2 - q_2^A) f[q_1^A - \alpha_1(x_2 - q_2^A), x_2] dx_2}{\int_0^{q_2^A} (x_2 -) f(q_1^A, x_2) dx_2 + \int_{q_2^A}^{+\infty} f[q_1^A - \alpha_1(x_2 - q_2^A), x_2] dx_2} > 0
$$

同理，根据 q_i 之间的对称性可得 $\dfrac{dq_2^A}{d\alpha_2} > 0$。因此，$\dfrac{dq_1^A}{d\alpha_2} = \dfrac{dq_1^A}{dq_2^A} \dfrac{dq_2^A}{d\alpha_2} < 0$。

（2）式（6.1 ~ 6.18）中，令 $T_1(q_1^A, q_2^A) = p_1 \left[\int_0^{q_2^A} dx_2 \int_{q_1^A}^{+\infty} f(x_1, x_2) dx_1 + \int_{q_2^A}^{+\infty} dx_2 \int_{q_1^A - \alpha_1(x_2 - q_2^A)}^{+\infty} f(x_1, x_2) dx_1 \right] - \dfrac{w_1}{1 + r_1}$，有：

$$
\frac{dq_1^A}{dq_2^A} = -\frac{\partial T_1(q_1^A, q_2^A) / \partial q_2^A}{\partial T_1(q_1^A, q_2^A) / \partial q_1^A} = -\frac{\alpha_1 \int_{q_2^A}^{+\infty} f(q_1^A - \alpha_1(x_2 - q_2^A), x_2) dx_2}{\int_{q_2^A}^{+\infty} f(q_1^A - \alpha_1(x_2 - q_2^A), x_2) dx_2 + \int_0^{q_2} f(q_1^A, x_2) dx_2} <
$$

0，并且 $\left| \dfrac{dq_1^A}{dq_2^A} \right| < \alpha_1$。同理，从式（6.19）和式（6.20）中可得到类似结论。证毕。

从命题 6.1 可知：零售商的最优采购量随供应商自身的竞争强度而增加，随对方竞争强度的增强而降低。并且，某一种产品的订购量会抑制其替代品的采购量，但其变化强度不超过这种产品的市场竞争强度。因此，命题6.1也告诉我们，当产品市场价格趋于稳定时，只有提高产品的市场竞争力，才可以获得客户的青睐，从而获得更多的预付融资额度。

对比分析三种情形下的零售商均衡预订量，易得到如下推论6.1。

推论6.1 给定两个供应商之间的替代程度 α_i 和 α_j，则：$\min\{q_i^A, q_i^B\} > q_i^C$，$i, j = 1, 2$。

证明：从式（6.18）和式（6.19）易得 $q_1^A > q_1^C$，$q_1^B > q_1^C$，因此 $\min\{q_1^A, q_1^B\} > q_1^C$。根据对称性，易得 $\min\{q_2^A, q_2^B\} > q_2^C$。

从推论6.1可知：当供应商利用零售商的所有预付款进行充分生产，不留有多余的预付货款时，零售商的预订量比供应商留有预付款进行不充分生产时的订购量大。因为，在供应链上下游企业信息对称时，零售商处于核心地位，为应对不确定的市场需求变化，保证充足的货源时，零售商将要求供应商进行充分生产。

在预付款融资过程中，供应商得到零售商的预付款后进行生产，在零售商预订量达到 Nash 均衡时，两个供应商的最优生产量也会达到 Nash 均衡。那么，在不同情形下，供应商的均衡产量之间存在什么关系？命题6.2比较了供应商的均衡产量在不同情形下的大小关系。

命题6.2 给定两个供应商之间的替代程度 α_i 和 α_j，当 $p_i c_i (1 + r_i) > w_i^2$ 时，$Q_i^B > Q_i^A > Q_i^C$；当 $p_i c_i (1 + r_i) \leqslant w_i^2$ 时，$Q_i^B > Q_i^C \geqslant Q_i^A$，$i, j = 1, 2$。

证明：从式（6.19）可知：

$$c_1 = [p_1 - w_1(1 + r_1)] \left[\int_0^{q_2^B} dx_2 \int_{Q_1^B}^{+\infty} f(x_1, x_2) dx_1 + \int_{q_2^B}^{+\infty} dx_2 \int_{Q_1^B - \alpha_1(x_2 - q_2^B)}^{+\infty} f(x_1, x_2) dx_1 \right] + c_1(1 + r_1) \left[\int_0^{q_2^B} dx_2 \int_{q_1^B}^{+\infty} f(x_1, x_2) dx_1 + \int_{q_2^B}^{+\infty} dx_2 \int_{q_1^B - \alpha_1(x_2 - q_2^B)}^{+\infty} f(x_1, x_2) dx_1 \right]$$

，因为 $\int_0^{q_2^B} dx_2 \int_{q_1^B}^{+\infty} f(x_1, x_2) dx_1 + \int_{q_2^B}^{+\infty} dx_2 \int_{q_1^B - \alpha_1(x_2 - q_2^B)}^{+\infty} f(x_1, x_2) dx_1 > \int_0^{q_2^B} dx_2 \int_{Q_1^B}^{+\infty} f(x_1, x_2) dx_1 + \int_{q_2^B}^{+\infty} dx_2 \int_{Q_1^B - \alpha_1(x_2 - q_2^B)}^{+\infty} f(x_1, x_2) dx_1$，所以 $\int_0^{q_2^B} dx_2 \int_{Q_1^B}^{+\infty} f(x_1, x_2) dx_1 + \int_{q_2^B}^{+\infty} dx_2 \int_{Q_1^B - \alpha_1(x_2 - q_2^B)}^{+\infty} f(x_1, x_2) dx_1 < \dfrac{c_1}{p_1 - w_1(1 + r_1) + c_1(1 + r_1)}$。

式（6.18）中，$q_1^A = Q_1^A$，以及 $\dfrac{w_1}{p_1} > \dfrac{c_1}{p_1 - w_1(1 + r_1) + c_1(1 + r_1)}$，可得：$Q_1^B > Q_1^A$。由于 $q_1^B > q_1^C$，有 $Q_1^B > Q_1^C$。因此，当 $p_1 c_1 (1 + r_1) > w_1^2$ 时，

$Q_1^A > Q_1^C$，因此，$Q_1^B > Q_1^A > Q_1^C$。当 $p_1 c_1 (1 + r_1) \leqslant w_1^2$ 时，$Q_1^A \leqslant Q_1^C$，有 $Q_1^B > Q_1^C \geqslant Q_1^A$。类似，由对称性也可得到供应商 s_2 的最优订购量在不同情形下的大小关系。综上所述，命题 2 得证。证毕。

命题 6.2 告诉我们：供应商进行充分生产时，其产量达到最大。然而，当批发价较大时，供应商按零售商的预订量生产时，其产量达到最小。在实际中，供应商为赢得零售商的第二次订购机会，通常会利用所有资金进行充分生产，因此，在供应链预付融资模式中，供应商和零售商共同分担了市场的需求风险。

从供应链上下游企业在预付融资中的均衡决策可知，提前支付货款可以助力上游供应商进行正常生产，也有利于零售商提前锁定货物价格，确保货源的供应。然而，在竞争环境下，产品的可替代程度对零售商和供应商的期望利润是否有较大影响，以及在什么情形下，供应链预付融资的效能可以达到最优，从而发挥最大的融资价值？从零售商和供应商的期望利润函数来看，难以得到显而易见的结论。因此，将采取数值仿真方法分析市场竞争程度对上下游企业的均衡决策和期望利润的影响。

6.3 数 值 分 析

假设 $p_1 = 150$，$p_2 = 100$，$w_1 = 60$，$w_2 = 55$，$c_1 = 25$，$c_2 = 20$，$r_1 = 0.2$，$r_2 = 0.3$。产品的市场需求服从二维均匀分布，其密度函数为

$$f(x_1, x_2) = \begin{cases} 1/ab, & x_1 \in [0, a], \ x_2 \in [0, b] \\ 0 & else. \end{cases}, \ \text{其中，} a = 100, \ b =$$

100。两种产品之间的替代程度 $\alpha_1, \alpha_2 \in [0, 1]$。

不失一般性，假设供应商 S_2 的竞争程度处于中等水平（设定 $\alpha_2 = 0.5$），分析供应链预付融资模式下的均衡决策和期望利润受供应商 S_1 的竞争强度（即产品替代程度 α_1）的影响。

从图 6.2 可以看出，零售商的均衡预订量 q_1^* 随竞争程度 α_1 的增大而增大，而 q_2^* 随 α_1 的增大而减小。并且，当供应商按照零售商的预订量进行完全生产时，零售商的预订量达到最大。图 6.3 指出，供应商 S_1 的产量随竞争程度 α_1 的增大而增大，供应商 S_2 的产量随竞争程度 α_1 的增大而降低。同时，两个供应商都将利用预付融资进行完全生产时，其产量达到最大。

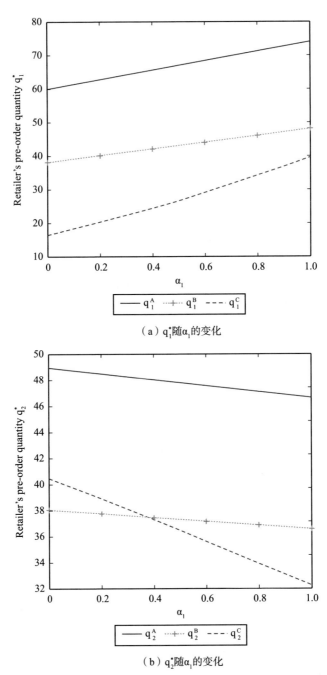

（a）q_1^*随α_1的变化

（b）q_2^*随α_1的变化

图 6.2　α_1 对零售商最优均衡预订量的影响

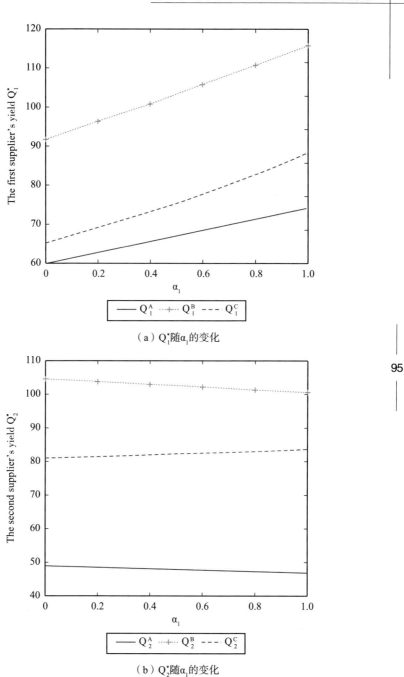

（a）Q_1^*随α_1的变化

（b）Q_2^*随α_1的变化

图 6.3　α_1 对供应商最优生产量的影响

从图 6.4 可以看出，零售商的期望利润随市场竞争程度的加剧而增加。并且，当供应商按单生产时，虽然零售商对供应商的采购量达到最大（从图 6.2 可以得知），但是获得的利润却最低。这是因为，供应商按单生产时，市场需求不确定带来的风险均由零售商承担，所获得的利润也将最低。而当供应商的产量大于预订量，且执行完全生产时，零售商的利润达到最大。因为通过预付融资，供应链上下游企业共同承担市场需求所带来的风险。当产品市场需求出现供不应求时，供应商为零售商提供了第二次采购机会，增加了零售商的销售机会，从而提高销售利润。

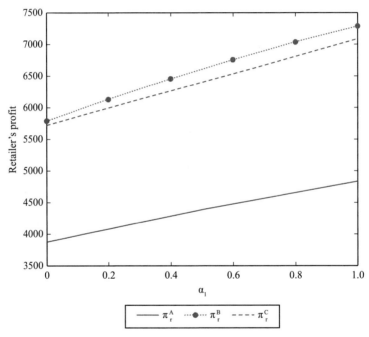

图 6.4 α_1 对零售商期望利润的影响

从图 6.5 可知：与零售商不同，供应商 S_1 的利润随自身竞争强度 α_1 的增加而增加，而竞争者的利润随 α_1 的增加而减少。针对供应商 S_1 自身而言，采用按单生产将为自身带来最大利润，因为 S_1 不承担任何市场需求风险。相反，竞争者获得零售商预付融资后进行不完全生产时，所获利润最大。

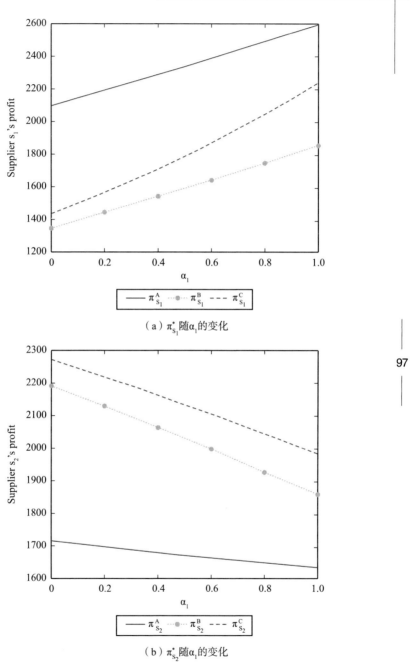

（a）$\pi_{S_1}^*$ 随 α_1 的变化

（b）$\pi_{S_2}^*$ 随 α_1 的变化

图 6.5　α_1 对供应商期望利润的影响

6.4　本章小结

　　本章在竞争型"报童"模型基础上，建立了产品市场竞争环境下，单一零售商同时向两个可替代性供应商进行预付款融资决策模型，得到了零售商的最优均衡预订量和两个供应商最优产量的 Nash 均衡解。结论表明：当供应商利用零售商的所有预付款进行充分生产时，零售商的预订量比供应商留有预付款进行不充分生产时的订购量大。同时，供应商的产量也将达到最大。

　　数值分析结果表明：零售商的均衡预订量和供应商的均衡产量都随着供应商自身的竞争程度的加强而增加，随竞争者的竞争程度的加强而减少。而随着自身产品可替代程度的逐步加强，供应商自身的利润和零售商的利润都将提高，相反，其竞争者的利润将随之降低。针对零售商而言，当供应商的产量大于预订量，且执行完全生产时，供应商为零售商提供了第二次采购机会，供应链上下游企业共同承担了市场需求所带来的风险，此时，零售商的利润将达到最大。而供应商按零售商的预订量进行生产时，不承担任何需求不确定带来的风险，此时，供应商的利润将达到最大。

第三篇 数字赋能视角下供应链融资策略研究

随着诸如大数据、区块链、物联网与人工智能等新兴数字技术的飞速发展，供应链金融向自动化、智能化、数字化方向发展。数字供应链金融是从供应链整体出发，运用数字技术提供系统性的金融解决方案，以快速响应供应链节点企业的融资需求，降低融资风险，提升产业链各方价值，实现物流、资金流和信息流"三流"的有机整合和统一。实践证明，数字供应链金融能够帮助核心企业和金融机构破解传统供应链金融服务困境。本篇以区块链为例，研究数字赋能视角下供应链的融资策略。

第7章 基于区块链的供应链存货质押融资策略

存货质押融资作为供应链金融主要融资方式之一，帮助中小企业缓解资金约束问题提供了新渠道。现实生产活动中金属材料、汽车零部件和钢铁等都需要存货质押来缓解企业资金压力。本章主要针对区块链存货质押融资模式下，将中小企业零售商、第三方物流企业（3PL）以及银行作为研究对象。当零售商资金不足以进行下一步订货计划时，通过3PL担保向银行进行存货质押业务。考虑市场不确定需求的情况下，通过分析银行、零售商和3PL的利润函数，构建上下游企业的Stackelberg博弈模型。进一步逆序求解，求出零售商最优质押量以及3PL最优监管费用。

7.1 传统存货质押融资的最优决策

考虑一个"报童型"零售商（R）由于自有资金不足以支撑下一步生产计划，选择通过将初始库存质押给3PL（L），向银行（B）进行存货质押融资业务。零售商由于资金短缺不足以支撑下一步生产计划，选择依托3PL信用向银行进行存货质押融资，3PL为了获取监管费用扩大市场竞争力，通过向银行出具仓单等专业化报告为零售商提供存货凭证。当零售商剩余资产不足以偿还银行债务时，由3PL承担剩余债务。银行基于3PL的良好信用，同意为零售商提供存货质押融资服务。零售商通过现有初始库存，向银行进行存货质押融资，从而获得资金提高库存总量。

模型假设：

（1）存货质押融资各参与方完全理性，均以追求自身收益最大为决策目标。

（2）假设零售商在销售期间的销售价格保持不变，销售收入是零售商还款的来源。

（3）存货质押融资过程中各决策者之间的信息是对称的。为简化模型本文不考虑上游供应中断、商品临时缺货以及期末出现库存残值情况。

（4）假设市场需求较低时导致零售商资不抵债而破产，此时还款金额由3PL承担。

（5）零售商面临的市场需求 x 是不确定的，假设 x 服从密度函数 $f(x)[f(x)>0]$，累积分布函数 $F(x)$ 的概率分布。需求分布具有递增广义失败率（IGFR）性质，即 $h(x)=f(x)/\bar{F}(x)$ 随 x 单调递增。

本章使用符号的定义和说明如表7.1所示。

表7.1　　　　　　　　　　涉及的符号定义与说明

符号	描述
q_p^N	无区块链技术时存货质押融资中零售商决策的质押数量（$0 \leqslant q_p^N \leqslant q_0$）（零售商决策变量）；
c_L^N	无区块链技术时存货质押融资中第三方物流企业决策的单位产品监管费用（$c_L^N \geqslant 0$）（3PL决策变量）；
q_0	零售商初始库存量；
w	商品的单位批发价格；
p	商品面向市场单位价格；
Ω	无区块链技术时存货质押融资中零售商破产临界值；
c	第三方物流为零售商企业提供存货质押服务所需的成本；
η	银行提供的质押率；
r	银行进行存货质押业务的贷款利率；
r_f	市场无风险利率；
x	商品市场需求量；
$f(x)$	商品市场需求量的概率密度函数；
$F(x)$	商品市场需求量的概率分布函数；
$\bar{F}(x)$	$\bar{F}(x)=1-F(x)$；

符号	描述
π_R^N	无区块链技术时存货质押融资中零售商收益函数;
π_L^N	无区块链技术时存货质押融资中第三方物流收益函数;
π_B^N	无区块链技术时存货质押融资中银行收益函数。

传统存货质押融资模式中，零售商和 3PL 的 Stackelberg 博弈顺序为：产品销售季初（$t=0$）时，3PL 先决策出存货质押的单位监管费用 c_L^N。然后，零售商从初始库存 q_0 中决策 q_p^N 质押给 3PL，向银行存货质押融资获得 $\eta w q_p^N$ 信贷额度，使零售商的库存量为 $q_0 + \eta q_p^N$，此时，零售商借贷本息为 $\eta w q_p^N (1+r)$。在销售季末（$t=1$）时，零售商的销售收入为 $p\min\{(q_0 + \eta q_p^N), x\}$，所需要偿还银行贷款本息和 $\eta w q_p^N (1+r)$ 和 3PL 监管费用 $c_L^N q_p^N$。当零售商期末账户余额小于应还债务时，即 $px < c_L^N q_p^N + \eta w q_p^N (1+r)$ 时，零售商将面临破产风险。令 $\Omega = \dfrac{c_L^N + \eta w(1+r)}{p} q_p^N$ 为传统存货质押融资中零售商破产临界值。当市场需求量 $x > \Omega$ 时，零售商获得正收益，不会破产，零售商足以支付银行、企业和 3PL 全部债务。当 $\dfrac{\eta w(1+r)}{p} q_p^N \leqslant x \leqslant \Omega$ 时，市场需求低迷，零售商资不抵债，面临破产。此时，零售商优先将所有收入先偿还银行借贷 $[\eta w(1+r) q_p^N]$，再偿还 3PL 监管费 $[px - \eta w(1+r) q_p^N]^+$（$\cdot$）$^+ = \max\{\cdot, 0\}$；其中，若 $x < \dfrac{\eta w(1+r)}{p} q_p^N$，零售商收入不足以偿还银行贷款，3PL 将承担零售商的违约和破产风险，偿还银行 $[\eta w(1+r) q_p^N - px]$。进一步分析零售商收益情况，当市场需求较大时，即当 $x > (q_0 + \eta q_p^N)$ 时，零售商所有商品全部售出，此时零售商收入为：$p(q_0 + \eta q_p^N) - \eta w q_p^N (1+r) - c_L^N q_p^N$；另外，当 $x \leqslant (q_0 + \eta q_p^N)$ 时，零售商仅有部分商品售出。其中，当 $\Omega < x \leqslant (q_0 + \eta q_p^N)$ 时，零售商收入足以偿还债务，此时零售商收入为：$px - \eta w q_p^N (1+r) - c_L^N q_p^N$；当 $x \leqslant \Omega$ 时，零售商收入为 0。

综上所述，传统存货质押模式下，零售商收益函数 π_R^N 为：

$$\pi_R^N(q_p^N) = \begin{cases} p(q_0 + \eta q_p^N) - \eta w q_p^N(1+r) - c_L^N q_p^N, & x > q_0 + \eta q_p^N \\ px - \eta w q_p^N(1+r) - c_L^N q_p^N, & \Omega < x \leqslant q_0 + \eta q_p^N \\ 0, & x \leqslant \Omega \end{cases} \quad (7.1)$$

其中，$\Omega = \dfrac{\eta w(1+r) + c_L^N}{p} q_p^N$。

第三方物流企业需要决策向零售商收取的监管费用 $c_L^N(c_L^N > c)$ 从而获取收益。当市场需求足够大时，即 $x > q_0 + \eta q_p^N$ 时，零售商商品完全售出，足以偿还第三方物流企业与银行债务，此时，第三方物流企业收益为：$c_L^N q_p^N - c q_p^N$；当 $x < q_0 + \eta q_p^N$ 时，零售商收益仍足以偿还所有债务时，即 $\Omega < x \leqslant q_0 + \eta q_p^N$ 时，第三方物流收益同样为 $c_L^N q_p^N - c q_p^N$；最后，当市场需求较少，零售商不足以偿还债务时，第一种情况是零售商可以还清第三方物流债务，但不足以偿还银行本息，此时，需由第三方物流企业代偿剩余债务。即当 $\dfrac{c_L^N q_p^N}{p} < x \leqslant \Omega$ 时，第三方物流企业需要支付给银行的金额为：$\eta w q_p^N(1+r) + c_L^N q_p^N - px$，因此，第三方物流收益为：$c_L^N q_p^N - c q_p^N - [\eta w q_p^N(1+r) + c_L^N q_p^N - px]$；另一种情况则是零售商无法偿还第三方物流企业债务，即 $x \leqslant \dfrac{c_L^N q_p^N}{p}$ 时，第三方物流企业不仅无法获得监管收益，同时还需帮助零售商偿还银行债务。此时，第三方物流收益为：$-c q_p^N - [\eta w q_p^N(1+r) - px]$。

综上所述，令 π_L^N 为无区块链技术的存货质押第三方物流企业收益函数，对收益函数整理可得：

$$\pi_L^N(c_L^N) = \begin{cases} c_L^N q_p^N - c q_p^N, & x > \Omega \\ px - \eta w q_p^N(1+r) - c_0 q_p^N, & \dfrac{c_L^N q_p^N}{p} < x \leqslant \Omega \\ -c q_p^N - [\eta w q_p^N(1+r) - px], & 0 < x \leqslant \dfrac{c_L^N q_p^N}{p} \end{cases} \quad (7.2)$$

其中，$\Omega = \dfrac{\eta w(1+r) + c_L^N}{p} q_p^N$。

在竞争激烈的资本市场中，银行的目标是获得相较于无风险利率 r_f 的融资利润。考虑以 3PL 为银行做信用背书，风险均由 3PL 承担，银行不考虑风险损失，因此，考虑银行不参与决策。对于银行来说，收益完全由存货质押融资贷款利率 r 决定。由上文可知，零售商所需贷款金额为 ηwq_p。综合以上分析，无区块链技术时零售商、3PL、银行的收益期望分别可表示为：

$$E\left[\pi_R^N(q_p^N)\right] = p\int_{\Omega}^{q_0+\eta q_p^N}\overline{F}(x)\,dx \tag{7.3}$$

$$E\left[\pi_L^N(c_L^N)\right] = (c_L^N - c)q_p^N - p\int_0^{\Omega}F(x)\,dx \tag{7.4}$$

$$E(\pi_B^N) = \eta wq_p^N(r - r_f) \tag{7.5}$$

存货质押融资运作中，零售商与 3PL 建立 Stackelberg 博弈，其中 3PL 为领导者，零售商为跟随者。因此，该问题的最优化问题可表示为：

$$c_L^{N*} \in \max_{c_L^N}E\{\pi_L^N[c_L^N, q_p^{N*}(c_L^N)]\}$$

$$s.t. \begin{cases} q_p^{N*} \in \max_{q_p^N}E\left[\pi_R^N(q_p^N)\right] \\ s.t. \quad 0 \leqslant q_p^N \leqslant q_0 \end{cases} \tag{7.6}$$

式（7.6）上下层分别对应 3PL 最优监管费用决策、零售商最优质押量决策。根据逆序求解算法，依次算出零售商最优质押量和 3PL 最优监管费用。

命题 7.1　在传统存货质押融资模式中，零售商的最优订购总量满足 $q_N^* = q_0 + \eta q_p^{N*}$，零售商最优质押量 q_p^{N*} 满足：

$$\begin{cases} q_p^{N*} = 0, & q_0 > q_1 \\ \eta\overline{F}(q_0 + \eta q_p^{N*}) = \dfrac{[\eta w(1+r) + c_L^N]}{p}\overline{F}\left[\dfrac{\eta w(1+r) + c_L^N}{p}q_p^{N*}\right], & q_2 < q_0 \leqslant q_1 \\ q_p^{N*} = q_0, & q_0 \leqslant q_2 \end{cases} \tag{7.7}$$

其中，q_1 满足 $\eta\overline{F}(q_1) - \dfrac{\eta w(1+r) + c_L^N}{p} = 0$，$q_2$ 满足 $\eta\overline{F}(q_2 + \eta q_2) = \dfrac{[\eta w(1+r) + c_L^N]}{p}\overline{F}\left[\dfrac{\eta w(1+r) + c_L^N}{p}q_2\right]$。

证明：$\dfrac{d^2E\left[\pi_R^N(q_p^N)\right]}{dq_p^{N2}} = -\eta^2 f(q_0 + \eta q_p^N) + \left[\dfrac{(\eta w(1+r) + c_L^N)}{p}\right]^2 f(\Omega) = $

$\eta\overline{F}(q_0 + \eta q_p^N)\left\{\dfrac{-\eta f(q_0 + \eta q_p^N)}{\overline{F}(q_0 + \eta q_p^N)} + \left[\dfrac{(\eta w(1+r) + c_L^N)}{p}\right]^2 f(\Omega)\dfrac{1}{\eta\overline{F}(q_0 + \eta q_p^N)}\right\}$,

由于 x 的分布函数满足 IGFR 性质，$q_0 + \eta q_p^N > \Omega = \dfrac{\eta w(1+r) + c_L^N}{p} q_p^N$，所以 $h(q_0 + \eta q_p^N) > h(\Omega)$，$\eta > \dfrac{\eta w(1+r) + c_L^N}{p}$，$\eta h(q_0 + \eta q_p^N) > \dfrac{\left[\eta w(1+r) + c_L^N\right]}{p} h(\Omega)$。所以 $\dfrac{d^2 E\left[\pi_R^N(q_p^N)\right]}{dq_p^{N2}} < 0$，即存在 q_p^{N*} 满足 $\dfrac{dE\left[\pi_R^N(q_p^N)\right]}{dq_p^N} = 0$。

当零售商初始库存量 q_0 足够大时，零售商不进行质押融资时，即 $q_p^N = 0$，$\dfrac{dE\left[\pi_R^N(q_p^N)\right]}{dq_p^N}$ 仍小于 0，即 $\eta \bar{F}(q_0) - \dfrac{\left[\eta w(1+r) + c_L^N\right]}{p} \leqslant 0$ 时，则有 $q_p^{N*} = 0$。当零售商初始库存量 q_0 充分小时，且零售商选择将所有商品进行质押时，即 $q_p^N = q_0$，若 $\dfrac{dE\left[\pi_R^N(q_p^N)\right]}{dq_p^N}$ 仍大于 0，即 $\eta \bar{F}(q_0 + \eta q_0) - \dfrac{\left[\eta w(1+r) + c_L^N\right]}{p} \bar{F}\left[\dfrac{\eta w(1+r) + c_L^N}{p} q_0\right] > 0$，则有 $q_p^{N*} = q_0$。另外，当零售商初始库存量 q_0 在上述范围之间，即 $\eta \bar{F}(q_0 + \eta q_0) - \dfrac{\left[\eta w(1+r) + c_L^N\right]}{p} \bar{F}\left[\dfrac{\eta w(1+r) + c_L^N}{p} q_0\right] \leqslant 0 < \eta \bar{F}(q_0) - \dfrac{\left[\eta w(1+r) + c_L^N\right]}{p}$ 时，q_p^{N*} 的值则为 $\eta \bar{F}(q_0 + \eta q_p^{N*}) = \dfrac{\left[\eta w(1+r) + c_L^N\right]}{p} \bar{F}\left[\dfrac{\eta w(1+r) + c_L^N}{p} q_p^{N*}\right]$ 的解。综上所述，q_p^{N*} 取值如式（7.7）所示。

从命题 7.1 可以看出：零售商的最优订购总量 q_N^* 与零售商初始库存 q_0、银行质押率 η，以及零售商决策的质押量 q_p^{N*} 有关，其中零售商初始库存量 q_0 和银行质押率 η 为外生变量而零售商最优质押量 q_p^{N*} 满足：

（1）当 $q_0 > q_1$ 时，零售商初始库存充足，仅需使用部分初始库存即可满足市场需求，因此不需要进行存货质押业务进行融资贷款。此时，最优质押量 q_p^{N*} 为 0。

（2）当 $q_2 < q_0 \leqslant q_1$ 时，零售商需要通过存货质押业务融资，才可以满足市场需求。此时，零售商需要将部分存货进行质押融资，且最优质押量 q_p^{N*} 满足：

$$\eta \overline{F}(q_0 + \eta q_P^{N*}) = \frac{[\eta w(1+r) + c_L^N]}{p} \overline{F}\left[\frac{\eta w(1+r) + c_L^N}{p} q_P^{N*}\right]$$

（3）当 $q_0 \leqslant q_2$ 时，零售商初始库存较少，即使将所有库存进行存货质押融资也无法满足市场需求。此时，零售商的最优质押量 q_P^{N*} 为其全部初始库存 q_0。

推论 7.1　传统存货质押融资中，若 $q_2 < q_0 \leqslant q_1$，则有：$\dfrac{dq_P^{N*}}{dr} < 0$，$\dfrac{dq_P^{N*}}{dp} > 0$，$\dfrac{dq_P^{N*}}{dq_0} < 0$。

证明：当 $q_2 < q_0 \leqslant q_1$ 时，q_P^{N*} 的取值满足：

$$\eta \overline{F}(q_0 + \eta q_P^{N*}) = \frac{[\eta w(1+r) + c_L^N]}{p} \overline{F}\left[\frac{\eta w(1+r) + c_L^N}{p} q_P^{N*}\right]$$

令 $T = \eta \overline{F}(q_0 + \eta q_P^N) - \dfrac{[\eta w(1+r) + c_L^N]}{p} \overline{F}(\Omega) = 0$，

有：$\overline{F}(\Omega) = \dfrac{\eta p \overline{F}(q_0 + \eta q_P^N)}{[\eta w(1+r) + c_L^N]}$

$$\frac{\partial T}{\partial q_P^N} = -\eta^2 f(q_0 + \eta q_P^N) + \left[\frac{\eta w(1+r) + c_L^N}{p}\right]^2 f(\Omega),$$

$$\frac{\partial T}{\partial r} = -\frac{\eta w}{p} \overline{F}(\Omega) + \frac{\eta w(1+r) + c_L^N}{p} f(\Omega) \frac{\eta w}{p} q_P^N,$$

$$\frac{\partial q_P^N}{\partial r} = -\frac{\partial T / \partial r}{\partial T / \partial q_P^N} = -\frac{\eta w}{p} \frac{1 - H(\Omega)}{\eta^2 \dfrac{f(q_0 + \eta q_P^N)}{\overline{F}(\Omega)} - \left[\dfrac{\eta w(1+r) + c_L^N}{p}\right]^2 h(\Omega)}$$

$$= -\frac{\eta w}{p} \frac{1 - H(\Omega)}{\eta \dfrac{[\eta w(1+r) + c_L^N]}{p} \dfrac{f(q_0 + \eta q_P^N)}{\overline{F}(q_0 + \eta q_P^N)} - \left[\dfrac{\eta w(1+r) + c_L^N}{p}\right]^2 h(\Omega)}$$

$$= -\frac{\eta w}{[\eta w(1+r) + c_L^N]} \frac{1 - H(\Omega)}{\eta h(q_0 + \eta q_P^N) - \dfrac{(\eta w(1+r) + c_L^N)}{p} h(\Omega)} < 0,$$

即 $\dfrac{dq_P^{N*}}{dr} < 0$。

$$\frac{\partial T}{\partial p} = \frac{\eta w(1+r) + c_L^N}{p^2} \left[\overline{F}(\Omega) - \frac{\eta w(1+r) + c_L^N}{p} f(\Omega) q_P^N\right],$$

$$\frac{\partial q_p^N}{\partial p} = -\frac{\partial T/\partial p}{\partial T/\partial q_p^N} = \frac{\eta w(1+r)+c_L^N}{p^2} \frac{1-H(\Omega)}{\eta^2 \frac{f(q_0+\eta q_p^N)}{\overline{F}(\Omega)} - \left[\frac{\eta w(1+r)+c_L^N}{p}\right]^2 h(\Omega)} =$$

$$\frac{\eta w(1+r)+c_L^N}{p^2} \frac{1-H(\Omega)}{\eta \frac{\left[\eta w(1+r)+c_L^N\right]}{p}\frac{f(q_0+\eta q_p^N)}{\overline{F}(q_0+\eta q_p^N)} - \left[\frac{\eta w(1+r)+c_L^N}{p}\right]^2 h(\Omega)} =$$

$$\frac{1}{p} \frac{1-H(\Omega)}{\eta h(q_0+\eta q_p^N) - \frac{\left[\eta w(1+r)+c_L^N\right]}{p}h(\Omega)} > 0 \quad 即 \frac{dq_p^{N*}}{dp} > 0。\quad \frac{\partial T}{\partial q_0} = -\eta f(q_0+\eta q_p^N),$$

$$\frac{\partial q_p^N}{\partial q_0} = -\frac{\partial T/\partial q_0}{\partial T/\partial q_p^N} = -\frac{h(q_0+\eta q_p^N)}{\eta h(q_0+\eta q_p^N) - \frac{\eta w(1+r)+c_L^N}{p}h(\Omega)} < 0$$

即 $\dfrac{dq_p^{N*}}{dq_0} < 0$，推论 7.1 证毕。

接下来根据零售商关于最优质押量的决策 q_p^{N*}，分析 3PL 对最优监管费用 c_L^{N*} 的决策，即解决优化问题：$c_L^{i*} \in \max_{c_L^i} E\{\pi_L^i[c_L^i, q_p^{i*}(c_L^i)]\}$，分析可知 3PL 最优监管费用满足命题 7.2。

命题 7.2 在传统存货质押融资模式中，3PL 存在最优监管费用 c_L^{N*} 满足：

$$c_L^{N*} - c - \left[\eta w(1+r)+c_L^{N*}\right]\left\{1 - \frac{\overline{F}(\Omega)}{1-H(\Omega)}\left[1-\eta q_p^{N*}h(q_0+\eta q_p^{N*})\right]\right\} = 0 \tag{7.8}$$

证明： $T = \eta \overline{F}(q_0+\eta q_p^N) - \frac{\left[\eta w(1+r)+c_L^N\right]}{p}\overline{F}(\Omega)$，

$$\frac{\partial T}{\partial c_L^N} = -\frac{1}{p}\overline{F}(\Omega) + \frac{\eta w(1+r)+c_L^N}{p}f(\Omega)\frac{q_p^N}{p};$$

$$\frac{\partial T}{\partial q_p^N} = -\eta^2 f(q_0+\eta q_p^N) + \frac{\eta w(1+r)+c_L^N}{p}f(\Omega)\frac{\eta w(1+r)+c_L^N}{p},$$

$$\frac{\partial q_p^N}{\partial c_L^N} = -\frac{\partial T/\partial c_L^N}{\partial T/\partial q_p^N} = -\frac{1}{p}\frac{1-H(\Omega)}{\eta^2 \frac{f(q_0+\eta q_p^N)}{\overline{F}(\Omega)} - \left[\frac{\eta w(1+r)+c_L^N}{p}\right]^2 h(\Omega)}$$

$$= -\frac{1}{p}\frac{1-H(\Omega)}{\eta \frac{\left[\eta w(1+r)+c_L^N\right]}{p}\frac{f(q_0+\eta q_p^N)}{\overline{F}(q_0+\eta q_p^N)} - \left[\frac{\eta w(1+r)+c_L^N}{p}\right]^2 h(\Omega)}$$

$$= -\frac{1}{[\eta w(1+r)+c_L^N]}\frac{1-H(\Omega)}{\eta h(q_0+\eta q_p^N)-\dfrac{[\eta w(1+r)+c_L^N]}{p}h(\Omega)}<0。$$

对 $E[\pi_L^N(c_L^N)]$ 关于 c_L^N 求一阶偏导数：$\dfrac{\partial E[\pi_L^N(c_L^N)]}{\partial c_L^N}=q_p^N\overline{F}(\Omega)+$

$[c_L^N-c-(\eta w(1+r)+c_L^N)F(\Omega)]\dfrac{\partial q_p^N}{\partial c_L^N}=\dfrac{\partial q_p^N}{\partial c_L^N}\left\{\dfrac{q_p^N\overline{F}(\Omega)}{\partial q_p^N/\partial c_L^N}+c_L^N-c-[\eta w$

$(1+r)+c_L^N]F(\Omega)\right\}$。令 $Y=-q_p^N\overline{F}(\Omega)[\eta w(1+r)+c_L^N]$

$\dfrac{\eta h(q_0+\eta q_p^N)-\dfrac{(\eta w(1+r)+c_L^N)}{p}h(\Omega)}{1-H(\Omega)}-[\eta w(1+r)+c_L^N]F(\Omega)=$

$-[\eta w(1+r)+c_L^N]\left\{\dfrac{\overline{F}(\Omega)q_p^N}{1-H(\Omega)}\left\{\eta h(q_0+\eta q_p^N)-\dfrac{[\eta w(1+r)+c_L^N]}{p}\right.\right.$

$\left.\left.h(\Omega)\right\}+F(\Omega)\right\}=-[\eta w(1+r)+c_L^N]\left\{\dfrac{\overline{F}(\Omega)}{1-H(\Omega)}\{\eta q_p^N h[q_0+\eta q_p^N]-\right.$

$\left.H(\Omega)\}+F(\Omega)\right\}=-[\eta w(1+r)+c_L^N]\left\{1-\dfrac{\overline{F}(\Omega)}{1-H(\Omega)}[1-\eta q_p^N h(q_0+\right.$

$\left.\eta q_p^N)]\right\}$。因此，存在 c_L^{N*} 使 $c_L^N-c+Y=0$，下面证明 c_L^{N*} 唯一性。

式中 (c_L^N-c) 随着 c_L^N 单调递增，求对 $E[\pi_L^N(c_L^N)]$ 关于 c_L^N 求二阶

偏导数：$1-\left\{1-\overline{F}(\Omega)\dfrac{[1-\eta q_p^N h(q_0+\eta q_p^N)]}{1-H(\Omega)}\right\}-[\eta w(1+r)+c_L^N]*$

$\left\{1-\overline{F}(\Omega)\dfrac{[1-\eta q_p^N h(q_0+\eta q_p^N)]}{1-H(\Omega)}\right\}'=\overline{F}(\Omega)\dfrac{[1-\eta q_p^N h(q_0+\eta q_p^N)]}{1-H(\Omega)}+$

$(\eta w(1+r)+c_L^N)*\left\{\overline{F}(\Omega)\dfrac{[1-\eta q_p^N h(q_0+\eta q_p^N)]}{1-H(\Omega)}\right\}'$。$\left\{\overline{F}(\Omega)\right.$

$\left.\dfrac{[1-\eta q_p^N h(q_0+\eta q_p^N)]}{1-H(\Omega)}\right\}'=\left\{\dfrac{\overline{F}(\Omega)}{1-H(\Omega)}\right\}'\{[1-\eta q_p^N h(q_0+\eta q_p^N)]\}+$

$\left\{\dfrac{\overline{F}(\Omega)}{1-H(\Omega)}\right\}\{[1-\eta q_p^N h(q_0+\eta q_p^N)]\}'=\dfrac{\{-f(\Omega)[1-H(\Omega)]+\overline{F}(\Omega)H'(\Omega)\}}{[1-H(\Omega)]^2}$

$[1-\eta q_p^N h(q_0+\eta q_p^N)]\Omega'-\dfrac{\overline{F}(\Omega)}{1-H(\Omega)}[\eta h(q_0+\eta q_p^N)+\eta^2 q_p^N h'(q_0+$

$$\eta q_p^N)]\frac{\partial q_p^N}{\partial c_L^N}, \text{ 其中}\frac{\partial q_p^N}{\partial c_L^N} = -\frac{1}{[\eta w(1+r)+c_L^N]}\frac{1-H(\Omega)}{\eta h(q_0+\eta q_p^N)-\frac{[\eta w(1+r)+c_L^N]}{p}h(\Omega)}。$$

$$\Omega' = \frac{q_p^N+[\eta w(1+r)+c_L^N]\frac{\partial q_p^N}{\partial c_L^N}}{p} = \frac{1}{P}\left[-\frac{1-\eta q_p^N h(q_0+\eta q_p^N)}{\eta h(q_0+\eta q_p^N)-\frac{[\eta w(1+r)+c_L^N]}{p}h(\Omega)}\right],$$

将$\frac{\partial q_p^N}{\partial c_L^N}$和$\Omega'$代入式(7.8)整理得：

$$式(7.8) = \frac{\{-f(\Omega)[1-H(\Omega)]+\bar{F}(\Omega)H'(\Omega)\}}{(1-H(\Omega))^2}[1-\eta q_p^N h(q_0+$$

$$\eta q_p^N)]*\frac{1}{P}\left\{-\frac{1-\eta q_p^N h(q+\eta q_p^N)}{\eta h(q_0+\eta q_p^N)-\frac{[\eta w(1+r)+c_L^N]}{p}h(\Omega)}\right\}+$$

$$\frac{\bar{F}(\Omega)}{[\eta w(1+r)+c_L^N]}\frac{[\eta h(q_0+\eta q_p^N)+\eta^2 q_p h'(q_0+\eta q_p^N)]}{\eta h(q_0+\eta q_p^N)-\frac{[\eta w(1+r)+c_L^N]}{p}h(\Omega)}$$

$$= \frac{\bar{F}(\Omega)}{[1-H(\Omega)]^2[\eta h(q_0+\eta q_p^N)-\frac{[\eta w(1+r)+c_L^N]}{p}h(\Omega)]}$$

$$*\left\{\frac{h(\Omega)[1-H(\Omega)]-H'(\Omega)}{p}[1-\eta q_p^N h(q+\eta q_p^N)]^2+\right.$$

$$\left.\frac{[\eta h(q_0+\eta q_p^N)+\eta^2 q_p^N h'(q_0+\eta q_p^N)]}{[\eta w(1+r)+c_L^N]}[1-H(\Omega)]^2\right\}$$

因为$q_0+\eta q_p^N>\Omega = \frac{[\eta w(1+r)+c_L^N]}{p}q_p^N$，$H(q_0+\eta q_p^N)>H(\Omega)$，$1-H(q_0+\eta q_p^N)<1-H(\Omega)$。$1-\eta q_p^N h(q_0+\eta q_p^N)>1-(q_0+\eta q_p^N)h(q_0+\eta q_p^N) = 1-H(q_0+\eta q_p^N)$，令式(7.9) $= \frac{h(\Omega)[1-H(\Omega)]-H'(\Omega)}{p}$

$$[1-\eta q_p^N h(q_0+\eta q_p^N)]^2+\frac{[\eta h(q_0+\eta q_p^N)+\eta^2 q_p^N h'(q_0+\eta q_p^N)]}{[\eta w(1+r)+c_L^N]}[1-H(\Omega)]^2。$$

式(7.9) $> \left\{\frac{h(\Omega)[1-H(\Omega)]-H'(\Omega)}{p}+\right.$

$$\left.\frac{[\eta h(q_0+\eta q_p^N)+\eta^2 q_p^N h'(q_0+\eta q_p^N)]}{[\eta w(1+r)+c_L^N]}\right\}[1-H(\Omega)]^2$$

$$= \frac{h(\Omega)[1 - H(\Omega)] - \Omega' h(\Omega) - \Omega h'(\Omega)}{p} + \frac{[\eta h(q_0 + \eta q_p^N) + \eta^2 q_p^N h'(q_0 + \eta q_p^N)]}{[\eta w(1+r) + c_L^N]}$$

$$= \eta \frac{h(q_0 + \eta q_p^N) + \eta q_p^N h'(q_0 + \eta q_p^N)}{[\eta w(1+r) + c_L^N]} - \frac{h(\Omega)H(\Omega) + \Omega h'(\Omega)}{p} >$$

$$\eta \frac{h(\Omega) + \eta q_p^N h'(\Omega)}{[\eta w(1+r) + c_L^N]} - \frac{h(\Omega)H(\Omega) + \Omega h'(\Omega)}{p} = \left[\frac{\eta}{\eta w(1+r) + c_L^N} - \right.$$

$$\left. \frac{H(\Omega)}{p} \right] h(\Omega) + \left\{ \frac{\eta^2}{\eta w(1+r) + c_L^N} - \frac{[\eta w(1+r) + c_L^N]}{p^2} \right\} q_p^N h'(\Omega)$$

$$\frac{\eta}{\eta w(1+r) + c_L^N} > \frac{1}{p} \text{ 而 } 1 > H(\Omega) \text{ 所以 } \frac{\eta}{\eta w(1+r) + c_L^N} - \frac{H(\Omega)}{p} > 0,$$

$$\frac{\eta^2 p^2}{[\eta w(1+r) + c_L^N]^2} > 1 \text{ 所以 } \frac{\eta^2}{\eta w(1+r) + c_L^N} - \frac{[\eta w(1+r) + c_L^N]}{p^2} > 0 \text{。综上}$$

所述，式（7.9）> 0，因此式（7.8）> 0，再加上 $\bar{F}(\Omega) > 0$，

$\dfrac{[1 - \eta q_p^N h(q + \eta q_p^N)]}{1 - H(\Omega)} > 0$，$[\eta w(1+r) + c_L^N] > 0$。所以 $E[\pi_L^N(c_L^N)]$ 关

于 c_L^N 二阶偏导数大于 0，而 $\dfrac{\partial q_p^N}{\partial c_L^N} < 0$，所以 $\dfrac{\partial E(\pi_L^N)}{\partial c_L^N}$ 随着 c_L^N 单调递减。当

c_L^N 趋近于 c_0 时，$\dfrac{\partial E(\pi_L^N)}{\partial c_L^N} > 0$，当 c_L^N 趋近于 $+\infty$ 时，$\dfrac{\partial E(\pi_L^N)}{\partial c_L^N} < 0$。因此，

存在 c_L^{N*} 使得 $\dfrac{\partial E(\pi_L^N)}{\partial c_L^N} = 0$，即 c_L^{N*} 满足式（7.8）。

由命题 7.1 和命题 7.2 可以看出，传统存货质押融资过程中，当零售商自有资金充分时，零售商不会进行融资，而当零售商自有资金不足时，零售商最优质押量会受到多个变量影响，如监管费用、零售价格、质押率、批发价格、银行利率等。其中，质押量与初始库存量、银行利率成反比，与零售价格、质押率成正比。3PL 监管费用主要会受到监管成本、质押率、批发价格、银行利率、零售商最优质押量等变量影响。

7.2 基于区块链技术的存货质押融资决策

区块链技术下存货质押融资模式流程如图 7.1 所示，区块链技术搭建成本为 F，零售商初始库存为 q_0 单位商品；为扩大市场占有量，零售

商将决策出一部分初始库存 q_p^B（$0 \leq q_p^B \leq q_0$）（零售商决策变量）质押给 3PL。3PL 由于区块链技术的引入，大大降低了监管费用，因此本文假设 3PL 监管成本为 0，3PL 决策期末零售商应支付的单位监管费用 c_L^B（3PL 决策变量），评估质押物后出具的专业化报告（如仓单等）；零售商利用仓单向银行质押，银行专业化报告决定是否给予零售商放款；融资完成后，零售商获得 $\eta w q_p^B$ 的融资额度，从而零售商可以额外获得 ηq_p^B 单位库存量。零售商负债本息和为 $\eta w q_p^B(1+r)$；零售商的库存水平扩大到 $q = q_0 + \eta q_p^B$，并以单价 p 面向市场进行销售。商品销售完成后，零售商根据市场实际需求优先偿还银行质押款项，再偿还 3PL 监管费用 $c_L^B q_p^B$。由于市场需求是随机的，零售商存在破产风险，银行具有破产清算权，零售商剩余款项不足以偿还的债务须由 3PL 承担。模型主要符合如表 7.2 所示，其他符号同 7.1 节。

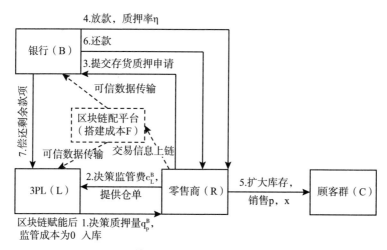

图7.1 区块链技术下存货质押融资业务流程

表7.2　　　　　　　　　　　涉及的符号定义与说明

符号	描述
q_p^B	区块链技术下存货质押融资中零售商决策的质押数量（$0 \leq q_p^B \leq q_0$）（零售商决策变量）；
c_L^B	区块链技术下存货质押融资中第三方物流企业决策的单位产品监管费用（$c_L^B \geq 0$）（第三方物流企业决策变量）；

符号	描述
Φ	区块链技术下存货质押融资中零售商破产临界值；
F	使用区块链技术的搭建成本；
π_R^B	区块链技术下存货质押融资中零售商收益函数；
π_L^B	区块链技术下存货质押融资中第三方物流收益函数；
π_B^B	区块链技术下存货质押融资中银行收益函数。

区块链技术下存货质押融资模式 Stackelberg 博弈顺序如图 7.2 所示。

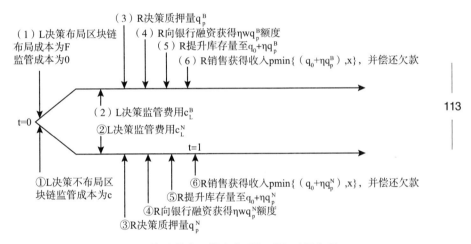

图 7.2　区块链技术下的存货质押融资时间序列

当 3PL 决定采用区块链时，由于区块链技术具有不可篡改以及公开透明等特性，可以使得 3PL 交易成本、供应链管理成本、信息识别成本等（统称为监管成本）大幅降低。

为方便计算，假设 3PL 监管成本 c 减少为 0，3PL 搭建区块链需要支付固定成本 F。令 $\Phi = \dfrac{\eta w(1+r) + c_L^B}{p} q_p^B$ 为区块链技术下存货质押融资中零售商破产市场需求阈值。当 $x > q_0 + \eta q_p^B$ 时，零售商所有商品均可售出；当 $\Phi < x \leqslant q_0 + \eta q_p^B$ 时，零售商售出部分商品，同时可以自行

偿还所有债务；当 $x \leq \Phi$ 时，零售商资不抵债面临破产，零售商将期末收入优先偿还银行，若不足以偿还所有借款，则由 3PL 承担剩余款项，此时零售商收益均为 0。令 π_R^B 为区块链技术下存货质押融资中零售商收益函数，则有：

$$\pi_R^B(q_p^B) = \begin{cases} p(q_0 + \eta q_p^B) - \eta w q_p^B(1+r) - c_L^B q_p^B, & x > q_0 + \eta q_p^B \\ px - \eta w q_p^B(1+r) - c_L^B q_p^B, & \Phi < x \leq q_0 + \eta q_p^B \\ 0, & x \leq \Phi \end{cases}$$

(7.9)

其中，$\Phi = \dfrac{\eta w(1+r) + c_L^B}{p} q_p^B$。

$$\pi_L^B(c_L^B) = \begin{cases} c_L^B q_p^B - F, & x > \Phi \\ px - \eta w q_p^B(1+r) - F, & \dfrac{c_L^B q_p^B}{p} < x \leq \Phi \\ -[\eta w q_p^B(1+r) - px] - F, & x \leq \dfrac{c_L^B q_p^B}{p} \end{cases}$$

(7.10)

综合以上分析，区块链技术下存货质押融资中零售商、3PL、银行的期望收益分别可表示为：

$$E[\pi_R^B(q_p^B)] = p \int_\Phi^{q+\eta q_p^B} \overline{F}(x) \, dx$$

(7.11)

$$E[\pi_L^B(c_L^B)] = c_L^B q_p^B - p \int_0^\Phi F(x) \, dx - F$$

(7.12)

$$E(\pi_B^B) = \eta w q_p^B(r - r_f)$$

(7.13)

区块链技术下存货质押融资中决策的最优化问题可表示为：

$$c_L^{B*} \in \max_{c_L^B} E\{\pi_L^B[c_L^B, q_p^{B*}(c_L^B)]\}$$

$$\text{s. t. } \begin{cases} q_p^{B*} \in \max\limits_{q_p^B} E[\pi_R^B(q_p^B)] \\ \text{s. t. } \quad 0 \leq q_p^B \leq q_0 \end{cases}$$

(7.14)

首先分析零售商最优质押量 q_p^{B*} 决策，再根据 q_p^{B*}，分析 3PL 最优监管费用 c_L^{N*} 决策可以得到以下命题。

命题 7.3 当市场需求分布函数符合 IGFR 性质时，在区块链技术下存货质押融资模式中，零售商的最优订购总量满足 $q_B^* = q_0 + \eta q_p^{B*}$，根据零售商初始库存量 q_0 不同，零售商最优质押量 q_p^{B*} 满足：

$$
\begin{cases}
q_P^{B*} = 0, & q_0 > q_3 \\
\eta\overline{F}(q_0 + \eta q_P^{B*}) = \dfrac{\left[\eta w(1+r) + c_L^B\right]}{p}\overline{F}\left[\dfrac{\eta w(1+r) + c_L^B}{p}q_P^{B*}\right], & q_4 < q_0 \leqslant q_3 \\
q_P^{B*} = q_0, & q_0 \leqslant q_4
\end{cases}
$$

(7.15)

其中，q_3 满足 $\eta\overline{F}(q_3) - \dfrac{\eta w(1+r) + c_L^B}{p} = 0$，$q_4$ 满足 $\eta\overline{F}(q_4 + \eta q_4) = \dfrac{\left[\eta w(1+r) + c_L^B\right]}{p}\overline{F}\left[\dfrac{\eta w(1+r) + c_L^B}{p}q_4\right]$。

证明：$\dfrac{d^2 E\left[\pi_R^B(q_P^B)\right]}{dq_P^{B2}} = -\eta^2 f(q_0 + \eta q_P^B) + \left\{\dfrac{\left[\eta w(1+r) + c_L^B\right]}{p}\right\}^2$

$f(\Phi) = \eta\overline{F}(q_0 + \eta q_P^B)\left\{\dfrac{-\eta f(q_0 + \eta q_P^B)}{\overline{F}(q_0 + \eta q_P^B)} + \left[\dfrac{(\eta w(1+r) + c_L^B)}{p}\right]^2 f(\Phi)\right.$

$\left.\dfrac{1}{\eta\overline{F}(q_0 + \eta q_P^B)}\right\}$。由于 x 的分布函数满足 IGFR 性质，$q_0 + \eta q_P^B > \Phi = \dfrac{\eta w(1+r) + c_L^B}{p}q_P^B$，所以 $h(q_0 + \eta q_P^B) > h(\Phi)$，$\eta > \dfrac{\eta w(1+r) + c_L^B}{p}$，$\eta h(q_0 + \eta q_P^B) > \dfrac{\left[\eta w(1+r) + c_L^B\right]}{p}h(\Phi)$。所以 $\dfrac{d^2 E\left[\pi_R^B(q_P^B)\right]}{dq_P^{B2}} < 0$，即存在 q_P^{B*} 满足 $\dfrac{dE\left[\pi_R^B(q_P^B)\right]}{dq_P^B} = 0$。

进一步分析 q_P^{B*} 取值范围，当零售商初始库存量 q_0 足够大时，且零售商不进行质押融资时，即 $q_P^B = 0$，$\dfrac{dE\left[\pi_R^B(q_P^B)\right]}{dq_P^B}$ 仍小于 0，即 $\eta\overline{F}(q_0) - \dfrac{\left[\eta w(1+r) + c_L^B\right]}{p} \leqslant 0$ 时，则有 $q_P^{B*} = 0$。当零售商初始库存量 q_0 充分小时，且零售商选择将所有商品全部进行质押融资时，即 $q_P^B = q_0$，若 $\dfrac{dE\left[\pi_R^B(q_P^B)\right]}{dq_P^B}$ 仍大于 0，即 $\eta\overline{F}(q_0 + \eta q_0) - \dfrac{\left[\eta w(1+r) + c_L^B\right]}{p}\overline{F}\left[\dfrac{\eta w(1+r) + c_L^B}{p}q_0\right] > 0$，则有 $q_P^{B*} = q_0$。另外，当零售商初始库存量 q_0 在上述范围之间，即 $\eta\overline{F}(q_0 + \eta q_0) - \dfrac{\left[\eta w(1+r) + c_L^B\right]}{p}\overline{F}\left[\dfrac{\eta w(1+r) + c_L^B}{p}q_0\right] \leqslant$

$0 < \eta\overline{F}(q_0) - \dfrac{(\eta w(1+r)+c_L^B)}{p}$ 时，q_p^{B*} 的值则为 $\eta\overline{F}(q_0+\eta q_p^{B*}) = \dfrac{[\eta w(1+r)+c_L^B]}{p}\overline{F}\left[\dfrac{\eta w(1+r)+c_L^B}{p}q_p^{B*}\right]$ 的解。

命题 7.3 表明：在区块链模式下，零售商的最优订购总量 q_B^* 与零售商初始库存量 q_0、银行质押率 η 以及零售商决策的质押量 q_p^{B*} 有关，其 q_0 和 η 为外生变量而零售商最优质押量 q_p^{B*} 满足：（1）当 $q_0 > q_3$ 时，零售商初始库存充足，仅需使用部分初始库存即可满足市场需求，此时不需要进行存货质押业务进行融资贷款。尽管有区块链技术的支持，零售商最优质押量 q_p^{B*} 仍为 0。（2）当 $q_4 < q_0 \leq q_3$ 时，零售商需要通过存货质押业务融资，才可以满足市场需求。由于在区块链技术的支持下，零售商需要将部分存货进行质押融资。（3）当 $q_0 \leq q_2$ 时，零售商初始库存较少，即使将所有库存进行存货质押融资也无法满足市场需求。此时，零售商的最优质押量 q_p^{B*} 为其全部初始库存 q_0。

推论7.2 区块链技术下的存货质押融资中，若 $q_4 < q_0 \leq q_3$，则有：

$\dfrac{dq_p^{B*}}{dr} < 0$，$\dfrac{dq_p^{B*}}{dp} > 0$，$\dfrac{dq_p^{B*}}{dq_0} < 0$。

证明：当 $q_4 < q_0 \leq q_3$ 时，q_p^{N*} 的取值满足：$\eta\overline{F}(q_0+\eta q_p^{B*}) = \dfrac{[\eta w(1+r)+c_L^B]}{p}\overline{F}\left[\dfrac{\eta w(1+r)+c_L^B}{p}q_p^{B*}\right]$

令 $W = \eta\overline{F}(q_0+\eta q_p^B) - \dfrac{[\eta w(1+r)+c_L^B]}{p}\overline{F}(\Phi) = 0$，有：

$\dfrac{\partial W}{\partial q_p^B} = -\eta^2 f(q_0+\eta q_p^B) + \left[\dfrac{\eta w(1+r)+c_L^B}{p}\right]^2 f(\Phi)$，$\dfrac{\partial W}{\partial r} = -\dfrac{\eta w}{p}\overline{F}(\Phi) +$

$\dfrac{\eta w(1+r)+c_L^B}{p}f(\Phi)\dfrac{\eta w}{p}q_p^B$，$\dfrac{\partial q_p^B}{\partial r} = -\dfrac{\partial T/\partial r}{\partial T/\partial q_p^B} = -\dfrac{\eta w}{p}$

$\dfrac{1-H(\Phi)}{\eta^2\dfrac{f(q_0+\eta q_p^B)}{\overline{F}(\Phi)} - \left[\dfrac{\eta w(1+r)+c_L^B}{p}\right]^2 h(\Phi)} = -\dfrac{\eta w}{[\eta w(1+r)+c_L^B]}$

$\dfrac{1-H(\Phi)}{\eta h(q_0+\eta q_p^B) - \dfrac{[\eta w(1+r)+c_L^B]}{p}h(\Phi)} < 0$，即 $\dfrac{dq_p^{B*}}{dr} < 0$。

$\dfrac{\partial W}{\partial p} = \dfrac{\eta w(1+r)+c_L^B}{p^2}\left[\overline{F}(\Omega) - \dfrac{\eta w(1+r)+c_L^B}{p}f(\Phi)q_p^B\right]$，$\dfrac{\partial q_p^B}{\partial p} = -\dfrac{\partial T/\partial p}{\partial T/\partial q_p^B}$

$$= \frac{\eta w(1+r)+c_L^B}{p^2} \frac{1-H(\Phi)}{\eta^2 \frac{f(q_0+\eta q_p^B)}{\overline{F}(\Phi)}-\left[\frac{\eta w(1+r)+c_L^B}{p}\right]^2 h(\Phi)} = \frac{\eta w(1+r)+c_L^B}{p^2}$$

$$\frac{1-H(\Phi)}{\eta \frac{\left[\eta w(1+r)+c_L^B\right]}{p} \frac{f(q_0+\eta q_p^B)}{\overline{F}(q_0+\eta q_p^B)}-\left[\frac{\eta w(1+r)+c_L^B}{p}\right]^2 h(\Phi)} =$$

$$\frac{1}{p} \frac{1-H(\Phi)}{\eta h(q_0+\eta q_p^B)-\frac{\left[\eta w(1+r)+c_L^B\right]}{p}h(\Phi)} > 0, \quad 即 \frac{dq_p^{B*}}{dp} > 0。$$

$$\frac{\partial W}{\partial q_0} = -\eta f(q_0+\eta q_p^B), \quad \frac{\partial q_p^B}{\partial q_0} = -\frac{\partial T/\partial q_0}{\partial T/\partial q_p^B} =$$

$$-\frac{h(q_0+\eta q_p^B)}{\eta h(q_0+\eta q_p^B)-\frac{\eta w(1+r)+c_L^B}{p}h(\Phi)} < 0, \quad 即 \frac{dq_p^{B*}}{dq_0} < 0。$$

下面根据区块链技术下零售商的最优质押量 q_p^{B*} 的决策分析 3PL 的最优监管费用 c_L^{B*} 的决策。

命题 7.4　在区块链技术在的存货质押融资模式中，3PL 存在最优监管费用 c_L^{B*}，且 c_L^{B*} 满足：

$$c_L^B - \left[\eta w(1+r)+c_L^B\right]\left\{1-\frac{\overline{F}(\Phi)}{1-H(\Phi)}\left[1-\eta q_p^B h(q+\eta q_p^B)\right]\right\} = 0$$

$$(7.16)$$

证明：$W = \eta \overline{F}(q_0+\eta q_p^B)-\frac{\left[\eta w(1+r)+c_L^B\right]}{p}\overline{F}(\Phi)$，

$$\frac{\partial W}{\partial c_L^B} = -\frac{1}{p}\overline{F}(\Phi)+\frac{\eta w(1+r)+c_L^B}{p}f(\Phi)\frac{q_p^B}{p}, \quad \frac{\partial W}{\partial q_p^B} =$$

$$-\eta^2 f(q_0+\eta q_p^B)+\frac{\eta w(1+r)+c_L^B}{p}f(\Phi)\frac{\eta w(1+r)+c_L^B}{p},$$

$$\frac{\partial q_p^B}{\partial c_L^B} = -\frac{\partial W/\partial c_L^B}{\partial W/\partial q_p^B} = -\frac{1}{p}\frac{1-H(\Phi)}{\eta^2 \frac{f(q_0+\eta q_p^B)}{\overline{F}(\Phi)}-\left[\frac{\eta w(1+r)+c_L^B}{p}\right]^2 h(\Phi)} =$$

$$-\frac{1}{\left[\eta w(1+r)+c_L^B\right]}\frac{1-H(\Phi)}{\eta h(q_0+\eta q_p^B)-\frac{\left[\eta w(1+r)+c_L^B\right]}{p}h(\Phi)} < 0。$$

$$\frac{\partial E[\pi_L^B(c_L^B)]}{\partial c_L^B} = q_p^B \overline{F}(\Phi) + \{c_L^B - [\eta w(1+r) + c_L^B] F(\Phi)\} \frac{\partial q_p^B}{\partial c_L^B} = \frac{\partial q_p^B}{\partial c_L^B}$$

$$\left\{ \frac{q_p^B \overline{F}(\Phi)}{\partial q_p^B / \partial c_L^B} + c_L^B - [\eta w(1+r) + c_L^B] F(\Phi) \right\}, \quad 令 \ Z = \frac{q_p^B \overline{F}(\Phi)}{\partial q_p^B / \partial c_L} - [\eta w(1+r) +$$

$c_L^B] F(\Phi)$，有：

$$Z = -q_p^B \overline{F}(\Phi) [\eta w(1+r) + c_L^B] \frac{\eta h(q_0 + \eta q_p^B) - \dfrac{[\eta w(1+r) + c_L^B]}{p} h(\Phi)}{1 - H(\Phi)}$$

$$- (\eta w(1+r) + c_L^B) F(\Phi)$$

$$= -[\eta w(1+r) + c_L^B] \left\{ \frac{\overline{F}(\Phi)}{1 - H(\Phi)} [\eta q_p^B h(q_0 + \eta q_p^B) - H(\Phi)] + F(\Phi) \right\}$$

$$= -[\eta w(1+r) + c_L^B] \left\{ 1 - \frac{\overline{F}(\Phi)}{1 - H(\Phi)} [1 - \eta q_p^B h(q_0 + \eta q_p^B)] \right\} < 0, \quad 因$$

此，存在 c_L^{B*} 使 $c_L^B + Z = 0$，下面证明 c_L^{B*} 的唯一性。

$E[\pi_L^B(c_L^B)]$ 关于 c_L^B 的二阶偏导数为：$1 - \left\{ 1 - \overline{F}(\Phi) \dfrac{[1 - \eta q_p^B h(q_0 + \eta q_p^B)]}{1 - H(\Omega)} \right\} -$

$$[\eta w(1+r) + c_L^N] \left\{ 1 - \overline{F}(\Phi) \frac{[1 - \eta q_p^B h(q_0 + \eta q_p^B)]}{1 - H(\Phi)} \right\}' = \overline{F}(\Phi)$$

$$\frac{[1 - \eta q_p^B h(q_0 + \eta q_p^B)]}{1 - H(\Phi)} + [\eta w(1+r) + c_L^N] \left\{ \overline{F}(\Phi) \frac{[1 - \eta q_p^B h(q_0 + \eta q_p^B)]}{1 - H(\Phi)} \right\}',$$

$$\left\{ \overline{F}(\Omega) \frac{[1 - \eta q_p^B h(q_0 + \eta q_p^B)]}{1 - H(\Omega)} \right\}' = \left\{ \frac{\overline{F}(\Phi)}{1 - H(\Phi)} \right\}' \{[1 - \eta q_p^B h(q_0 + \eta q_p^B)]\} +$$

$$\left\{ \frac{\overline{F}(\Phi)}{1 - H(\Phi)} \right\} \{[1 - \eta q_p^B h(q_0 + \eta q_p^B)]\}' = \frac{-f(\Omega)[1 - H(\Phi)] + \overline{F}(\Phi) H'(\Phi)}{[1 - H(\Phi)]^2} [1 -$$

$$\eta q_p^B h(q_0 + \eta q_p^B)] \Omega' - \frac{\overline{F}(\Phi)}{1 - H(\Phi)} [\eta h(q_0 + \eta q_p^B) + \eta^2 q_p^B h'(q_0 + \eta q_p^B)] \frac{\partial q_p^B}{\partial c_L^B}, \quad \Phi' =$$

$$\frac{q_p^B + [\eta w(1+r) + c_L^B] \dfrac{\partial q_p^B}{\partial c_L^B}}{p} = \frac{1}{P} \left[-\frac{1 - \eta q_p^B h(q_0 + \eta q_p^B)}{\eta h(q_0 + \eta q_p^B) - \dfrac{[\eta w(1+r) + c_L^B]}{p} h(\Phi)} \right] =$$

$$\frac{\overline{F}(\Phi)}{[1 - H(\Phi)]^2 \left[\eta h(q_0 + \eta q_p^B) - \dfrac{(\eta w(1+r) + c_L^B)}{p} h(\Phi) \right]} \left\{ \frac{h(\Phi)[1 - H(\Phi)] - H'(\Phi)}{p} \right.$$

$$[1-\eta q_p^B h(q+\eta q_p^B)]^2 + \frac{[\eta h(q_0+\eta q_p^B)+\eta^2 q_p^B h'(q_0+\eta q_p^B)]}{(\eta w(1+r)+c_L^B)}(1-H(\Phi))^2\Bigg\}。$$

因为 $q_0+\eta q_p^B > \Phi = \dfrac{[\eta w(1+r)+c_L^B]}{p}q_p^B$，所以有 $H(q_0+\eta q_p^B) >$

$H(\Phi)$，$1-H(q_0+\eta q_p^B) < 1-H(\Phi)$，同时，$1-\eta q_p^B h(q_0+\eta q_p^B) > 1-$

$(q_0+\eta q_p^B)h(q_0+\eta q_p^B) = 1-H(q_0+\eta q_p^B)。\dfrac{h(\Phi)[1-H(\Phi)]-H'(\Phi)}{p}$

$$[1-\eta q_p^B h(q_0+\eta q_p^B)]^2 + \frac{[\eta h(q_0+\eta q_p^B)+\eta^2 q_p^B h'(q_0+\eta q_p^B)]}{(\eta w(1+r)+c_L^B)}(1-H(\Phi))^2 >$$

$$\left\{\frac{h(\Phi)[1-H(\Phi)]-H'(\Phi)}{p} + \frac{[\eta h(q_0+\eta q_p^B)+\eta^2 q_p^B h'(q_0+\eta q_p^B)]}{[\eta w(1+r)+c_L^N]}\right\}(1-$$

$H(\Phi))^2 = \eta\dfrac{h(q_0+\eta q_p^B)+\eta q_p^B h'(q_0+\eta q_p^B)}{[\eta w(1+r)+c_L^B]} - \dfrac{h(\Phi)H(\Phi)+\Omega h'(\Phi)}{p} >$

$\eta\dfrac{h(\Phi)+\eta q_p^B h'(\Phi)}{[\eta w(1+r)+c_L^B]} - \dfrac{h(\Phi)H(\Phi)+\Phi h'(\Phi)}{p} = \left[\dfrac{\eta}{\eta w(1+r)+c_L^B} - \right.$

$\left.\dfrac{H(\Phi)}{p}\right]h(\Phi) + \left[\dfrac{\eta^2}{\eta w(1+r)+c_L^B} - \dfrac{(\eta w(1+r)+c_L^B)}{p^2}\right]q_p^N h'(\Phi)$

$\dfrac{\eta}{\eta w(1+r)+c_L^B} > \dfrac{1}{p}$ 而 $1 > H(\Phi)$ 所以 $\dfrac{\eta}{\eta w(1+r)+c_L^B} - \dfrac{H(\Phi)}{p} > 0$

$\dfrac{\eta^2 p^2}{[\eta w(1+r)+c_L^B]^2} > 1$ 所以 $\dfrac{\eta^2}{\eta w(1+r)+c_L^B} - \dfrac{[\eta w(1+r)+c_L^B]}{p^2} > 0$。故

$E[\pi_L^B(c_L^B)]$ 关于 c_L^B 二阶偏导数大于 0。而 $\dfrac{\partial q_p^B}{\partial c_L^B} < 0$，所以 $\dfrac{\partial E(\pi_L^B)}{\partial c_L^B}$ 随着 c_L^B

单调递减。当 c_L^B 趋近于 0 时，$\dfrac{\partial E(\pi_L^B)}{\partial c_L^B} > 0$，当 c_L^B 趋近于 $+\infty$时，

$\dfrac{\partial E(\pi_L^B)}{\partial c_L^B} < 0$。因此，存在 c_L^{B*} 使得 $\dfrac{\partial E(\pi_L^B)}{\partial c_L^B} = 0$，命题 7.4 证毕。

由命题 7.3 和命题 7.4 可以看出，区块链技术下的存货质押融资过程中，零售商最优质押量受到多个变量影响，如监管费用、零售价格、质押率、批发价格、银行利率等。其中，质押量与初始库存量、银行利率成反比，与零售价格、质押率成正比。3PL 监管费用主要会受到监管成本、质押率、批发价格、银行利率、零售商最优质押量等变量的影响。

7.3 区块链技术赋能存货质押
融资的价值分析

对比分析无区块链技术和区块链技术下存货质押融资决策变量的最优解，可得到命题 7.5。

命题 7.5 （i）3PL 在无区块链技术的存货质押融资中决策的最优监管费用大于区块链环境下决策的最优监管费用，即 $c_L^{N*} > c_L^{B*}$。（ii）零售商在无区块链技术的存货质押融资中决策的最优质押量小于区块链环境下决策的最优质押量，即 $q_p^{N*} < q_p^{B*}$。

证明：令 $M(c_L) = c_L^N - c - (\eta w(1+r) + c_L^N) \left\{ 1 - \dfrac{\bar{F}(\Omega)}{1 - H(\Omega)} [1 - \eta q_p^N h$

$(q_0 + \eta q_p^N)] \right\}$，由命题 7.2 可知 $\dfrac{\partial M(c_L)}{\partial c_L^N} > 0$，因此 $M(c_L)$ 随着 c_L^N 单

调递增。令 $Z(c_L) = c_L - [\eta w(1+r) + c_L] \left\{ 1 - \dfrac{\bar{F}(\Omega)}{1 - H(\Omega)} [1 - \eta q_p h(q_0 +$

$\eta q_p)] \right\} = 0$，根据命题 7.2 和命题 7.4 易知 c_L^{N*} 为 $Z(c_L) = c$ 的根，c_L^{B*}

为 $Z(c_L) = 0$ 的根，因此 $c_L^{N*} > c_L^{B*}$。$\dfrac{\partial q_p^N}{\partial c_L^N} < 0$，即 q_p 随着 c_L 单调递减，

因此有 $q_p^{B*} > q_p^{N*}$。

命题 7.5 表明，区块链技术的运用可有效减少 3PL 监管费用，提高价格竞争力，有利于 3PL 扩大市场规模。区块链技术赋能存货质押融资后，零售商会愿意拿出更多存货进行存货质押融资。主要是由于区块链技术可以去中心化的机制，使供应链上的信息能够有效协同，零售商对市场需求的预测更加精准，同时区块链技术对于存货质押融资成本的控制也使得中小企业更偏向于较为准确的决策。同时由于区块链技术可以降低 3PL 监管费用，降低了零售商存货质押成本，在需求充足的情况下，零售商质押量会有显著的提升。

通过比较区块链环境下存货质押融资与无区块链技术的存货质押融资的各参与方收益，使用上标 B-N 来表示区块链技术给供应链带来的收益，根据上述假设，区块链技术提供给零售商、3PL 和银行的价值可

以描述如下：

$$E(\pi_R^{B-N}) = p\left[\int_{\Phi}^{q_0+\eta q_p^B} \overline{F}(x)dx - \int_{\Omega}^{q_0+\eta q_p^N} \overline{F}(x)dx\right] \quad (7.17)$$

$$E(\pi_L^{B-N}) = (c_L^B q_p^B + cq_p^N - c_L^N q_p^N) - p\left[\int_0^{\Phi} F(x)dx - \int_0^{\Omega} F(x)dx\right] - F \quad (7.18)$$

$$E(\pi_B^{B-N}) = \eta w(r-r_f)(q_p^B - q_p^N) \quad (7.19)$$

令 $\overline{F} = Z(c_L^B) - Z(c_L^N) + cq_p^N$ 为区块链搭建区块链技术后，存货质押融资可为供应链上成员均带来收益的区块链成本阈值。分析区块链技术应用对销售商、3PL 以及银行利润的影响，可以得到：

命题 7.6　(i) 零售商在区块链技术下的收益大于无区块链技术时的收益，即 $E(\pi_R^{B-N*}) > 0$；(ii) 当区块链成本小于 $\overline{F}$ 时，3PL 在此次存货质押融资的合作中的收益是大于无区块链技术的存货质押融资的利润的，即当 $F \leqslant \overline{F} = Z(c_L^B) - Z(c_L^N) + c_0 q_p^N$ 时，则有 $E(\pi_L^{B-N*}) \geqslant 0$；(iii) 银行企业在使用区块链赋能存货质押融资后也会对收益有一定的正反馈，即 $E(\pi_R^{B-N*}) > 0$。

证明：$E(\pi_R^{B-N*}) = p\left[\int_{\frac{\eta w(1+r)+c_L^B}{p}q_p^{B*}}^{q_0+\eta q_p^{B*}} \overline{F}(x)dx - \int_{\frac{\eta w(1+r)+c_L^N}{p}q_p^{N*}}^{q_0+\eta q_p^{N*}} \overline{F}(x)dx\right]$

$\dfrac{\partial E(\pi_R^{B-N*})}{\partial c_L^N} = p\left\{\overline{F}\left[\dfrac{\eta w(1+r)+c_L^N}{p}q_p^{N*}\right]\dfrac{1}{p}\left[q_p^{N*} + \left[\eta w(1+r)+c_L^N\right](q_p^{N*})'\right] - \overline{F}(q_0+\eta q_p^{N*})\eta(q_p^{N*})'\right\}$

$= \overline{F}(\Omega)\dfrac{1}{p}\left\{q_p^{N*} + \left[\eta w(1+r)+c_L^N\right](q_p^{N*})'\right\} - \eta\overline{F}(q_0+\eta q_p^{N*})(q_p^{N*})'$

$= \overline{F}(\Omega)\dfrac{1}{p}\left\{q_p^{N*} + \left[\eta w(1+r)+c_L^N\right](q_p^{N*})'\right\} - \overline{F}(\Omega)\dfrac{\eta w(1+r)+c_L^N}{p}$

$(q_p^{N*})' = \overline{F}(\Omega)\dfrac{1}{p}q_p^{N*} > 0$，即 $E(\pi_R^{B-N*})$ 随着 c_L^N 单调递增。当 c_L^N 趋近于 c_L^B 时，$E(\pi_R^{B-N*})$ 趋近于 0，而根据命题 7.5 (i) 可知 $c_L^N > c_L^B$，因此 $E(\pi_R^{B-N*}) > 0$。

接下来对比分析 3PL 收益，令 $\Gamma = c_L q_p - p\int_0^{\Omega} F(x)dx$，$\dfrac{\partial\Gamma}{\partial c_L} = q_p + c_L$

$\dfrac{\partial q_p}{\partial c_L} - F(\Omega)\left\{q_p + \left[\eta w(1+r)+c_L\right]\dfrac{\partial q_p}{\partial c_L}\right\} = q_p\overline{F}(\Omega) + \left\{c_L - \left[\eta w(1+r)+c_L\right]\right.$

$$F(\Omega)\}\frac{\partial q_p}{\partial c_L} = \left\{ -\bar{F}(\Omega)\left[1 - \eta q_p h(q + \eta q_p)\right] + \left\{1 - \frac{c_L}{\left[\eta w(1+r)+c_L\right]}\right\}\left[1 - H\right.\right.$$

$$(\Omega)\}\frac{1}{\eta h(q_0 + \eta q_p) - \dfrac{\left[\eta w(1+r)+c_L\right]}{p}h(\Omega)}, \ \text{其中} \ \eta h(q_0 + \eta q_p) -$$

$$\frac{\left[\eta w(1+r)+c_L\right]}{p}h(\Omega) > 0_{\circ} \ 1 - \frac{\bar{F}(\Omega)}{1-H(\Omega)}\left[1 - \eta q_p h(q_0 + \eta q_p)\right] =$$

$$\frac{c_L - c}{\left[\eta w(1+r)+c_L\right]}, \ \text{因为} \ H(q_0 + \eta q_p) > H(\Omega), \ \text{所以有} \ 1 - H(q_0 + \eta q_p) < 1 -$$

$$H(\Omega)_{\circ}$$

$$-\bar{F}(\Omega)\left[1 - \eta q_p h(q_0 + \eta q_p)\right] + \left[1 - \frac{c_L}{\left[\eta w(1+r)+c_L\right]}\right]\left[1 - H(\Omega)\right]$$

$$= \left[1 - H(\Omega)\right]\left\{\frac{-\bar{F}(\Omega)}{\left[1-H(\Omega)\right]}\left[1 - \eta q_p h(q_0 + \eta q_p)\right] + 1 - \frac{c_L}{(\eta w(1+r)+c_L)}\right\}$$

$$= \left[1 - H(\Omega)\right]\frac{-c}{\left[\eta w(1+r)+c_L\right]} < 0, \ \text{综上所述,} \ \frac{\partial \Gamma}{\partial c_L} < 0, \ \Gamma \ \text{随着} \ c_L \ \text{单}$$

调递减,又 $c_L^N > c_L^B$,所以有 $\Gamma(c_L^N) < \Gamma(c_L^B)$。所以,当 $F < cq_p^N$ 时,有 $E(\pi_L^{B*}) - E(\pi_L^{N*}) \geqslant 0 \Leftrightarrow \Gamma(c_L^N) - c_0 q_p^N \leqslant \Gamma(c_L^B) - F \Leftrightarrow F \leqslant \bar{F} = \Gamma(c_L^B) - \Gamma(c_L^N) + cq_p^N$,因此,当 $F \leqslant \bar{F} = \Gamma(c_L^B) - \Gamma(c_L^N) + cq_p^N$ 时,$E(\pi_L^{B-N*}) \geqslant 0$。从命题 7.5(ii)可知 $q_p^{B*} > q_p^{N*}$,易得 $E(\pi_R^{B-N*}) > 0$。

命题 7.6 表明,当区块链搭建成本 F 满足 $F \leqslant \bar{F} = \Gamma(c_L^B) - \Gamma(c_L^N) + cq_p^N$,区块链技术的搭建便可使得供应链上各方企业在区块链模式下收益实现帕累托最优,即 $E(\pi_R^{B*}) > E(\pi_R^{N*})$,$E(\pi_L^{B*}) \geqslant E(\pi_L^{N*})$,$E(\pi_B^{B*}) > E(\pi_B^{N*})$。相较于传统存货质押模式,区块链技术将促使供应链各参与方和整体的利润均显著提升,区块链技术的应用可以有效地帮助供应链各节点降低需求波动、监管成本等,使得整个链上的存货质押交易成本大大降低,从而实现共赢。

7.4 数 值 仿 真

某一产品市场需求 x 服从数学期望 $E(x) = 1/\lambda$,概率密度函数 $f(x) = \lambda e^{-\lambda x}$ 的负指数分布,银行质押率 $\eta = 0.5$,负指数分布率参数 $\lambda =$

1/250，零售商初始库存量 $q_0 = 100$，商品批发价格 $w = 0.5$，银行存货质押融资贷款利率 $r = 0.01$，零售商品单位零售价 $p = 1$，银行无风险利率 $r_f = r/2$，计算结果见图 7.3 ~ 图 7.8。

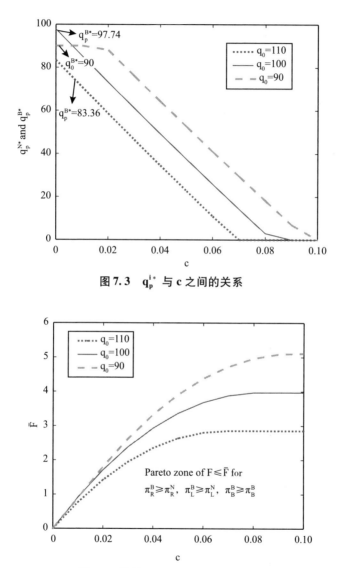

图 7.3　q_p^{i*} 与 c 之间的关系

123

图 7.4　$\bar{F}$ 的 Pareto 区间随 c 的变化

首先分析 3PL 监管成本与供应链决策之间的关系，图 7.3 展示了当零售商初始库存量 q_0 分别为（110，100，90）时，零售商最优再订购量 q_p^{i*} 与 3PL 监管成本 c 的变化之间的关系。特别地，当 $c = 0$ 时，即为区块链技术下零售商最优质押量 q_p^{B*}。从图 7.3 可以看出 3PL 监管成本越大，零售商最优质押量越小。这是因为，当 3PL 监管成本越大时，3PL 监管费用也随着增大，而零售商最优质押量是关于监管费用的单调减函数，因此也会下降。当零售商初始库存量 q_0 较小时的最优质押量大于初始库存量较大时的最优订货量。由图 7.3 可见，当 $q_0 = 90$ 时，零售商在 3PL 监管成本较小时，愿意拿出所有 q_0 进行存货质押，从而满足市场需求。而 $q_0 = 110$ 时，只要 3PL 监管成本增至 0.07，零售商则不再选择存货质押融资。此结论与命题 7.1 和命题 7.3 一致。图 7.4 给出了在零售商初始库存量分别为（110，100，90）时区块链成本阈值 $\bar{F}$ 的 Pareto 区间（即区块链模式下零售商、3PL、银行收益均大于无区块链技术的情形）随 3PL 监管成本的变化情况。从图 7.4 可以看出，随着 3PL 监管成本的不断增加，$\bar{F}$ 也随之增加，当监管成本大于 0.06 时 $\bar{F}$ 的增幅趋于平缓。当零售商初始库存量 q_0 越小时 $\bar{F}$ 的 Pareto 区间也随之增大，可见，当 3PL 监管成本越大时，3PL 越应该考虑对区块链技术的搭建。零售商的初始库存越少，区块链对存货质押的提升就越显著。

接下来分析负指数分布率参数 λ 与供应链决策之间的关系，图 7.5 展示了当零售商初始库存量 q_0 分别为（100，90），3PL 监管费用分别为（0，0.01）时，零售商最优再订购量 q_p^{i*} 与负指数分布率参数的变化之间的关系。从图 7.5 可以看出负指数分布率参数越大，零售商最优质押量也就越少，即商品需求期望 $E(x) = 1/\lambda$ 越小，零售商最优质押量越少，这也与事实相符。当零售商初始库存量越小时，3PL 监管成本越大时，零售商最优质押量会越大，这与上文结论一致。图 7.6 给出了在零售商初始库存量分别为（100，90）时区块链成本阈值 $\bar{F}$ 的 Pareto 区间随负指数分布率参数 λ 的变化情况。从图 7.6 可以看出，随着负指数分布率参数 λ 的增加，$\bar{F}$ 随之减少，这意味着商品需求期望 $E(x) = 1/\lambda$ 越小时，$\bar{F}$ 的 Pareto 区间越小。可见，当商品为畅销品（如日用品，彩妆类，电子产品等）时，3PL 越应该考虑对区块链技术的搭建。

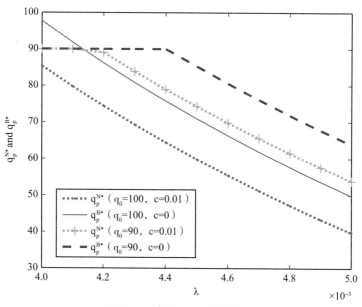

图 7.5　q_p^{i*} 与 λ 之间的关系

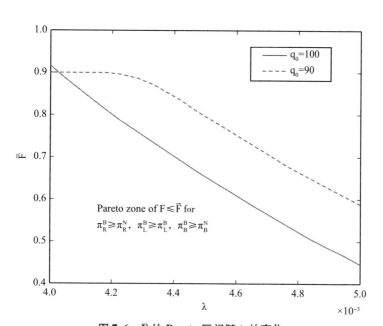

图 7.6　$\bar{F}$ 的 Pareto 区间随 λ 的变化

　　最后分析存货质押融资银行贷款利息 r 与供应链决策之间的关系，图7.7 展示了当零售商初始库存量 q_0 分别为（100，95），3PL 监管费用分别（0，0.01）时，零售商最优再订购量 q_p^{i*} 与银行贷款利息的变化之间的关系。从图7.7 可以看出银行贷款利息越大，零售商最优质押量也就越少。当零售商初始库存量越小时，3PL 监管成本越大时，零售商最优质押量会越大，这与上文结论一致。图7.8 给出了在零售商初始库存量分别为（100，95）时区块链成本阈值 $\bar{F}$ 的 Pareto 区间随银行贷款利息 r 的变化情况。从图7.8 可以看出，随着银行贷款利息 r 的增加，$\bar{F}$ 随之减少，$\bar{F}$ 的 Pareto 区间越小。可见，存货质押融资银行贷款利息较小时，3PL 越应该考虑对区块链技术的搭建。

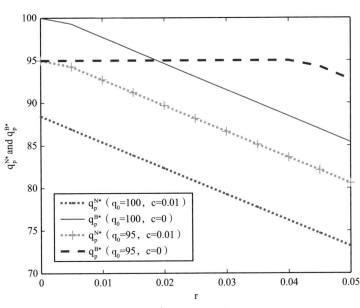

图7.7　q_p^{i*} 与 r 之间的关系

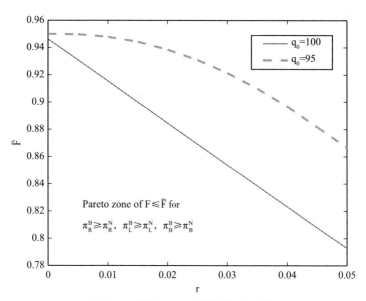

图 7. 8　$\bar{F}$ 的 Pareto 区间随 r 的变化

7.5　本章小结

本章主要对无区块链技术和区块链技术下的存货质押融资模式利润和决策变量对比分析。并结合实际情形进行数值仿真，得出下面结论：首先，区块链技术可以使零售商最优质押量增加，扩大零售商市场占有率，同时可以降低 3PL 监管费用，增加市场价格竞争力。其次，在区块链搭建成本低于特定阈值时，搭建区块链技术可以使零售商、3PL、银行利润均有提升。最后，通过数值分析区块链技术更适用的实际业务情况。3PL 监管成本越高时，区块链技术应用于存货质押融资对 3PL 所带来的经济效益更显著；在市场期望需求充足的情况下，零售商自有资金可购买初始商品数量越少，零售商在存货质押融资过程中采用区块链技术的意愿越强；商品类型为畅销品时（如日常用品、化妆品类、电子产品等），区块链技术对于存货质押融资业务的适用性越高；存货质押融资银行贷款利息较低时，3PL 采用区块链技术的动力越大。研究结果可为供应链在存货质押模式下是否使用区块链技术，以及什么情况使用区块链技术等问题提供理论依据和决策参考。

第8章 基于区块链的供应链应收账款融资策略

传统应收账款融资所面临的主要问题是供应链上中小企业资金周转困难，易导致企业运营停滞崩溃，区块链技术通过信息共享具有较强的可追溯性，利用核心企业的信用水平为中小企业的融资作保障。

本章将考虑信息共享水平及企业信用水平这两个因素，建立由单一原材料供应商、单一制造商以及单一零售商构成的三级供应链，其中区块链平台的搭建及应用成本由核心企业零售商承担。借助 Stackelberg 博弈模型，探究区块链技术应用前后的供应链应收账款融资的定价策略。研究的问题是：（1）区块链技术对供应链应收账款融资有什么影响？（2）区块链技术能否提高上游中小企业的利润，缓解其资金压力？（3）企业信用水平、信息共享水平等参数对区块链供应链应收账款融资产生什么影响？

8.1 模 型 建 立

考虑由单一原材料供应商、单一制造商以及单一零售商构成的三级供应链中，供应商和制造商自有资金为零，生产资金出现短缺。在区块链供应链应收账款融资业务流程中，供应链上下游企业之间的博弈顺序为：零售商根据市场需求制定产品零售价格 p^B，并向上游制造商订货，订购量为 Q^B，制造商和供应商都按单进行生产；供应商根据原材料生产成本 C_s 制定产品的批发价 W_s^B，制造商对原材料进行加工（单位加工成本为 C_m），将加工后的成品以单位产品价格 W_m^B 向零售商供货。

在区块链供应链金融平台上，供应链应收账款融资业务流程如图

8.1 所示。供应链上三方企业都将交易信息上传到区块链平台，零售商与制造商在线签约，形成应收账款电子凭证，应收账单（即 TCL 中的"母单"）金额为 $W_m^B Q^B$。制造商与供应商双方同样签约形成电子应收账单，面额为 $W_s^B Q^B$。在区块链供应链金融服务平台，银行在线审核三方交易的真实性，并根据零售商的信用水平决定上游企业的融资利率。此时，制造商将"母单"进行拆分成两个"子单"，其中一个"子单 1"额度为 $W_s^B Q^B$，另一个"子单 2"额度为 $(W_m^B - W_s^B)Q^B$，同时将"子单 1"转移给上游供应商；制造商凭"子单 2"向银行融资 $C_m Q^B$，供应商凭"子单 1"向银行融资 $C_s Q^B$。待销售季末，区块链平台基于智能合约，供应链上三方企业和银行自动进行资金清算：零售商将 $W_m^B Q^B$ 支付给银行，制造商支付贷款利息 $C_m Q^B r_b$ 给银行并获得 $(W_m^B - W_s^B - C_m)Q^B$ 的盈利，供应商支付贷款利息 $C_s Q^B r_b$ 给银行并获得 $(W_s^B - C_s)Q^B$ 的利润。

而在传统应收账款融资模式中，制造商仅能凭自身信用 I_m 和零售商开具的应收账单向银行融资 $C_m Q^T$，而供应商凭借自身信用 I_s 和制造商开具的应收账单向银行融资 $C_s Q^T$，其融资成本要高于区块链下供应链应收账款融资模式中的融资成本。

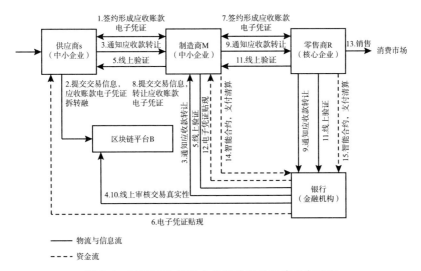

图 8.1　基于区块链平台的应收账款融资业务流程

基本假设：

（1）制造商根据零售商的订购量决定产品生产量，该产品每生产一件需消耗同等量的原材料，即制造商同样向供应商采购数量为 Q 的原材料以供生产。

（2）产品的销量与市场销售价格及整个供应链应用区块链技术的信息共享水平之间的关系为：$Q = a - \tau p + ku$，其中 a，τ，$k > 0$，a 为该产品的市场需求规模，τ 表示价格弹性系数，p 为市场销售价格，k 表示信息弹性系数，u 为供应链上各企业应用区块链技术的信息共享水平。

（3）应用区块链技术需要供应链节点企业向合作企业共享交易的相关信息，其信息共享成本与在区块链平台上的信息共享水平 u 呈非线性相关性类似，本章采用二次成本函数来描述信息共享水平）。该成本表示为：$C_U = \eta u^2$，其中 $\eta > 0$，表示信息共享成本的弹性系数。

（4）企业申请应收账款的融资利率与银行对企业评定的信用水平相关。融资利率随着企业信用水平的提高而降低。假定融资利率与信用水平之间的关系为：$r_j = 1 - hI_j (j = s, m, b)$，为了使 r_j 有意义，令 $0 < I_j < \frac{1}{h}$，$h > 0$，h 为信用弹性系数，I_j 表示企业 j 的信用水平。区块链技术下，供应商和制造商均借助零售商的信用水平 I_b 进行融资。

（5）供应商、制造商的信用水平分别为 I_s 和 I_m，假设越处于供应链末端的企业其信用水平越低，即 $0 < I_s < I_m < I_b < \frac{1}{h}$。

模型中的其他符号如表8.1所示。

表8.1 符号说明

符号	描述
决策变量	
W_s^j	第 j 种模式下供应商 S 向制造商 M 提供的原材料批发价
W_m^j	第 j 种模式下制造商 M 向零售商 R 提供的产品批发价
p	产品的市场销售价
u	供应链部署区块链后的信息共享水平

符号	描述
参数	
j	指示变量，T，B 分别表示没有区块链的供应链应收账融资和有区块链的供应链应收账款融资模式
Q^j	第 j 种模式下产品的市场销售量
a	产品的市场需求规模
τ	价格弹性系数
k	信息弹性系数
h	信用水平弹性系数
η	信息共享成本的弹性系数
C_s	供应商 S 的原材料单位生产成本
C_m	制造商 M 制造产品的单位加工成本
C_B	区块链平台的搭建成本
C_U	应用区块链的信息共享成本
I_s	供应商 S 的信用水平
I_m	制造商 M 的信用水平
I_b	零售商的信用水平
衍生变量	
Π_s^j	第 j 种模式下供应商 S 的利润
Π_m^j	第 j 种模式下制造商 M 的利润
Π_r^j	第 j 种模式下制造商 R 的利润
Π^j	第 j 种模式下供应链的利润

8.2 传统应收账款融资决策模型

在不考虑区块链技术时，即传统供应链应收账款融资模式下，供应链的信息透明化程度较低，甚至存在"信息孤岛"现象。在该融资模式下，假设供应链上企业间信息共享水平 u 为 0，零售商根据市场需求制定采购计划，订货量 Q^T 为：

$$Q^T = a - \tau p^T \qquad (8.1)$$

制造商根据零售商的订单向供应商采购原材料，采购价为 W_s^T，单位加工成本为 C_m，经加工后以批发价 W_m^T 销售给零售商。此时，零售商采用应收账款融资中保理的方式向制造商支付货款，应收账单额度为 $W_m^T Q^T$；制造商因缺乏自有资金而无法支付原材料采购款，因此，制造商向供应商签订采购合同时，同样以保理的方式向供应商支付货款，应收账单额度为 $W_s^T Q^T$。为确保产品按时生产，制造商凭借自身信用和零售商开具的应收账单向银行融资，融资额度为 $C_m Q^T$，偿还银行本息共计 $(1 + r_m) C_m Q^T$［即 $(2 - hI_m) C_m Q^T$］。

供应商的生产成本为 C_s，以 W_s^T 的价格将产品原材料销售给制造商。供应商生产资金缺乏，而制造商不能提前支付订单。此时，供应商凭借制造商的应收账单向银行申请保理融资，融资额度为 $C_s Q^T$，偿还银行本息共计 $(1 + r_s) C_s Q^T$［即 $(2 - hI_s) C_s Q^T$］。假设企业间不存在信用摩擦，且为有限责任，企业的销售利润是唯一资金来源。供应商、制造商和零售商三方的决策模型分别为：

$$\max_{W_s^T} \Pi_s^T = \left[W_s^T - (2 - hI_s) C_s \right] Q^T \qquad (8.2)$$

$$\max_{W_m^T} \Pi_m^T = \left[W_m^T - W_s^T - (2 - hI_m) C_m \right] Q^T \qquad (8.3)$$

$$\max_{p^T} \Pi_r^T = \left[p^T - W_m^T \right] Q^T \qquad (8.4)$$

其中，$\tau > 0$，$h > 0$，$0 < I_s < I_m < \dfrac{1}{h}$，$a > 0$，$C_s > 0$，$C_m > 0$。

利用逆向归纳法，得到：

命题 8.1 不考虑区块链的供应链应收账款融资模式下，供应商、制造商和零售商的最优定价及销售量分别为：

$$W_s^{T*} = \frac{1}{2} \left[\frac{a}{\tau} - (2 - hI_m) C_m + (2 - hI_s) C_s \right]$$

$$W_m^{T*} = \frac{1}{4} \left[\frac{3a}{\tau} + (2 - hI_m) C_m + (2 - hI_s) C_s \right]$$

$$p^{T*} = \frac{1}{8} \left[\frac{7a}{\tau} + (2 - hI_m) C_m + (2 - hI_s) C_s \right]$$

$$Q^{T*} = \frac{1}{8} \left[a - \tau(2 - hI_m) C_m - \tau(2 - hI_s) C_s \right]$$

证明：由于 $\dfrac{\partial^2 \Pi_r^T}{\partial p^{T^2}} = -2\tau < 0$，即零售商利润是关于市场销售价格 p^T

的凹函数，由一阶条件可得：$p^T = \dfrac{a + \tau W_m^T}{2\tau}$；将其代入制造商利润函数

可得，$\Pi_m^T = \dfrac{1}{2}\left[W_m^T - W_s^T - (2 - hI_m)C_m\right](a - \tau W_m^T)$。因为 $\dfrac{\partial^2 \Pi_m^T}{\partial W_m^{T2}} = -\tau <$

0，其一阶条件可得：$W_m^T = \dfrac{a + 2\tau C_m - h\tau I_m C_m + \tau W_s^T}{2\tau}$；将其代入供应商的

利润函数，可得：$\Pi_s^T = \left[W_s^T - (2 - hI_s)C_s\right]\dfrac{a + \tau(-2 + hI_m)C_m - \tau W_s^T}{4}$，

由于 $\dfrac{\partial^2 \Pi_s^T}{\partial W_s^{T2}} = -\dfrac{\tau}{2} < 0$，因此，供应商的最优定价决策为 $W_s^{T*} = \dfrac{1}{2}\left[\dfrac{a}{\tau} - \right.$

$(2 - hI_m)C_m + (2 - hI_s)C_s\big]$，易得制造商及零售商的最优定价为 $W_m^{T*} =$

$\dfrac{1}{4}\left[\dfrac{3a}{\tau} + (2 - hI_m)C_m + (2 - hI_s)C_s\right]$，$p^{T*} = \dfrac{1}{8}\left[\dfrac{7a}{\tau} + (2 - hI_m)C_m + (2 - \right.$

$hI_s)C_s\big]$，以及供应链的最优销售量为：$Q^{T*} = \dfrac{1}{8}\big[a - \tau(2 - hI_m)C_m - \tau$

$(2 - hI_s)C_s\big]$。证毕。

根据命题 8.1，不考虑区块链时，供应链应收账款融资中供应商、制造商以及零售商各自的最优利润函数，分别为：

$$\Pi_s^{T*} = \frac{\left[a - \tau(2 - hI_m)C_m - \tau(2 - hI_s)C_s\right]^2}{16\tau} \tag{8.5}$$

$$\Pi_m^{T*} = \frac{\left[a - \tau(2 - hI_m)C_m - \tau(2 - hI_s)C_s\right]^2}{32\tau} \tag{8.6}$$

$$\Pi_r^{T*} = \frac{\left[a - \tau(2 - hI_m)C_m - \tau(2 - hI_s)C_s\right]^2}{64\tau} \tag{8.7}$$

推论 8.1　无区块链技术的供应链应收账款融资决策中，考虑信用水平对各企业定价、销售量及各企业利润影响，有：

（1）$\dfrac{\partial W_s^{T*}}{\partial I_s} < 0$，$\dfrac{\partial W_s^{T*}}{\partial I_m} > 0$；$\dfrac{\partial W_m^{T*}}{\partial I_s} < 0$，$\dfrac{\partial W_m^{T*}}{\partial I_m} < 0$；$\dfrac{\partial p^{T*}}{\partial I_s} < 0$，

$\dfrac{\partial p^{T*}}{\partial I_m} < 0$；

（2）$\dfrac{\partial Q^{T*}}{\partial I_s} > 0$，$\dfrac{\partial Q^{T*}}{\partial I_m} > 0$；

（3）$\dfrac{\partial \Pi_i^{T^*}}{\partial I_m} > 0$，$\dfrac{\partial \Pi_i^{T^*}}{\partial I_s} > 0 (i = s, m, r)$。

证明：由命题 8.1 和式（8.5）~式（8.7）容易得到，证明过程略。

由推论 8.1 可知，企业的信用水平制约着供应链上各方企业的最优定价决策和收益。供应链上产品的批发价和市场销售价都将随着供应商和制造商信用水平的下降而上升，导致产品市场销量减少，各方企业的利润下降。这是由于，没有区块链技术时，供应链应收账款融资过程中，银行和融资企业之间信息不对称，企业凭借自身信用水平的融资成本较高，从而被迫提高批发价，导致市场销售价上升。供应商和制造商的信用水平越低，产品市场价格的提高导致了市场销售量的流失，最终降低了各企业的收益。

8.3　基于区块链技术的应收账款融资决策模型

区块链技术具有分布式账本特征，实行点对点间的信息传递，消除了供应链上各节点间的信息壁垒，同时保证各节点在供应链上处于平等的地位，共同监管维护供应链的有序运行，实现信息的共享化、高效化，并且，区块链的不可篡改特性可以确保数据信息的稳定和可靠。在多级供应链中，区块链技术可以将核心企业的信用进行拆分并在供应链上进行流转，使位于供应链末端的中小企业能够利用核心企业的信用进行融资，从而降低融资成本。

在区块链供应链金融中，制造商凭借零售商的信用水平向银行借贷 $C_m Q^B$，偿还银行本息共计（$1 + r_b$）$C_m Q^B$［即（$2 - hI_b$）$C_m Q^B$］，同时，将零售商的应收账单 $W_m^B Q^B$ 进行拆分，转移应收账单 $W_s^B Q^B$ 给供应商。供应商以制造商的应收账单向银行借款 $C_s Q^B$，并享有零售商的信用水平，偿还银行本息共计（$1 + r_b$）$C_s Q^B$［即（$2 - hI_b$）$C_s Q^B$］。因此，供应商的决策模型为：

$$\max_{W_s^B} \Pi_s^B = \left[W_s^B - (2 - hI_b) C_s \right] Q^B \tag{8.8}$$

制造商的决策模型为：

$$\max_{W_m^B} \Pi_m^B = \left[W_m^B - W_s^B - (2 - hI_b) C_m \right] Q^B \tag{8.9}$$

　　对于零售商而言，区块链技术消除了企业之间的信息壁垒，使得零售商可以更加准确地获取市场的需求信息，随着信息共享水平的提高，销售量也随之增加。在区块链供应链金融中，零售商将承担区块链平台的搭建成本 C_B 及应用区块链后的信息共享成本 $C_U = \eta u^2$。此时，零售商的决策模型为：

$$\max_{p^B, u} \Pi_m^B = \left[p^B - W_m^B \right] Q^B - \eta u^2 - C_B \qquad (8.10)$$

其中，产品销售量与市场零售价和供应链上共享水平之间的关系为：

$$Q^B = a - \tau p^B + ku \qquad (8.11)$$

其中，$\tau > 0$，$h > 0$，$0 < I_b < \dfrac{1}{h}$，$a > 0$，$k > 0$，$\eta > 0$。

　　运用逆向归纳法，可得区块链供应链金融中，供应链最优的定价和销量如下：

　　命题 8.2　当参数满足 $0 < k < 2\sqrt{\eta\tau}$ 时，基于区块链技术的供应链应收账款融资中，供应商、制造商以及零售商的最优定价、最优信息共享水平及销售量分别为：

$$W_s^{B*} = \frac{1}{2} \left[\frac{a}{\tau} - (2 - hI_b)(C_m - C_s) \right]$$

$$W_m^{B*} = \frac{1}{4} \left[\frac{3a}{\tau} + (2 - hI_b)(C_m + C_s) \right]$$

$$p^{B*} = \frac{1}{4(4\eta\tau - k^2)} \left[\frac{a(14\eta\tau - 3k^2)}{\tau} + (2\eta\tau - k^2)(2 - hI_b)(C_m + C_s) \right]$$

$$u^* = \frac{k}{4(4\eta\tau - k^2)} \left[a - \tau(2 - hI_b)(C_m + C_s) \right]$$

$$Q^{B*} = \frac{\eta\tau}{2(4\eta\tau - k^2)} \left[a - \tau(2 - hI_b)(C_m + C_s) \right]$$

　　证明：零售商利润函数关于市场价格 p^B 和信息共享水平 u 的海赛矩阵为 $A = \begin{bmatrix} \dfrac{\partial^2 \Pi_r^B}{\partial p^{B2}} & \dfrac{\partial^2 \Pi_r^B}{\partial p^B \partial u} \\ \dfrac{\partial^2 \Pi_r^B}{\partial u \partial p^B} & \dfrac{\partial^2 \Pi_r^B}{\partial u^2} \end{bmatrix} = \begin{bmatrix} -2\tau & k \\ k & -2\eta \end{bmatrix}$，由于 $0 < k < 2\sqrt{\eta\tau}$，则海赛矩阵负定。联立一阶条件，可得：$\dfrac{\partial \Pi_r^B}{\partial p^B} = a + ku - p^B \tau - \tau(p^B - W_m^B)$，

$\frac{\partial \Pi_r^B}{\partial u} = -2u\eta + k(p^B - W_m^B)$，可得：$p^B = \frac{2a\eta - k^2 W_m^B + 2\eta\tau W_m^B}{-k^2 + 4\eta\tau}$，$u =$

$\frac{k(-a + \tau W_m^B)}{k^2 - 4\eta\tau}$。将之代入制造商利润函数，可得：$\frac{\partial^2 \Pi_m^B}{\partial W_m^{B2}} = -\frac{4\eta\tau^2}{4\eta\tau - k^2} <$

0，因此，令 $\frac{\partial \Pi_m^B}{\partial W_m^B} = 0$，可得：$W_m^B = \frac{a + 2\tau C_m - h\tau I_b C_m + \tau W_s^B}{2\tau}$。同理，代

入供应商利润函数，可得：$\frac{\partial^2 \Pi_s^B}{\partial W_s^{B2}} = -\frac{2\eta\tau^2}{4\eta\tau - k^2} < 0$，令 $\frac{\partial \Pi_s^B}{\partial W_s^B} = 0$，得到区

块链模式下供应商原材料的最优定价：$W_s^{B*} = \frac{1}{2}\left[\frac{a}{\tau} - 2hI_b C_m + (2 - hI_b)\right.$

$\left. C_s \right]$。易得：$W_m^{B*} = \frac{1}{4}\left[\frac{3a}{\tau} + (2 - hI_b)(C_m + C_s)\right]$，$p^{B*} = \frac{1}{4(4\eta\tau - k^2)}$

$\left[\frac{a(14\eta\tau - 3k^2)}{\tau} + (2\eta\tau - k^2)(2 - hI_b)(C_m + C_s)\right]$，$u^* = \frac{k}{4(4\eta\tau - k^2)}\left[a - \right.$

$\left. \tau(2 - hI_b)(C_m + C_s)\right]$，此时，产品的市场销售量 $Q^{B*} = \frac{\eta\tau}{2(4\eta\tau - k^2)}\left[a - \tau\right.$

$\left.(2 - hI_b)(C_m + C_s)\right]$。证毕。

此时，供应链节点各企业的最优收益如下：

$$\Pi_s^{B*} = \frac{\eta\left[a - \tau(2 - hI_b)(C_m + C_s)\right]^2}{4(4\eta\tau - k^2)} \tag{8.12}$$

$$\Pi_m^{B*} = \frac{\eta\left[a - \tau(2 - hI_b)(C_m + C_s)\right]^2}{8(4\eta\tau - k^2)} \tag{8.13}$$

$$\Pi_r^{B*} = \frac{\eta\left[a - \tau(2 - hI_b)(C_m + C_s)\right]^2}{16(4\eta\tau - k^2)} - C_B \tag{8.14}$$

推论 8.2 在区块链供应链应收账款融资模式中，当 $0 < k < 2\sqrt{\eta\tau}$ 时，考虑零售商信用水平对供应链各企业定价、信息共享水平、销量及各企业利润影响，有：

（1）当 $C_m > C_s$ 时，有：$\frac{\partial W_s^{B*}}{\partial I_b} > 0$，$\frac{\partial W_m^{B*}}{\partial I_b} < 0$；

（2）当 $0 < k < \sqrt{2\eta\tau}$ 时，$\frac{\partial p^{B*}}{\partial I_b} < 0$，当 $\sqrt{2\eta\tau} < k < 2\sqrt{\eta\tau}$ 时，

$\frac{\partial p^{B*}}{\partial I_b} > 0$；

（3）$\dfrac{\partial u^*}{\partial I_b} > 0$，$\dfrac{\partial Q^{B*}}{\partial I_b} > 0$，$\dfrac{\partial \Pi_i^{B*}}{\partial I_b} > 0$（$i = s$，$m$，$r$）。

证明：由命题 8.2 和式（8.12）～式（8.14）容易得出，证明过程略。

由推论 8.2 可知，当制造商加工成本高于供应商生产成本时，供应商的批发价会随着零售商的信用水平的增加而增加，制造商则相反。这表明，在三级供应链中，区块链技术支持下，制造商的融资成本降低，会降低批发价来提高零售商的订购量，而供应商虽然享有零售商的信用水平降低了融资成本，但供应商按单生产不承担任何区块链搭建成本，反而会提高销售价来提高自身利润。推论 8.2 也表明，当产品销量与信息共享水平的弹性系数不高（$0 < k < \sqrt{2\eta\tau}$）时，零售商的价格会随着自身信用水平的提高而降低；反之，当信息共享水平对产品销量影响充分大（$\sqrt{2\eta\tau} < k < 2\sqrt{\eta\tau}$）时，零售商会运用区块链技术提高企业之间的信息共享水平，且信用水平越高，信息共享水平也越高，产生的信息共享成本也越高，因而，零售商将提高产品的定价来获取更多的销售收益。

8.4　区块链技术对供应链应收账款融资决策的影响

本节从供应链各企业定价、销售量、各企业利润及供应链整体利润 4 个方面进行对比分析，探究区块链技术为供应链应收账款融资带来的价值。

8.4.1　区块链技术对供应链定价的影响

命题 8.3　当 $0 < k < 2\sqrt{\eta\tau}$ 时，有：（1）当 $\dfrac{I_b - I_m}{I_b - I_s} \geqslant \dfrac{C_s}{C_m}$ 时，有：$W_s^{B*} \geqslant W_s^{T*}$，反之，$W_s^{B*} < W_s^{T*}$；（2）$W_m^{B*} < W_m^{T*}$；（3）当 $\sqrt{2\eta\tau} < k < 2\sqrt{\eta\tau}$ 时，有：$p^{B*} > p^{T*}$。

证明：根据命题 8.1 和命题 8.2，可知：

（1）当 $\dfrac{I_b - I_m}{I_b - I_s} \geqslant \dfrac{C_s}{C_m}$ 时，$\dfrac{1}{2}\left[\dfrac{a}{\tau} - (2 - hI_b)(C_m - C_s)\right] \geqslant \dfrac{1}{2}\left[\dfrac{a}{\tau} - \right.$

$(2 - hI_m)C_m + (2 - hI_s)C_s\Big]$，即 $W_s^{B*} \geqslant W_s^{T*}$，反之，$W_s^{B*} < W_s^{T*}$；

（2）对比两种模式下制造商的批发价，可以看出：$\dfrac{1}{4}\Big[\dfrac{3a}{\tau} + (2 - $

$hI_b)(C_m + C_s)\Big] < \dfrac{1}{4}\left[\dfrac{3a}{\tau} + (2 - hI_m)C_m + (2 - hI_s)C_s\right]$ 恒成立，所以，

$W_m^{B*} < W_m^{T*}$；

（3）因为 $a > \tau(2 - hI_m)C_m + \tau(2 - hI_s)C_s$，当 $\sqrt{2\eta\tau} < k < 2\sqrt{\eta\tau}$ 时，

有：$\dfrac{k^2}{4\eta\tau - k^2}\big[a - \tau(2 - hI_b)(C_m + C_s)\big] > \tau\big[(2 - hI_m)C_m + (2 - hI_s)C_s - $

$(2 - hI_b)(C_m + C_s)\big]$，进而 $\dfrac{1}{4(4\eta\tau - k^2)}\left[\dfrac{a(14\eta\tau - 3k^2)}{\tau} + (2\eta\tau - k^2)\right.$

$(2 - hI_b)(C_m + C_s)\Big] > \dfrac{1}{8}\left[\dfrac{7a}{\tau} + (2 - hI_m)C_m + (2 - hI_s)C_s\right]$，即 $p^{B*} > $

p^{T*}。证毕。

由命题 8.3 可知，区块链技术下，若制造商的融资节约成本 $c_m(I_b - I_m)$ 高于供应商的融资节约成本 $c_s(I_b - I_s)$ 时，供应商的产品销售价将高于传统融资模式下的定价。也就是说，在三级供应链中，供应商既不需要担心下游订购量的问题，也不需要承担区块链信息共享成本，当区块链并不能为供应商带来较大收益时，供应商没有动力降低产品售价，反而会提高定价来获取更大收益；针对制造商而言，区块链技术会促使制造商降低批发价来提高零售商的采购量；针对零售商而言，当信息共享水平对产品销量影响充分大时，相比无区块链的融资模式，区块链供应链金融模式下，零售商将通过提高产品的市场零售价来弥补区块链技术给供应链成员带来的信息共享成本。因此，区块链供应链应收账款融资模式未必会激励零售商降低产品的市场零售价，甚至不一定会降低终端供应商的产品批发价。

8.4.2 区块链技术对产品销售量的影响

命题 8.4 $Q^{B*} > Q^{T*}$。

证明：由于 $\tau(2-hI_b)(C_m+C_s) < \tau(2-hI_m)C_m + \tau(2-hI_s)C_s$，$k>0$，有：

$$\frac{\eta\tau}{2(4\eta\tau-k^2)}[a-\tau(2-hI_b)(C_m+C_s)] > \frac{1}{8}[a-\tau(2-hI_m)C_m-\tau(2-hI_s)C_s]$$，即 $Q^{B*} > Q^{T*}$。证毕。

由命题 8.4 可知，区块链技术支持下的供应链金融模式提高了产品的市场销售量。一方面，区块链技术使供应链上各方企业交易信息透明化，这有利于零售商更加准确地获取市场需求，使得产品的供需两端达到完美匹配；另一方面，在区块链技术支持下，零售商的信用水平在多级供应链中得到有效传递，降低了供应链上各企业的融资成本，这有利于供应链节点企业间建立良好的战略合作伙伴关系，从而扩大了产品的市场占有规模。

8.4.3 区块链技术对供应链各方利润的影响

命题 8.5 对比区块链技术应用前后供应链应收账款融资下的企业利润，有：（1）$\Pi_s^{B*} > \Pi_s^{T*}$；（2）$\Pi_m^{B*} > \Pi_m^{T*}$；（3）当 $C_B < \frac{1}{64}\left[\frac{4\eta \cdot f^2(I_b, I_b)}{4\eta\tau-k^2} - \frac{f^2(I_m, I_s)}{\tau}\right]$ 时，$\Pi_r^{B*} > \Pi_r^{T*}$，其中 $f(x, y) = a - \tau(2-hx)C_m - \tau(2-hy)C_s$。

证明：（1）因为 $2-hI_b < 2-hI_m < 2-hI_s$，有：$a-\tau(2-hI_b)(C_m+C_s) > a-\tau(2-hI_m)C_m-\tau(2-hI_s)C_s$，即 $\frac{\eta[a-\tau(2-hI_b)(C_m+C_s)]^2}{4(4\eta\tau-k^2)} > \frac{[a-\tau(2-hI_m)C_m-\tau(2-hI_s)C_s]^2}{16\tau}$，因此 $\Pi_s^{B*} > \Pi_s^{T*}$；

（2）对比制造商的利润，同（1）可得 $\Pi_m^{B*} > \Pi_m^{T*}$；

（3）因为当 $C_B = 0$ 时，$\frac{\eta[a-\tau(2-hI_b)(C_m+C_s)]^2}{16(4\eta\tau-k^2)} > \frac{[a-\tau(2-hI_m)C_m-\tau(2-hI_s)C_s]^2}{64\tau}$ 恒成立，当 $C_B < \frac{1}{64}\left[\frac{4\eta \cdot f^2(I_b, I_b)}{4\eta\tau-k^2} - \frac{f^2(I_m, I_s)}{\tau}\right]$ 时，有 $\frac{\eta[a-\tau(2-hI_b)(C_m+C_s)]^2}{16(4\eta\tau-k^2)} - C_B > \frac{\left[a-\tau(2-hI_m)C_m-\tau(2-hI_s)C_s\right]^2}{64\tau}$，

即 $\Pi_r^{B^*} > \Pi_r^{T^*}$。证毕。

由命题8.5可知，区块链技术提高了供应商和制造商的利润，并且当区块链平台搭建成本低于一定水平时，零售商的利润也会提高。结合命题8.4可以看出，区块链供应链金融模式提高了供应链的产品销量，同时，有助于金融机构了解供应链上下游企业交易信息的真实性，使得位于供应链上的节点企业均可凭借核心企业的信用水平申请融资，从而降低了融资成本。因此，布局区块链增加了供应商和制造商的收益。对于核心企业来说，合理控制区块链平台搭建成本同样可以获得更高收益。可见，当区块链的使用成本低于一定水平时，区块链技术能够实现供应链生态圈的多方共赢，同时改善中小企业融资贵、融资难的困境，有利于提高供应链的核心竞争力，促进供应链持续发展。

8.5　数　值　仿　真

为了更加直观地展现应用区块链技术前后供应链节点企业的收益对比，以及在区块链技术下参数对决策变量的影响，本节将通过数值仿真对不同模式下的销售量、利润等指标进行分析。

8.5.1　信用水平对销售量和利润的影响

假设市场的基础需求量 $a = 1000$，价格弹性系数 $\tau = 2$，信息弹性系数 $k = 3$，信用弹性系数 $h = 0.1$，供应商的原材料的单位生产成本 $C_s = 20$，制造商的单位产品加工成本 $C_m = 10$，信息共享成本的弹性系数 $\eta = 4$，区块链平台搭建成本 $C_B = 1000$。I_s、I_m、I_b 的取值范围均为（0，10），且满足关系 $I_s < I_m < I_b$，可以得到传统模式和区块链模式下各个企业销量、利润随信用水平的变化曲线。

从图8.2可以看出，随着信用水平的提高，两种模式下产品的市场销量均增加，区块链供应链金融模式下的产品销量显著高于传统模式。这也印证了命题8.4的正确性。因此，应用区块链技术将扩大供应链的市场销售规模，显著提高产品销量，提高产品的竞争优势。

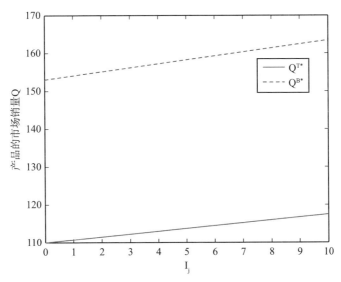

图 8.2 产品的销售量随信用水平 I_j 的变化

从图 8.3 和图 8.4 可以看出，随着企业信用水平的提高，供应链上各企业利润和供应链整体利润都显著增加。与传统融资模式不同，区块链技术支撑下核心企业的应收账单可以进行拆分、转移和融资，使得位于末端的供应商仍可以凭借链上核心企业的高信用申请融资，从而获得更多的融资效益。从图 8.3 来看，区块链对供应商融资收益所起的作用更大。这是因为，相比制造商，区块链技术促使供应商的融资成本显著降低，加上销售量的提高使得供应商从区块链供应链金融中获益较大。对于制造商而言，区块链使得应收账单转为线上电子凭证，且通过电子账单进行拆分和转移，这避免了传统融资模式中，制造商需要通过一次性保理融资再转移支付给供应商带来的资金压力。对于零售商而言，区块链技术下供应链的信息共享扩大了产品的市场销量，当区块链平台的成本低于一定水平时，零售商将从区块链供应链金融平台中获益。

从图 8.4 也可以看出，相比传统模式，区块链供应链金融通过提高链上企业的信用水平，有效缓解上游中小企业融资难、融资贵的困境，扩大产品销售规模，提高供应链的整体利润。因此，供应链管理者应当积极引进区块链技术，充分利用信息追溯、信息共享等功能提高链上节点企业信用水平，为上游中小企业解决应收账款融资问题，同时控制平台搭建成本，不仅可以提高供应链整体的利润，也可以各个企业的收益，实现多方共赢。

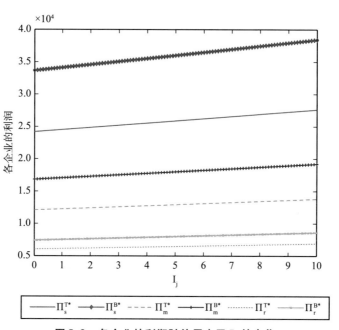

图 8.3　各企业的利润随信用水平 I_j 的变化

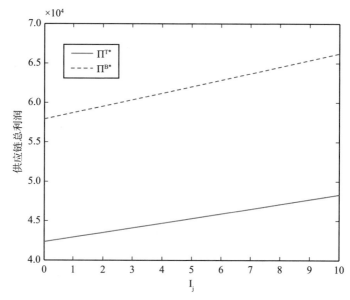

图 8.4　供应链总利润随信用水平 I_j 的变化

8.5.2　信息弹性系数对融资效益的影响

假设市场的基础需求量 a = 500，价格弹性系数 τ = 2，信用弹性系数 h = 0.1，供应商的原材料的单位生产成本 C_s = 20，制造商的单位产品加工成本 C_m = 10，信息共享成本的弹性系数 η = 4，区块链平台搭建成本 C_B = 500。无区块链时供应商的信用水平 I_s = 9.3，制造商的信用水平 I_m = 9.4，区块链模式下供应链的信用水平 I_b = 9.5，信息弹性系数 k $\in$ (0，4)，可以得到应用区块链技术前后各个企业利润随信息弹性系数的变化曲线如图 8.5 所示。

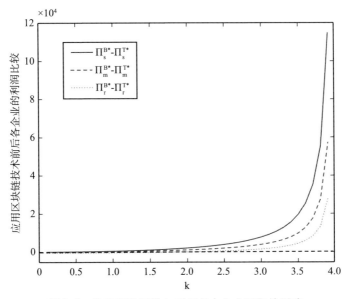

图 8.5　信息弹性系数 k 对于各个企业利润的影响

图 8.5 显示，随着信息弹性系数 k 的提高，各个企业的融资效益将显著提高，表明在供应链应收账款融资模式中，区块链可以为供应链参与者创造更大的信息弹性价值。此外，供应商在应收账款融资过程中获得的融资效益最高，其次是制造商，而当该参数低于某种程度时，零售商将没有动力在区块链供应链中共享信息。这是因为，在应收账款融资中，链上核心企业的交易、经营信息通常更完备，而上游中小企业的各

项信息模糊不清，这是导致融资利率高的主要原因之一，应用区块链技术后，信息透明化极大地缓解了该现象，使得上游中小企业，尤其是末端企业的融资效益最大，而对于零售商而言，区块链为其带来的效益与融资利率无关，体现在销售量及采购成本上，信息共享水平过低时，共享信息为供应链带来的收益较低，因此不会继续共享信息。

8.5.3　信息共享成本弹性系数对融资效益的影响

假设市场的基础需求量 a = 1000，价格弹性系数 τ = 2，信用弹性系数 h = 0.1，供应商的原材料的单位生产成本 C_s = 20，制造商的单位产品加工成本 C_m = 10，信息弹性系数 k = 3，区块链平台搭建成本 C_B = 500。无区块链时供应商的信用水平 I_s = 9.3，制造商的信用水平 I_m = 9.4，区块链模式下供应链的信用水平 I_b = 9.5，信息共享成本的弹性系数 $\mu \in$（2，4），可以得到应用区块链技术前后各个企业利润随信息弹性系数的变化曲线如图 8.6 所示。

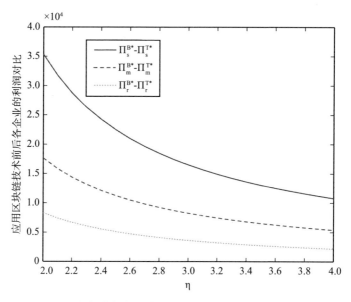

图8.6　信息共享成本弹性系数 μ 对每个企业利润的影响

图 8.6 显示，从信息共享成本的角度来看，对于三个供应链成员，

供应商利用区块链技术在应收账款融资中始终是获益最多者。结合图8.5 可以发现，当信息共享成本较高时，区块链技术为供应链成员带来的融资效益较低，但仍能提高各个成员的利润；当信息共享成本较低时，该技术将提高供应链上各个企业的融资效益，此时采用高信息共享水平将进一步提高效益。

8.5.4　生产成本对融资效率的影响

假设市场的基础需求量 $a = 1000$，价格弹性系数 $\tau = 2$，信息弹性系数 $k = 3$，传统模式下供应商的信用水平 $I_s = 0.3$，制造商的信用水平 $I_m = 0.5$，区块链模式下零售商的信用水平 $I_b = 0.8$，信息共享成本的弹性系数 $\eta = 4$，信用水平弹性系数 $h = 1$，区块链平台搭建成本 $C_B = 1000$。供应商生产成本 C_s 和制造商的加工成本 C_m 从 $[10, 90]$ 变化，可得企业生产成本对供应链各企业利润的影响，如表8.2 所示。

表8.2　　　　供应链各方企业增益随供应商生产成本 C_s 和制造商加工成本 C_m 的变化

	C_m	10	30	50	70	90
C_s	10	(0.5787, 0.2894, 0.1319)	(0.5793, 0.2897, 0.1310)	(0.5800, 0.2900, 0.1300)	(0.2808, 0.2904, 0.1289)	(0.5816, 0.2908, 0.1276)
	30	(0.5793, 0.2896, 0.1311)	(0.5800, 0.2900, 0.1300)	(0.5807, 0.2904, 0.1289)	(0.5816, 0.2908, 0.1276)	(0.5826, 0.2913, 0.1261)
	50	(0.5799, 0.2900, 0.1301)	(0.5807, 0.2904, 0.1289)	(0.5816, 0.2908, 0.1276)	(0.5826, 0.2913, 0.1244)	(0.5837, 0.2919, 0.1244)
	70	(0.5807, 0.2903, 0.1290)	(0.5816, 0.2908, 0.1277)	(0.5826, 0.2913, 0.1262)	(0.5837, 0.2919, 0.1244)	(0.5850, 0.2925, 0.1224)
	90	(0.5815, 0.2908, 0.1277)	(0.5825, 0.2913, 0.1262)	(0.5837, 0.2918, 0.1245)	(0.5850, 0.2925, 0.1225)	(0.5866, 0.2933, 0.1201)

其中，$\left(\dfrac{\Delta\Pi_s}{\Delta\Pi_I}, \dfrac{\Delta\Pi_m}{\Delta\Pi_I}, \dfrac{\Delta\Pi_r}{\Delta\Pi_I}\right)$ 表示应用区块链为供应链上各企业创造的融资效率，$\Delta\Pi_I = \Pi^{B*} - \Pi^{T*}$ 表示供应链系统采用区块链前后的利润差，$\Delta\Pi_i = (\Pi_i^{B*} - \Pi_i^{T*})(i = s, m, r)$。

由表 8.2 可以看出，区块链供应链金融为供应链系统创造了额外的融资价值，其中，供应商在融资过程中获益最大。随着供应商生产成本 C_s（或制造加工成本 C_m）的增加，供应商和制造商在区块链供应链应收账款中的融资效率都随之上升。这表明，区块链技术对一些生产成本高的产品（如电子类产品、奢侈品等）所发挥的融资作用更大，体现的融资价值更高。在科技含量较高的产品生产过程中，区块链技术通过信息共享、信息追溯、数据存储等功能为供应链提供助力，保障供应链上下游企业的融资信息安全可靠，使核心企业的信用得到有效传递，降低整条供应链的融资成本，为位于供应链末端的中小企业带来融资效益。

8.5.5 产品需求规模对利润的影响

假设价格弹性系数 $\tau = 2$，信息弹性系数 $k = 3$，传统模式下供应商的信用水平 $I_s = 0.4$，制造商的 $I_m = 0.7$，区块链模式下零售商的信用水平 $I_b = 0.9$，信息共享成本的弹性系数 $\eta = 4$，信用水平弹性系数 $h = 1$，区块链平台搭建成本 $C_B = 1000$，供应商的原材料单位生产成本 $C_s = 20$，制造商的单位产品加工成本 $C_m = 10$。产品的市场需求规模 a 的取值区间为 $[500, 5000]$，供应链系统利润随市场基础需求量的变化关系如图 8.7 所示。

从图 8.7 可以看出，随着产品市场需求规模 a 的增加，两种模式下供应链的系统利润均显著增加，其中区块链供应链金融模式为供应链系统带来更大的融资效益。可见，当产品的市场需求量较大时，区块链技术应用的价值也更大。区块链赋能供应链金融的融资模式中，一方面可以通过信息共享解决企业之间、企业和消费者之间的信息不对称问题，达到供应链的信息透明化，从而扩大产品的市场销售规模；另一方面，区块链又能促使供应链应收账单进行有效拆分和转移，既减轻了中间制造商的资金周转和支付压力，又缓解了上游供应商融资贵的问题。因此，搭建区块链供应链金融服务平台已受到了产业界的普遍关注。

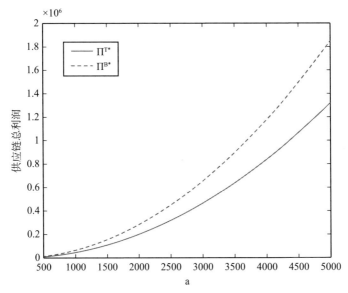

图 8.7 供应链系统利润随产品需求规模 a 的变化

8.6 本 章 小 结

本章研究了以零售商为核心企业，上游制造商、供应商均受资金约束的三级供应链应收账款融资模型，考虑区块链技术的信息共享特征，通过对比分析应用区块链技术前后供应链的最优定价决策和融资收益，以探究该技术对多级供应链应收账款融资所产生的价值。

首先探讨了区块链技术对供应链定价、产品销售量以及供应链上各方企业的利润，研究发现区块链技术可以提升供应链交易的信息透明度，进而促进供应商和制造商降低产品价格，零售商将提高产品的零售价，并且，受益于信息透明化，零售商能够精准把握市场需求，反而会扩大订购量。在区块链技术支持下，零售商的应收账单可以在供应链上进行拆分和转移，供应链节点企业可以凭借零售商的信用水平向银行借贷，降低了供应链的融资成本，为供应链带来了融资效益，且对上游终端企业带来的融资收益更大，有效缓解了供应链多级中小企业融资难的问题，实现了供应链上的多方共赢。

其次，通过数值仿真，分别研究了企业信用水平对供应链产品销售量和利润的影响、信息弹性系数以及信息共享成本对应收账款融资效益的影响、产品生产成本对融资效率的影响，以及产品的市场需求规模对供应链利润的影响，分析了在区块链技术支持下，不同因素在供应链应收账款融资中的作用。研究发现，随着企业信用水平的提高，扩大了供应链的市场规模，链上各企业利润和供应链整体利润均显著增加。从信息共享水平及其成本的角度来看，对于三个供应链成员，供应商利用区块链技术在应收账款融资中始终是获益最多者，但当信息共享水平低于某种程度时，零售商将没有动力在区块链供应链中共享信息。此外，研究发现针对一些生产成本较高和产品需求量较大的产品，采用区块链技术对供应链应收账款融资产生的作用和价值更大。

本章所得结论表明，区块链技术将供应链各方纳入一个集信息流、资金流、商流"三流合一"的供应链网络，有效促进了供应链金融的创新发展。本章分析了应用区块链技术对供应链成员决策的影响，探讨了该技术在应收账款融资中的作用价值，对在供应链中的相关企业决策者是否采纳区块链技术进行应收账款质押融资提供一定的参考建议。

第 9 章 基于区块链的供应链预付账款融资策略

当供应链上游供应商处于资金约束时，下游买方（或零售商）通过金融机构提前支付货款，使上游供应商能够即时获得资金，缓解其生产和运营中可能面临的资金压力，这种模式称为预付款融资。预付款融资模式不仅可以加速供应商的资金周转，还可以增强供应链的稳定性和弹性，尤其是在面对市场波动和潜在的供应链中断风险时，能够确保供应链的持续运作，减少由于资金断裂导致的生产停滞和延迟支付的风险。然而，传统供应链预付款融资模式中，金融机构难以获取供应链上下游企业间的完整交易信息，信息不对称导致信用评估不准确；交易信息和资金流向的不透明，使得供应链各方难以追踪和验证交易的真实性，直接增加了融资风险。

区块链技术的赋能，为预付款融资模式提供了强大的技术支持，显著提升供应链资金流转的效率和透明度，降低交易成本和信用风险。通过应用区块链技术，金融机构能更准确地评估交易双方的信用状况，实现对供应链中资金需求的实时响应，从而为供应商提供快速的资金支持，缓解资金流动性压力。区块链技术的引入还可以优化支付流程，减少人为错误和欺诈风险，提高支付的安全性和可追溯性。因此，区块链赋能供应链金融创新模式，对于增强供应链的稳定性、提升供应链整体竞争力都具有至关重要的作用。因此，本章构建数字科技赋能供应链预付款融资决策的数理模型，探讨企业如何借助数字技术进行支付管理创新，如何制定企业运营和金融的集成优化策略，推动数字金融服务实体经济提质增效过程中发挥最大效能。

9.1 模 型 假 设

考虑由单一制造商和单一零售商组成的两级供应链，制造商生产产品并通过零售商向市场销售。制造商的单位生产成本为 c，制造商销售给零售商的批发价为 w，零售商以零售价 p 售卖给消费者。销售期间的市场需求为 $D = d(e) + \varepsilon$，确定性需求 $d(e)$ 取决于零售商的价格弹性系数，即 $d(e) = a - kp$，其中 a 为初始的市场需求，k 为价格弹性系数。假设 ε 服从均匀分布，即 $\varepsilon \sim (-A, A)$，$A > 0$。需求的概率分布函数为 $F(\cdot)$，概率密度函数为 $f(\cdot)$。$F(\cdot)$ 符合通用失效率递增（IG-FR）性质。

假设制造商资金受限，接受零售商提供的预付款融资，决策顺序为：首先，给定零售商预付款的价格折扣条款（r，w），其中 $\frac{1}{1+r}$ 为价格折扣，r 为价格折扣因子，r 越大代表价格折扣越大；零售商确定预付款额度 L，并要求制造商在期末必须提供最低数量为 $\tau(L) = \frac{L(1+r)}{w}$ 的产品供应。其次，制造商收到预付款后，开始安排生产，决定生产量 $Q [Q \geqslant \tau(L)]$，并在约定时间内完成货物配送。最后，市场需求实现，零售商决定采购数量 $\min(Q, D)$，支付剩下货款 $[w\min(Q, D) - L(1 + r)]^+$ 给制造商。

在区块链链技术支持下，与传统预付款融资不同，制造商和零售商签订合同之后，为降低信息不对称带来的影响，制造商将产品生产和销售的相关信息上传至区块链系统平台，并根据合同上传智能合约（智能合约是一种自动执行、控制或文档化法律事件和行动的计算机程序，能够确保合约的执行与预定的协议条款完全一致），加快上下游企业的支付和现金流转速度，降低欺诈和违约风险。单位产品使用区块链的成本为 b。以下用符号 * 表示制造商和零售商的最优决策，T 和 B 分别代表传统模式和区块链模式。

为便于模型的建立，做出如下假设：

（1）$\frac{w - c}{w} \geqslant \frac{p - w}{p}$，即上游制造商的利润率大于零售商的利润率，

这样是为了保证制造商在无资金约束且不提供价格折扣的时候，零售商不会提供预付款。

（2）制造商和零售商上传到区块链系统平台的交易、销售和支付信息是真实的。

（3）区块链技术下，供应链数据是安全的，且数据不存在泄漏风险。

（4）在区块链技术的应用过程中，制造商和零售商之间具有高度的协同和共识。

（5）不考虑区块链技术在使用过程中可能面临的法律、税务和监管等方面的影响。

（6）制造商和零售商均是风险中性的。

（7）区块链使用成本由制造商承担。当区块链使用成本过高，难以为制造商产生收益时，制造商将放弃采用区块链技术平台进行交易。

（8）为确保模型解的可行性，$p(1+r) < 2(w-b)$，$a - kp - A > 0$。

参数设定如表 9.1 所示。

表 9.1   参数设定及其含义

符号	含义
p	单位产品的零售价
w	单位产品的批发价
c	制造商单位生产成本
Q	制造商的生产量（决策变量）
D	市场需求
a	初始市场需求
b	单位产品交易时区块链的使用成本
k	价格弹性系数
ε	市场需求扰动的随机变量
μ	区块链模式下市场需求扰动的弹性系数
L	零售商预付账款金额（决策变量）
r	价格折扣系数
π_M	制造商利润

符号	含义
π_R	零售商利润
π_I	供应链整体利润

传统预付款融资模式下，制造商接受预付款融资，生产成本为 cQ，给予零售商的价格折扣为 $L(1+r)$。当需求实现时，制造商获得收入 $w\min(D, Q)$，因此，制造商的最优决策模型为：

$$\max_{s.t. Q \geqslant \tau(L)} \pi_M^T = E\{L + [w\min(D, Q) - L(1+r)]^+ - cQ\} \quad (9.1)$$

零售商提供预付款融资，订购成本为 $p\min(D, Q)$，超出预付款额度的支付金额为 $[\min(D, Q) - L(1+r)]^+$。当零售商的预付款额度 $L \leqslant \dfrac{w}{1+r} Q^{T*}$，即制造商的生产量 $Q^{T*} \geqslant \tau^T(L)$ 时，零售商的最优决策问题为：

$$\max \pi_R^T = E\{p\min(D, Q) - [w\min(D, Q) - L(1+r)]^+ - L\} \quad (9.2)$$

数字科技赋能下，企业生产和销售信息更加透明，可以有效防止因信息不对称带来的牛鞭效应的影响，因此，假设需求扰动 $\varepsilon \sim (-\mu A, \mu A)$，$0 \leqslant \mu \leqslant 1$。此时，制造商使用区块链技术进行预付款融资，并承担区块链使用成本 b，由零售商先决策预付款 L，制造商在接受预付款 L 后决定生产量 $Q\left(Q \geqslant \tau(L) = \dfrac{L(1+r)}{w-b}\right)$。此时，制造商的最优生产决策模型为：

$$\max_{s.t. Q^B \geqslant \tau^B(L)} \pi_M^B = E\{L + [(w-b)\min(D, Q) - L(1+r)]^+ - cQ\}$$

$$(9.3)$$

零售商的最优决策问题为：

$$\max \pi_R^B = E\{p\min(D, Q) - [(w-b)\min(D, Q) - L(1+r)]^+ - L\}$$

$$(9.4)$$

9.2 模型求解与分析

供应链上下游企业遵循 Stackelberg 博弈，运用逆序归纳法，分别针对传统预付款融资和区块链赋能下的预付款融资决策模型进行求解，分析供应链均衡决策随参数的变化情况。并且，通过对比分析传统模式和区块链赋能下供应链的均衡决策、上下游企业的利润，分析数字科技在供应链预付款支付管理中所起的作用和价值。

9.2.1 传统供应链预付款融资决策

根据式（9.1）～式（9.2），运用逆向归纳法，可以得到：

命题9.1 传统预付款融资模式下，制造商的最优决策为 $Q^{T*} = \max\left(a + A - kp - \dfrac{2Ac}{w}, \ \tau\,(L)\right)$。

证明：$\pi_M^T = (w - c)Q - w\displaystyle\int_{\tau-d}^{Q-d} F(\varepsilon)d\varepsilon - Lr$，对 Q 求一阶导可以得到 $\dfrac{\partial \pi_M^T}{\partial Q} = w - c - w\,\dfrac{Q - a + kp + A}{2A}$。由于 $\dfrac{\partial^2 \pi_M^T}{\partial Q^2} = -\dfrac{w}{2A} < 0$，因此 Q 存在最大值。令 $\dfrac{\partial \pi_M^T}{\partial Q} = 0$，得到制造商最优生产量 $Q^* = a + A - kp - \dfrac{2Ac}{w}$。因此制造商的最优生产量为 $\max\left(a + A - kp - \dfrac{2Ac}{w}, \ \tau(L)\right)$。证毕。

命题9.2 传统预付款融资模式下，零售商的最优预付款决策为：

（1）当零售商的预付款额度 $L \leqslant \dfrac{w}{1 + r}Q^{T*}$ 时，$L^{T*} = \dfrac{\left[A(-1+r) + a(1+r) - kp(1+r)\right]w}{(1+r)^2}$；

（2）当零售商的预付款额度 $L > \dfrac{w}{1 + r}Q^{T*}$ 时，$L^{T*} = \dfrac{w\left[p(a - kp)(1 + r) + Ap(-1+r)\right]}{p(1+r)^2}$。

证明：（1）式（9.2）化简可以得到 $\pi_R^T = (p - w)\left[Q^{T*} - \displaystyle\int_{-A}^{Q^{T*}-d} F(\varepsilon)d\varepsilon\right] - w\displaystyle\int_{-A}^{\tau-d} F(\varepsilon)d\varepsilon + Lr$。对 L 求一阶导可以得到 $\dfrac{\partial \pi_R^T}{\partial L} = r - \dfrac{(1+r)\left[L(1+r) + (-a+A+kp)w\right]}{2Aw}$，由于 $\dfrac{\partial^2 \pi_R^T}{\partial L^2} = -\dfrac{(1+r)^2}{2Aw} < 0$，因此 L 存在最大值，

令 $\dfrac{\partial \pi_R^T}{\partial L} = 0$，零售商的最优决策为 $L^{T*} = \dfrac{\left[A(-1+r) + a(1+r) - kp(1+r)\right]w}{(1+r)^2}$。

（2）$L > \dfrac{w}{1+r} Q^{T*}$ 时，$\pi_R^T = \dfrac{Lp(1+r)}{w} - \dfrac{p[L(1+r)+(-a+A+kp)w]^2}{4Aw^2} -$

$L_\circ$ $\dfrac{\partial \pi_R^T}{\partial L} = \dfrac{-Lp(1+r)^2 + w[p(a+A-kp)(1+r)-2Aw]}{2Aw^2}$。由于 $\dfrac{\partial^2 \pi_R^T}{\partial L^2} =$

$-\dfrac{p(1+r)^2}{2Aw^2} < 0$，因此 L 存在最大值，令 $\dfrac{\partial \pi_R^T}{\partial L} = 0$，此时零售商的最优预

付款额度为 $L^{T*} = \dfrac{w[p(a+A-kp)(1+r)-2Aw]}{p(1+r)^2}$。证毕。

推论9.1 （1）零售商的预付款额度 $L \leqslant \dfrac{w}{1+r} Q^{T*}$ 情形下：①当 $0 <$

$r < -1 + \dfrac{4A}{a+A-kp}$ 时，L^{T*} 随着 r 的增加而增加；②当 $-1 + \dfrac{4A}{a+A-kp} <$

$r < 1$ 时，L^{T*} 随着 r 的增加而减少。（2）零售商的预付款额度 $L > \dfrac{w}{1+r}$

Q^{T*} 情形下：①Q^{T*} 随着 r 的增加而增加；②当 $0 < r < \dfrac{4AW}{p(a+A-kp)} - 1$

时，L^{T*} 随着 r 的增加而增加；③当 $\dfrac{4AW}{p(a+A-kp)} - 1 < r < 1$ 时，L^{T*} 随

着 r 的增加而减少。

证明：（1）$L^{T*} = \dfrac{[A(-1+r)+a(1+r)-kp(1+r)]w}{(1+r)^2}$，可得 $\dfrac{\partial L^{T*}}{\partial r} =$

$-\dfrac{[A(-3+r)+a(1+r)-kp(1+r)]w}{(1+r)^3}$，当 $0 < r < -1 + \dfrac{4A}{a+A-kp}$ 时，$\dfrac{\partial L^{T*}}{\partial r} >$

0，L^{T*} 随着 r 的增加而增加，当 $-1 + \dfrac{4A}{a+A-kp} < r < 1$ 时，$\dfrac{\partial L^{T*}}{\partial r} < 0$，$L^{T*}$ 随

着 r 的增加而减少；（2）$Q^{T*} = a - kp + A - \dfrac{2Aw}{p(1+r)}$，可得 $\dfrac{\partial Q^{T*}}{\partial r} = \dfrac{2Apw}{(p+pr)^2} > 0$，

Q^{T*} 随着 r 的增加而增加。$L^{T*} = \dfrac{w[p(a-kp)(1+r)+Ap(-1+r)]}{p(1+r)^2}$，可

得 $\dfrac{\partial L^{T*}}{\partial r} = \dfrac{w[-p(a+A-kp)(1+r)+4Aw]}{p(1+r)^3}$，当 $0 < r < \dfrac{4AW}{p(a+A-kp)} - 1$

时，$\dfrac{\partial L^{T*}}{\partial r} > 0$，$L^{T*}$ 随着 r 的增加而增加；当 $\dfrac{4AW}{p(a+A-kp)} - 1 < r < 1$ 时，

$\dfrac{\partial L^{T*}}{\partial r} < 0$，$L^{T*}$ 随着 r 的增加而减少。证毕。

由推论 9.1 可以看出，当制造商产量大于零售商约定的最低产量 $\tau(L)$ 时，零售商的最优产量和价格折扣无关。当价格折扣较低时，零售商提供的预付款额度随着价格折扣的增加而增加。而当制造商提供的价格折扣较高时，零售商的预付款额度随着价格折扣的增加而减少。这是因为随着价格折扣的增加，零售商愿意提供更高的预付款来获得更高收益。而当价格折扣较高时，制造商的收益会大打折扣，零售商考虑到供应链整体收益会降低预付款额度。

9.2.2　区块链技术赋能下供应链预付款融资决策

区块链技术赋能下，供应链上下游企业的信息更加透明，交易流程更加便捷，优化支付流程，由式（9.3）~ 式（9.4）可得区块链技术支持下，供应链预付款融资均衡决策为：

命题 9.3　区块链赋能供应链预付款融资模式中，制造商的最优生产决策为 $Q^{B*} = \max\left[a - kp + \dfrac{A(b + 2c - w)\mu}{b - w},\ \tau^B(L) \right]$。

根据逆向归纳法，证明过程类似命题 9.1。

命题 9.4　区块链赋能下零售商的最优预付决策为：（1）当零售商支付的预付款额度 $L \leqslant \dfrac{w - b}{1 + r} Q^{B*}$ 时，$L^{B*} = \dfrac{(w - b)\left[(a - kp)(1 + r) + A(-1 + r)\mu \right]}{(1 + r)^2}$；（2）当零售商支付的预付款额度 $L > \dfrac{w - b}{1 + r} Q^{B*}$ 时，$L^{B*} = \dfrac{(b - w)\left[p(-a + kp)(1 + r) - A(2b + p + pr - 2w)\mu \right]}{p(1 + r)^2}$。

证明：（1）$\pi_R^B = (p - w + b)\left[Q - \displaystyle\int_{-\mu A}^{Q - d} F(\varepsilon)d\varepsilon \right] - (w - b)\displaystyle\int_{-\mu A}^{\tau^B(L) - d} F(\varepsilon)d\varepsilon + Lr$，可得 $\dfrac{\partial \pi_R^B}{\partial L} = r + \dfrac{(1 + r)\left[L(1 + r) + (b - w)(a - kp - A\mu) \right]}{2A(b - w)\mu}$，由于 $\dfrac{\partial^2 \pi_R^B}{\partial L^2} = \dfrac{1 + 2r + r^2}{2Ab\mu - 2Aw\mu} < 0$，因此 L 存在最大值，一阶条件可得零售商的最优预付款额度为 $L^{B*} = \dfrac{(w - b)\left[(a - kp)(1 + r) + A(-1 + r)\mu \right]}{(1 + r)^2}$；（2）当 $L > \dfrac{w - b}{1 + r} Q^{B*}$ 时，$\pi_R^B = p\left[\tau^B(L) - \displaystyle\int_{-\mu A}^{\tau^B(L) - d} F(\varepsilon)d\varepsilon \right] - L$，对 π_R^B 求一阶导，

$$\frac{\partial \pi_R^B}{\partial L} = -1 - \frac{p(1+r)[L(1+r)+(b-w)(a-kp+A\mu)]}{2A(b-w)^2\mu}, \text{ 由于 } \frac{\partial^2 \pi_R^B}{\partial L^2} =$$

$-\dfrac{p(1+r)^2}{2A(b-w)^2\mu} < 0$，因此 π_R^B 是拟凹函数，零售商最优预付款额度为

$$L^{B*} = \frac{(b-w)[p(-a+kp)(1+r)-A(2b+p+pr-2w)\mu]}{p(1+r)^2}。\text{ 证毕。}$$

类似推论 9.1，可以得到零售商最优预付款额度随价格折扣系数 r 的变化情况，如推论 9.2。

推论 9.2 （1）零售商支付的预付款额度 $L \leqslant \dfrac{w-b}{1+r}Q^{B*}$ 情形下：

①当 $0 < r < 3 - \dfrac{4(a-kp)}{a-kp+A\mu}$ 时，L^{B*} 随着 r 的增加而增加；②当 $3 -$

$\dfrac{4(a-kp)}{a-kp+A\mu} < r < 1$ 时，L^{B*} 随着 r 的增加而减少。（2）零售商支付的预付

款额度 $L > \dfrac{w-b}{1+r}Q^{B*}$ 情形下：①Q^{B*} 随着 r 的增加而增加；②当 $0 < r <$

$\dfrac{p(a-kp)+A(4b+p-4w)\mu}{p(-a+kp-A\mu)}$ 时，L^{B*} 随着 r 的增加而增加；③ 当

$\dfrac{p(a-kp)+A(4b+p-4w)\mu}{p(-a+kp-A\mu)} < r < 1$ 时，L^{B*} 随着 r 的增加而减少。

可以看出，在区块链赋能供应链预付款融资模式中，零售商给予制造商的预付款额度 L^B 和价格折扣 r 的大小相关。而当制造商仅能满足零售商要求的最低产量时，制造商的最优生产量才和价格折扣 r 相关，并且会随着价格折扣的增加而增加。

9.3　区块链赋能供应链预付融资的价值分析

通过对比分析传统预付款融资模式和区块链赋能供应链预付款融资模式下，制造商和零售商的最优决策和最优利润，分析诸如区块链等金融科技手段对供应链预付款支付管理创新过程中所起的作用和价值。

9.3.1　制造商最优生产决策对比分析

通过对比传统模式和区块链赋能模式下制造商的最优生产决策，可以得到如下命题：

命题 9.5　（1）当 $0 < r < \hat{r}^B$，$0 < b < -\dfrac{(2c-w)w(-1+\mu)}{2c+w(-1+\mu)}$ 时，$Q^{B*} > Q^{T*}$；当 $\dfrac{(2c-w)w(-1+\mu)}{2c+w(-1+\mu)} < b < w-c$ 时，$Q^{B*} < Q^{T*}$；（2）当 $\hat{r}^B < r < \hat{r}^T$，$Q^{B*} > Q^{T*}$；当 $\hat{r}^T < r < 1$ 时，$Q^{B*} \geqslant Q^{T*}$。其中，$\hat{r}^B = -1 + \dfrac{(w-b)}{c}\sqrt{\dfrac{w-b}{p}}$，$\hat{r}^T = -1 + \dfrac{w}{c}\sqrt{\dfrac{w}{p}}$。

证明：（1）当 $0 < r < \hat{r}^B$ 时，$Q^{B*} = a + A\mu - kp - \dfrac{2Ac\mu}{w-b}$，$Q^{T*} = a + A - kp - \dfrac{2Ac}{w}$，当 $0 < b < -\dfrac{(2c-w)w(-1+\mu)}{2c+w(-1+\mu)}$ 时，$Q^{B*} > Q^{T*}$；当 $\dfrac{(2c-w)w(-1+\mu)}{2c+w(-1+\mu)} < b < w-c$ 时，$Q^{B*} < Q^{T*}$；（2）当 $\hat{r}^B < r < \hat{r}^T$ 时，$Q^{B*} = a - kp + A\mu\left[1 - \dfrac{2(w-b)}{p(1+r)}\right]$，$Q^{T*} = a - kp + A\left(1 - \dfrac{2c}{w}\right)$，令 $Q^{B*} - Q^{T*} = A\left[\mu - \dfrac{2\mu(w-b)}{p(1+r)} - 1 + \dfrac{2c}{w}\right] > 0$，$b > \dfrac{-2cp(1+r) + w[p(1+r)(1-\mu) + 2w\mu]}{2w\mu} = b_1$，因为 $0 < b < w-c$，$b_1 < 0$，因此，$Q^{B*} > Q^{T*}$ 始终成立；当 $\hat{r}^T < r < 1$ 时，$Q^{B*} = a - kp + A\mu - \dfrac{2A\mu(w-b)}{p(1+r)}$，$Q^{T*} = a - kp + A - \dfrac{2Aw}{p(1+r)}$，$\dfrac{\partial Q^{B*}}{\partial b} = \dfrac{2A\mu}{p+pr} > 0$，$\dfrac{\partial Q^{B*}}{\partial \mu} = \dfrac{A(2b + p + pr - 2w)}{p(1+r)} < 0$，$Q^{B*}$ 随着 b 的增加而增加，随着 μ 的增加而减少，因此 $Q^{B*} \geqslant Q^{T*}$。证毕。

可以看出，由于制造商需要承担新技术的使用成本，因此区块链模式下的价格折扣要低于传统模式下的价格折扣。当价格折扣较低时，区块链赋能模式和传统模式下制造商的产量均大于零售商的最低订购需求，制造商按最大产能生产。由于价格折扣较低，制造商承诺的最低产量要低于传统模式；随着价格折扣的增加，区块链赋能模式下制造商的产量仅能满足零售商的最低订购需求，制造商按单生产，但传统模式下仍然能够按需生产。当区块链技术趋于成熟，使用成本较低时，制造商所要支付的区块链技术使用成本降低，制造商的最优生产量也随之提高。

9.3.2 零售商最优预付款决策对比分析

通过对比传统模式和区块链模式下零售的最优预付款额度决策，可以得到如下命题：

命题9.6 （1）当 $0 < r < \hat{r}^B$，$0 < b < \dfrac{A(-1+r)w(-1+\mu)}{(a-kp)(1+r)+A(-1+r)\mu}$ 时，

$L^{B*} > L^{T*}$；$\dfrac{A(-1+r)w(-1+\mu)}{(a-kp)(1+r)+A(-1+r)\mu} < b < w-c$ 时，$L^{B*} < L^{T*}$；

（2）当 $\hat{r}^B < r < \hat{r}^T$ 时，存在 $0 < b_0 < w-c$，使得当 $0 < b < b_0$ 时，$L^{B*} > L^{T*}$，当 $b_0 < b < (w-c)$ 时，$L^{B*} < L^{T*}$；（3）当 $\hat{r}^T < r < 1$，$0 < b < \dfrac{p(-a+kp)(1+r)-A(p+pr-4w)\mu}{4A\mu}$ 时，$L^{B*} > L^{T*}$。

证明：（1）当 $0 < r < \hat{r}^B$ 时，

$$L^{B*} = \frac{(w-b)[(a-kp)(1+r)+A\mu(-1+r)]}{(1+r)^2},$$

$$L^{T*} = \frac{w[(a-kp)(1+r)+A(-1+r)]}{(1+r)^2},$$

令 $L^{B*} > L^{T*}$，$b < \dfrac{A(-1+r)w(-1+\mu)}{(a-kp)(1+r)+A(-1+r)\mu}$，

因此当 $0 < b < \dfrac{A(-1+r)w(-1+\mu)}{(a-kp)(1+r)+A(-1+r)\mu}$ 时，$L^{B*} > L^{T*}$；

当 $\dfrac{A(-1+r)w(-1+\mu)}{(a-kp)(1+r)+A(-1+r)\mu} < b < w-c$ 时，$L^{B*} < L^{T*}$。

（2）当 $\hat{r}^B < r < \hat{r}^T$ 时，

$$L^{B*} = \frac{(w-b)\{p(a-kp)(1+r)+A\mu[p(1+r)-2(w-b)]\}}{p(1+r)^2},$$

$$L^{T*} = \frac{w[(a-kp)(1+r)+A(-1+r)]}{(1+r)^2},$$

令 $b=0$，$\mu=1$，$L^{B'} = \dfrac{w\left\{(a-kp)(1+r)+A\left[(1+r)-\dfrac{2w}{p}\right]\right\}}{(1+r)^2} > L^{T*}$，

$\dfrac{\partial L^{B*}}{\partial b} = p(-a+kp)(1+r) - A(4b+p+pr-4w)\mu < 0$，$L^{B*}$ 随着 b 的增加而

减少，当 $b \to (w-c)$ 时，$L^{B*} \to \dfrac{c\left\{(a-kp)(1+r) + A\left[(1+r) - \dfrac{2c}{p}\right]\right\}}{(1+r)^2}$，此

时存在唯一一点 b_0，$0 < b_0 < w-c$ 使得 $L^{B*} = L^{T*}$。因此，当 $0 < b < b_0$ 时，$L^{B*} > L^{T*}$，当 $b_0 < b < (w-c)$，时 $L^{B*} < L^{T*}$。

(3) 当 $\hat{r}^T < r < 1$ 时，

$$L^{B*} = \frac{(w-b)\left[p(a+A\mu-kp)(1+r) - 2A\mu(w-b)\right]}{p(1+r)^2},$$

$$L^{T*} = \frac{w\left[p(a+A-kp)(1+r) - 2Aw\right]}{p(1+r)^2},$$

$$\frac{\partial L^{B*}}{\partial b} = \frac{p(-a+kp)(1+r) - A(4b+p+pr-4w)\mu}{p(1+r)^2},$$

$\dfrac{\partial L^{B*}}{\partial \mu} = \dfrac{A(2b+p+pr-2w)(w-b)}{p(1+r)^2} < 0$，此时 L^{B*} 随着 μ 的增加而减少，

令 $\dfrac{\partial L^{B*}}{\partial b} > 0$，$b < \dfrac{p(-a+kp)(1+r) - A(p+pr-4w)\mu}{4A\mu}$，因此当 $0 < b <$

$\dfrac{p(-a+kp)(1+r) - A(p+pr-4w)\mu}{4A\mu}$ 时，$L^{B*} > L^{T*}$。证毕。

从命题 9.6 可以看出，由于制造商要承担区块链的使用成本，区块链模式下的预付款融资价格折扣要低于传统模式下预付款融资的价格折扣，因此，区块链模式下零售商提供的预付款额度要低于传统模式。当区块链趋于成熟，区块链使用成本较低时，制造商给予零售商的价格折扣提高，零售商提供的预付款额度也随之增加。随着区块链技术趋于成熟，区块链使用成本降低，使用区块链进行融资业务的企业也越来越多，企业行为也越来越规范，区块链供应链金融不再有使用初期那么明显的优势，因此零售商的最优预付款额度也随之降低。

9.3.3 制造商利润对比分析

在传统模式下，制造商的最优利润为：

$$\pi_M^{T*} = \begin{cases} \dfrac{(c+cr-w)\left[-(a-kp)(1+r)w+A(c+cr-rw)\right]}{(1+r)^2 w}, & r < \hat{r}^T \\[3mm] -\dfrac{(c+cr-w)\left[p(a+A-kp)(1+r)-2Aw\right]}{p(1+r)^2}, & r \geqslant \hat{r}^T \end{cases}$$

$$(9.5)$$

区块链模式下，制造商的最优利润为：

$$\pi_M^{B*} = \begin{cases} \dfrac{[c+cr-(w-b)]\{-(a-kp)(1+r)(w-b)+A\mu[c+cr-r(w-b)]\}}{(1+r)^2(w-b)}, & r < \hat{r}^B \\[3mm] \dfrac{(b+c+cr-w)[p(-a+kp)(1+r)-A(2b+p+pr-2w)\mu]}{p(1+r)^2}, & r \geqslant \hat{r}^B \end{cases}$$

$$(9.6)$$

对比式（9.5）和式（9.6），可得：

命题 9.7 （1）当 $0 < r < \hat{r}^B$ 时，$\pi_M^{B*} < \pi_M^{T*}$；当 $\left(w-c-\dfrac{c}{r}\right) < b < (w-c)$ 时，$\pi_M^{B*} < \pi_M^{T*}$；当 $0 < b < \left(w-c-\dfrac{c}{r}\right)$ 时，$\pi_M^{B*} > \pi_M^{T*}$。（2）当 $\hat{r}^B < r < \hat{r}^T$ 时，存在 $0 < b_1 < w-c$，当 $0 < b < b_1$ 时，$\pi_M^{B*} > \pi_M^{T*}$；当 $b_1 < b < (w-c)$ 时，$\pi_M^{B*} < \pi_M^{T*}$。（3）当 $\hat{r}^T < r < 1$ 时，存在 $0 < b_2 < w-c$，当 $b_2 < b < w-c$ 时，$\pi_M^{B*} < \pi_M^{T*}$；当 $0 < b < b_2$ 时，$\pi_M^{B*} > \pi_M^{T*}$。

证明：（1）当 $0 < r < \hat{r}^B$ 时，$\pi_M^{B*} = \dfrac{[c+cr-(w-b)]\{-(a-kp)(1+r)(w-b)+A\mu[c+cr-r(w-b)]\}}{(1+r)^2(w-b)}$，

$\pi_M^{T*} = \dfrac{(c+cr-w)\left[-(a-kp)(1+r)w+A(c+cr-rw)\right]}{(1+r)^2 w}$，给定 μ，

$\dfrac{\partial \pi_M^{B*}}{\partial b} = \dfrac{\dfrac{(1+r)\left[A\mu c^2(1+r)-(a-kp)(b-w)^2\right]}{(b-w)^2} - Ar\mu}{(1+r)^2} < 0$，$\pi_M^{B*}$ 随着 b

的增加而减少，$\pi_M^{B*} < \pi_M^{T*}$；$\dfrac{\partial \pi_M^{B*}}{\partial \mu} = \dfrac{A[c+r(b+c-w)](b+c+cr-w)}{(1+r)^2(w-b)}$，当

$\left(w-c-\dfrac{c}{r}\right) < b < (w-c)$ 时，π_M^{B*} 随着 μ 的增加而增加，$\pi_M^{B*} < \pi_M^{T*}$；当

$0 < b < \left(w-c-\dfrac{c}{r}\right)$ 时，π_M^{B*} 随着 μ 的增加而减少，$\pi_M^{B*} > \pi_M^{T*}$。（2）当 $\hat{r}^B <$

$r < \hat{r}^T$ 时，$\pi_M^{T*} = \dfrac{(w-c(1+r))[w(a-kp)(1+r)+A(rw-rc-c)]}{w(1+r)^2}$，$\pi_M^{B*} =$

$$\frac{[(w-b)-c(1+r)]\{p(a-kp)(1+r)+A\mu[p(1+r)-2(w-b)]\}}{p(1+r)^2}，当 b \rightarrow$$

0，$\pi_M^{B*} > \pi_M^{T*}$。当 $b \rightarrow w - c$，$\pi_M^{B*} < \pi_M^{T*}$，所以，存在 $0 < b_1 < w - c$，当

$0 < b < b_1$ 时，$\pi_M^{B*} > \pi_M^{T*}$；当 $b_1 < b < (w-c)$ 时，$\pi_M^{B*} < \pi_M^{T*}$。（3）当

$\hat{r}^T < r < 1$ 时，$\pi_M^{T*} = \dfrac{[w-c(1+r)][p(a-kp+A)(1+r)-2Aw]}{p(1+r)^2}$，

$\pi_M^{B*} = \dfrac{[(w-b)-c(1+r)][p(a-kp+A\mu)(1+r)-2A\mu(w-b)]}{p(1+r)^2}$，$\dfrac{\partial \pi_M^{B*}}{\partial b} =$

$\dfrac{p(-a+kp)(1+r)-A[4b+(2c+p)(1+r)-4w]\mu}{p(1+r)^2}$，给定 $0 < \mu < 1$，$b >$

$\left[-\dfrac{1}{4}(2c+p)(1+r)+w+\dfrac{p(-a+kp)(1+r)}{4A\mu} \right]$，即当 $\left[-\dfrac{1}{4}(2c+p) \right.$

$\left. (1+r)+w+\dfrac{p(-a+kp)(1+r)}{4A\mu} \right] < b < w - c$ 时，$\dfrac{\partial \pi_M^{B*}}{\partial b} > 0$；当 $0 < b <$

$\left[-\dfrac{1}{4}(2c+p)(1+r)+w+\dfrac{p(-a+kp)(1+r)}{4A\mu} \right]$ 时，$\dfrac{\partial \pi_M^{B*}}{\partial b} < 0$；当 $b = 0$，

$0 < \mu < 1$ 时，$\pi_M^{B*} > \pi_M^{T*}$。当 $b \rightarrow (w-c)$，$0 < \mu < 1$ 时，$\pi_M^{B*} \rightarrow$

$\dfrac{[c-c(1+r)][p(a-kp+A\mu)(1+r)-2A\mu c]}{p(1+r)^2} < \pi_M^{T*}$。因此，存在 $0 <$

$b_2 < w - c$，当 $b_2 < b < w - c$ 时，$\pi_M^{B*} < \pi_M^{T*}$；当 $0 < b < b_2$ 时，$\pi_M^{B*} >$

π_M^{T*}。证毕。

　　命题 9.7 可以看出，当制造商提供的价格折扣较低，并且市场需求稳定时，由于制造商要额外承担区块链使用成本，此时区块链模式下制造商的期望收益要低于传统模式。当市场需求随机，且区块链使用成本较低时，区块链模式下的制造商期望收益要高于传统模式，因为区块链可以给制造商提供一个更加稳定的市场。而当区块链使用成本较高时，制造商的期望收益也随之降低。当制造商提供较高的价格折扣时，区块链的使用成本决定了制造商的期望收益，当区块链使用成本较高时，区块链模式下的制造商期望收益低于传统模式下的制造商收益；当区块链技术趋于成熟，区块链使用成本较低时，区块链模式下的制造商期望收益高于传统模式下制造商期望收益。

9.3.4 零售商利润对比分析

由命题9.3和命题9.4可知，在传统模式下，零售商的最优利润为：

$$\pi_R^{T*} = \begin{cases} \dfrac{(a-kp)(p+pr-w)}{1+r} - \dfrac{Arw}{(1+r)^2} + \dfrac{Ac^2(-p+w)}{w^2}, & r < \hat{r}^T \\[3mm] -\dfrac{(p+pr-w)[p(-a+kp)(1+r)+Aw]}{p(1+r)^2}, & r \geqslant \hat{r}^T \end{cases}$$

$$(9.7)$$

区块链模式下，零售商的最优利润为：

$$\pi_R^{B*} = \begin{cases} \dfrac{(b+p-w)[(a-kp)(b-w)^2-Ac^2\mu]}{(b-w)^2} - \\[2mm] \dfrac{r(b-w)[(a-kp)(1+r)+A(-1+r)\mu]}{(1+r)^2}, & r < \hat{r}^B \\[3mm] \dfrac{(b+p+pr-w)[p(a-kp)(1+r)+A(b-w)\mu]}{p(1+r)^2}, & r \geqslant \hat{r}^B \end{cases}$$

$$(9.8)$$

对比可得：

命题9.8 （1）当 $0 < r < \hat{r}^B$ 时，给定 $0 < b < (w-c)$，$\pi_R^{B*} > \pi_R^{T*}$；（2）当 $\hat{r}^B < r < \hat{r}^T$，时，$\pi_R^{B*} > \pi_R^{T*}$；（3）当 $\hat{r}^T < r < 1$ 时，给定 $0 < b < (w-c)$，$\pi_R^{B*} > \pi_R^{T*}$；给定 $0 < \mu < 1$，$\pi_R^{B*} > \pi_R^{T*}$。

证明：（1）当 $0 < r < \hat{r}^B$ 时，

$$\pi_R^{B*} = \frac{Ar^2(b-w)\mu}{(1+r)^2} + \frac{(b+p-w)[(a-kp)(b-w)^2-Ac^2\mu]}{(b-w)^2}$$

$$- \frac{r(b-w)[(a-kp)(1+r)+A(-1+r)\mu]}{(1+r)^2},$$

$$\pi_R^{T*} = \frac{(a-kp)(p+pr-w)}{1+r} - \frac{Arw}{(1+r)^2} + \frac{Ac^2(-p+w)}{w^2},$$

$$\frac{\partial\pi_R^{B*}}{\partial\mu} = A\left[\frac{r(b-w)}{(1+r)^2} - \frac{c^2(b+p-w)}{(b-w)^2}\right] < 0, \ 0 < b < (w-c),$$

π_R^{B*} 随着 μ 的增加而减少，因此 $\pi_R^{B*} > \pi_R^{T*}$；

（2）当 $\hat{r}^B < r < \hat{r}^T$ 时，$\pi_R^{T*} = \dfrac{(a-kp)(p+pr-w)}{1+r} - \dfrac{Arw}{(1+r)^2} + \dfrac{Ac^2(-p+w)}{w^2}$，

$$\pi_R^{B*} = \frac{(b + p + pr - w)[p(a - kp)(1 + r) + A(b - w)\mu]}{p(1 + r)^2},$$

$$\pi_R^{B*} - \pi_R^{T*} = \frac{b(a - kp)}{1 + r} + \frac{Ac^2(p - w)}{w^2} + \frac{Aprw - A(w - b)(b + p + pr - w)\mu}{p(1 + r)^2} > 0,$$

即 $\pi_R^{B*} > \pi_R^{T*}$；

（3）当 $\hat{r}^T < r < 1$ 时，$\pi_R^{T*} = \dfrac{(p + pr - w)[p(a - kp)(1 + r) - Aw]}{p(1 + r)^2}$，

$$\pi_R^{B*} = \frac{[p + pr - (w - b)][p(a - kp)(1 + r) - A\mu(w - b)]}{p(1 + r)^2},$$

$$\frac{\partial \pi_R^{B*}}{\partial b} = \frac{p(a - kp)(1 + r) + A(2b + p + pr - 2w)\mu}{p(1 + r)^2} > 0,$$

$$\frac{\partial \pi_R^{B*}}{\partial \mu} = \frac{A(b - w)(b + p + pr - w)}{p(1 + r)^2} < 0,给定 0 < b < (w - c) 时，\pi_R^{B*} 随着 b 的$$

增加而增加，$\pi_R^{B*} > \pi_R^{T*}$，π_R^{B*} 随着 μ 的增加而减少，$\pi_R^{B*} > \pi_R^{T*}$。证毕。

从命题 9.8 可以看出，无论价格折扣在什么样的范围，使用区块链模式总是对零售商利好的，区块链模式下的零售商期望利润总是高于传统模式下零售商的期望利润，因为零售商无须承担区块链使用成本，而区块链技术可以给零售商带来更加稳定的市场，同时也减少了制造商的违约风险。因此，使用区块链模式更有利于提高零售商的赢利。

9.4　数　值　分　析

从上述分析可知，区块链赋能供应链预付款融资决策受上下游企业交易、数字科技和市场需求变化等诸多因素的影响，以下选取价格折扣、区块链使用成本、市场需求波动系数三个参数，研究参数的变化对供应链融资均衡策略及利润的影响。

9.4.1　价格折扣系数的灵敏度分析

设置 $A = 60$，$k = 0.5$，$w = 65$，$c = 25$，$p = 70$，$a = 150$，$b = 1$，$\mu = 0.3$ 表示更加稳定的市场，$\mu = 0.8$ 表示市场波动更高。两种供应链预付账款融资模式下制造商的最优产量随价格折扣系数的变化对比情况如图 9.1 所示。

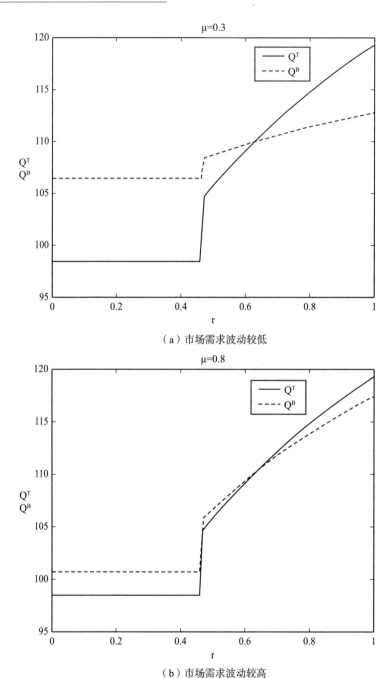

（a）市场需求波动较低

（b）市场需求波动较高

图9.1 价格折扣系数对制造商生产量的影响

从图 9.1 可以看到，只有在价格折扣相对较低的情况下，区块链技术才能够提高制造商的生产量。这是因为制造商一方面要承担区块链技术的使用成本，另一方面要为零售商提供价格折扣，这两者都会导致制造商的利润率下降从而降低生产量。区块链技术可以促使零供双方信息共享，使得需求更加稳定，从而使得即便是在不同的价格折扣下，制造商的生产量也不会有很大的波动。

由图 9.2 可知，由于区块链技术降低了零售商承担的风险，零售商总是愿意提供高于传统模式下预付款融资的预付款额度。当市场需求波动较低时，随着价格折扣的增加，区块链模式下预付款额度逐渐减少，传统模式下预付款额度逐渐增加。由于此时区块链技术给零售商带来了更加稳定的市场，零售商不会盲目提高预付款额度帮助制造商生产，反而会降低预付款来确保自己拥有充足的流动资金。而传统模式下市场不确定性较大，当价格折扣增加时，零售商也会支付更多的预付款来帮助制造商提高产量，从而抵御市场的不确定性风险。当市场需求不稳定时，随着价格折扣的增加，区块链模式和传统模式下的零售商都会提供更多的预付款来帮助制造商提高产量。

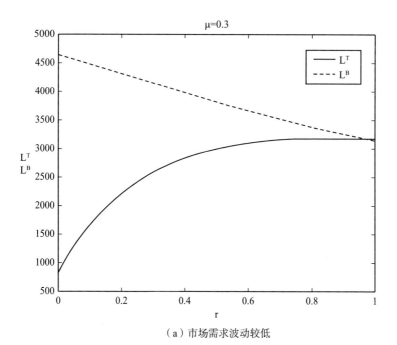

（a）市场需求波动较低

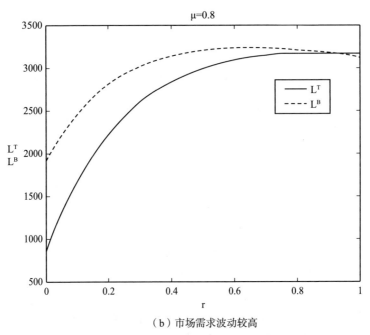

（b）市场需求波动较高

图 9.2　价格折扣系数对零售商预付款额度的影响

　　从图9.3可以看到，当市场需求波动较低，并且价格折扣较大时，使用区块链技术能够提高制造商的期望利润；而随着价格折扣的提高，使用区块链技术反而会降低制造商的利润。这是因为一方面制造商要承担区块链技术的使用成本，另一方面制造商给零售商提供了较高的价格折扣，压缩了自己的利润空间，导致利润下降。当市场需求波动较大时，市场需求的随机性增加，区块链模式下制造商的利润也随之降低。

　　对于零售商而言，零售商在区块链模式下预付款融资的期望收益总是要高于传统模式下预付款融资的期望收益。当价格折扣较低时，零售商的利润率较低，零售商在区块链模式下的期望收益略高于传统模式下的期望收益。随着价格折扣的提高，零售商的期望收益也逐渐提高。

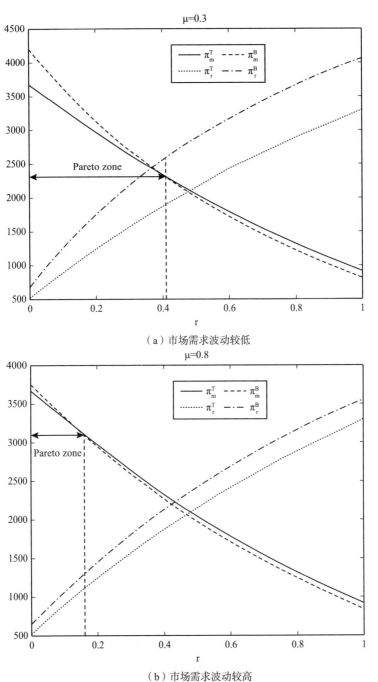

（a）市场需求波动较低

（b）市场需求波动较高

图 9.3　价格折扣系数供应链企业利润的影响

从图 9.3 还可以看出，区块链供应链预付账款融资模式可以实现制造商和零售商的帕累托最优利润。当需求波动较低 $\mu = 0.3$ 时，价格折扣系数小于 0.41 可以使制造商和零售商达到帕累托最优利润；而 $\mu = 0.8$ 时，价格折扣系数小于 0.18 才能使制造商和零售商实现帕累托最优利润。因此，区块链技术支持下，针对一个需求较稳定的产品市场，制造商需要给出一个较高的价格折扣激励零售商提前支付，实现零供双方共赢。反之，当市场需求波动较大，较低的价格折扣系数才能实现零供双方的帕累托最优利润。

9.4.2　区块链使用成本的灵敏度分析

设置模型参数 $A = 60$，$\mu = 0.5$，$k = 0.5$，$w = 55$，$c = 28$，$p = 70$，$a = 100$，$r = 0.1$，区块链赋能供应链预付款融资模式和传统模式下，制造商生产量决策随区块链使用成本的变化情况如图 9.4 所示。

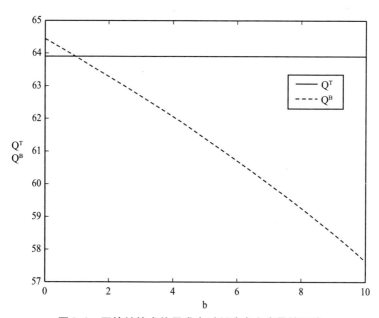

图 9.4　区块链技术使用成本对制造商生产量的影响

从图 9.4 可以看出，在区块链技术趋于成熟，区块链技术使用成本较低时，区块链技术有助于提高制造商的生产量；随着区块链技术使用成本的增加，制造商的生产量也逐渐降低。当区块链技术使用成本较低（b<1）时，区块链技术赋能预付款融资模式中，制造商最优生产量高于传统模式下的最优产量。而当区块链技术使用成本高于某一临界水平时，使用区块链技术反而会降低制造商的最优产量。这是因为区块链技术的使用成本仅由制造商承担，而每多生产一件产品就会多一笔使用区块链技术的费用。因此，当区块链技术的使用成本较高时，制造商会通过降低产量确保自身利益。

两种供应链预付账款融资模式下零售商的最优预付款额随区块链技术使用成本的变化对比情况如图9.5所示。从图9.5可以看出，在区块链技术支持下，零售商愿意提供更高的预付款额度来帮助制造商进行生产活动，提高供应链整体收益。这是因为区块链技术在一定程度上缓解了牛鞭效应，上下游企业信息共享程度较高，零售商所承担的市场风险更低，因此更加愿意采用预付款帮助制造商扩大生产规模。并且，随着区块链技术使用成本减少，区块链技术逐渐成熟，区块链技术给零售商带来了更加稳定的市场，零售商提供的预付款额度也随之增加。

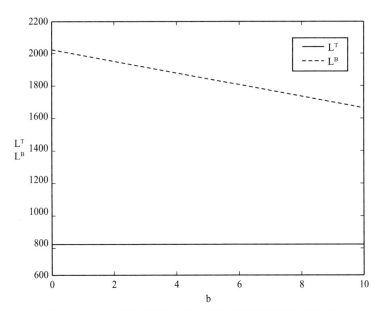

图9.5 区块链技术使用成本对零售商预付款额度的影响

　　两种供应链预付账款融资模式下供应链上下游企业的利润随区块链技术使用成本的变化对比情况如图9.6所示。图9.6说明相较于传统预付款融资支付模式，使用区块链技术能够提高制造商的利润。随着区块链技术使用成本的增加，区块链模式下的制造商利润逐渐降低。而针对零售商而言，相较于传统模式，零售商总是能在区块链模式下的预付款融资中获得更高的利润。在传统模式下，零售商的风险大部分来自制造商违约。而在区块链模式下，零售商无须承担区块链技术的使用成本，制造商信息上链，区块链的共识机制保障了信息的真实性，并且在区块链上签订智能合约，在条件达成时合约自动执行，零售商承担的风险大大降低。同时，由于区块链技术的使用，供应链上企业的信息更加透明，在一定程度上解决了零售商面临的市场随机性风险。因此，区块链技术将提高零售商的利润。

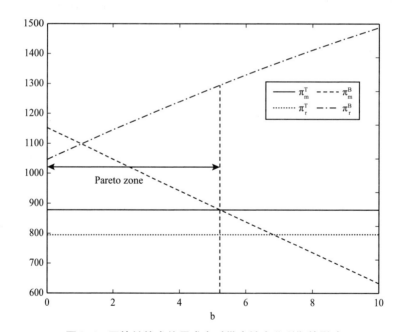

图9.6　区块链技术使用成本对供应链企业利润的影响

　　从零供双方利润而言，当区块链使用成本低于某一临界值（$b <$ 5.2）时，区块链赋能供应链预付款融资模式可以实现供应链上下游企业的帕累托最优利润。由此可见，当数字技术趋于成熟，被广泛应用于

供应链上下游企业的支付管理中，零售商不仅可以利用预付款锁定制造商的价格，帮助制造商持续生产，而且还能提高供应链的整体收益，促进上下游企业实现共赢，实现供应链企业的协同发展。

9.5　本 章 小 结

随着数字经济的蓬勃发展，数字科技在供应链金融领域的应用已经成为推动经济高质量发展的关键因素。本章通过构建区块链赋能供应链预付款融资决策的数理模型，并结合博弈论和优化理论等定量分析方法，深入探讨区块链技术在供应链支付管理中的应用及其对企业运营和支付管理的影响，得到如下结论：

首先，区块链能够有效提升供应链资金流转的效率和透明度。通过区块链技术的信息共享和智能合约的自动执行，供应链上下游企业能够实现更加高效的支付和现金流转，显著降低了交易成本和信用风险。中小企业往往因为信息不对称和信用评估难度大而面临融资难题，数字科技对于缓解中小企业资金约束问题发挥了重要作用。

其次，相比传统预付账款融资模式，区块链为预付账款提供了更安全的支付保障。传统预付款融资风险大多来自制造商可能的违约行为，如财务问题、生产中断或市场变动导致不供货或延迟供货，且信息不对称和监管不足可能加剧这一风险，从而导致零售商的预付款损失。区块链通过不可篡改性、智能合约的自动执行，以及多方验证机制增强交易的信任度，提高上下游企业之间的信息透明度，确保交易的合规性，从而提升了预付款融资支付的安全和效率。并且，数字科技赋能的供应链预付款融资模式能够实现供应链上下游企业的帕累托最优利润。在区块链技术的支撑下，零售商能够更准确地评估制造商的信用状况，从而提供更合理的预付款额度。针对制造商而言，区块链可以有效降低信息不对称带来的需求波动风险，有助于制造商扩大生产规模，提高供应链的整体收益，最终实现供应链各方的共赢。

进一步，本章还探讨了区块链赋能支付管理实现帕累托改进的条件和应用策略。研究发现，当区块链使用成本低于某一临界值时或制造商给定某一合理的价格折扣系数，区块链赋能的供应链预付款融资模式能够为供应链各方带来最大的经济效益。

基于以上结论，提出如下建议：

第一，供应链企业应积极拥抱数字科技，以提高支付管理的透明度和效率。企业应投资于相关的信息系统和培训，定期审计智能合约，及时迭代和升级系统以应对安全风险，并持续监控开展应急预案，增强系统的安全性，确保能够充分利用数字科技带来的优势。对于中小企业而言，可以与科技公司合作，通过引入先进的支付管理系统，实现支付流程的自动化和智能化，提高支付的实时性和可追溯性。

第二，金融机构应继续创新金融产品和服务，以更好地满足供应链企业在预付款融资方面的需求。同时，金融机构应加强与供应链核心企业的合作，通过提供定制化的金融解决方案，帮助企业优化资金流转。金融机构可以利用数字科技手段，设计更加灵活的金融解决方案，如基于订单的融资、供应链金融平台服务等，降低企业的融资门槛，同时帮助企业更好地管理市场风险，提升资金使用效率。

第三，政府部门应出台更多支持性政策，鼓励企业采用数字科技手段进行支付管理创新，促进供应链金融的发展。政府可以通过提供财政补贴、税收优惠等措施，降低企业采用数字科技的成本，促进供应链金融的创新和应用。此外，政府应加强数字科技基础设施建设，如完善电子支付网络、建立供应链金融公共服务平台等，为企业提供一个稳定、高效的运营环境，同时加强对数字科技应用的监管，确保支付管理的安全性和合规性。

本章给出的政策建议旨在推动数字科技在供应链融资支付管理中的应用，支持实体经济的提质增效。未来的研究可以进一步探讨数字科技在不同类型供应链金融模式中的应用，以及数字科技对供应链金融风险管理的影响。此外，随着数字科技的不断进步，如何结合多种新技术发展，如物联网、人工智能、大数据分析等，进一步优化供应链金融模式，也是值得深入研究的方向。

第四篇　绿色低碳视角下供应链融资策略研究

　　生态文明建设和绿色低碳转型是我国高质量发展的重要组成部分。绿色经济转型需要培育新的产业链，供应链金融也逐渐向绿色低碳化方向发展。绿色供应链金融是绿色供应链和金融的有机结合，注重产业链生态体系的绿色低碳和可持续发展。众多实践案例表明，绿色供应链金融引导企业加大绿色投资和生产，减少碳和污染物的排放，为利益相关者创造环境、社会和经济效益。本篇研究绿色低碳视角下供应链的融资策略。

第10章 面向单一供应商的绿色
供应链融资策略

对于大多数大型制造企业，其核心零部件通常由总部指定的唯一供应商提供，如知名品牌 500 强企业飞利浦，他们品牌下的电动牙刷的牙刷头，剃须刀的刀头都只有一家供应商。而飞利浦通常会为其供应链上游的供应商提供提前支付贸易融资和反向保理银行融资两种融资渠道，这两种融资方式一种是内部融资，另一种是外部融资。飞利浦为其合作供应商提供了专人对接服务，尽可能快速、简单地提供供应商所需的融资方案。本章将对这种背景下的绿色供应链进行研究，分析不同融资渠道下企业的运营决策以及利润构成。

10.1　模型描述与假设

如图 10.1 所示，考虑由一个供应商和一个零售商构成的上级供应链，其中供应商有资金约束且销售某种绿色产品给零售商，零售商在销售季仅有一次购买机会，且可以通过提前支付和银行反向保理的方式为绿色供应商融资。

供应链中绿色供应商为领导者，首先在销售季开始前决定绿色产品的绿色程度 e，而零售商为跟随者，决定订购量 Q。模型假设如下：

（1）零售商和供应商的风险态度中立，追求最大利润。

（2）供应商资金约束，并且自有资金为 0，所有生产成本以及绿色投资需要通过融资的方式获得。

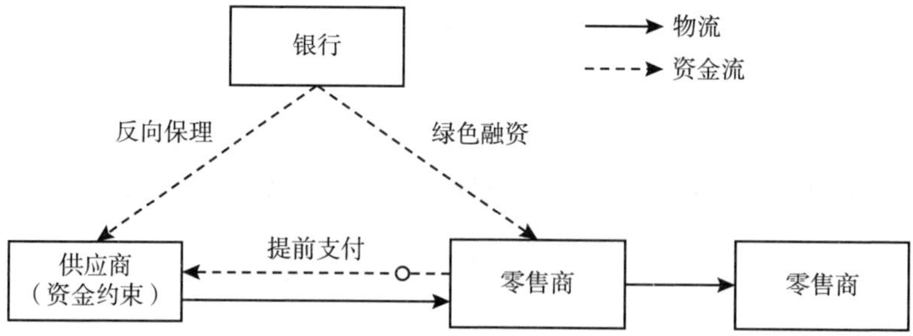

图 10.1　单一供应商资金约束的供应链绿色融资

（3）供应链上各企业以及银行之间信息对称。

（4）零售商和供应商在销售周期初始库存为 0。

（5）银行的融资服务在市场竞争环境下运营，其利率由收支平衡原则设定。

为了分析绿色程度对产品的影响，我们假设当不考虑绿色程度时，产品的市场需求为随机数 D，且设 F(D) 和 f(D) 为 D 的累计分布函数和密度函数，而 h(D) 为 D 的失败率函数，即 h(D) = f(D)/$\bar{F}$(D)，符合 IGFR 递增失效率的性质，且 h(D)′>0。考虑到顾客偏爱绿色产品，假设绿色程度越高，其市场需求也会越高，用 g(e) 来代表由于产品的绿色程度而提高的市场需求量，g(e) = βe，其中 β>0 且为一个常数，代表绿色程度对需求的弹性系数，而 e 则代表产品的绿色程度，当供应商生产绿色产品时，其需求就变为 D + g(e)，相对应的供应商也要增加 $\frac{1}{2}\alpha e^2$ 的绿色投资，而当绿色程度为 0 时，则代表供应商不进行绿色生产，此时供应商的需求为 D，但也不需要增加额外的绿色投资。供应商的单位生产成本为 c，因此每段销售季的总成本为 $cQ + \frac{1}{2}\alpha e^2$。具体的参数含义如表 10.1 所示。

表 10.1　　　　　　　　　　　　参数含义

参数	参数含义
决策变量	
Q^j	零售商在 j 种融资情况下的订购量，j = BF，AP，RF
e^j	供应商在 j 种融资情况下的绿色程度，j = BF，AP，RF
其他变量	
D	市场需求随机数
α	绿色投资系数
β	消费者对绿色程度的敏感系数
c	供应商生产单位成本
w	批发价
T	销售期
L	提前期
r_i	i 的资金成本利率，i = R，S

首先讨论零售商和供应商都没有资金约束无须进行任何融资的基本情况（Benchmark Frame，BF），零售商的利润函数可以写为：

$$\pi_R^{BF} = \max E\{ p\min[Q^{BF},\ D + g(e)] - wQ(1 + r_R L)\} \quad (10.1)$$

同时，供应商的利润函数可以写为：

$$\pi_s^{BF} = wQ^{BF}(1 + r_s L) - \left(cQ^{BF} + \frac{1}{2}\alpha e^2\right)[1 + r_s(T + L)] \quad (10.2)$$

从式（10.1）和式（10.2），可以得到在无资金约束的情况下的最优运营决策

$$（Q^{BF*},\ e^{RF*}） = \left(\bar{F}^{-1}\left[\frac{w(1 + r_R L)}{p} \right] + \frac{\{w(1 + r_s L) - c[1 + r_s(T + L)]\}\beta^2}{\alpha(1 + r_s(T + L))}, \right.$$

$$\left. \frac{\{w(1 + r_s L) - c[1 + r_s(T + L)]\}\beta}{\alpha(1 + r_s(T + L))} \right)，从中可以发现，影响供应商绿$$

色程度的因素有批发价格、制造成本、绿色投资系数、绿色程度需求弹性系数、提前期和销售期的长度以及供应商的资金成本利率。而对于订货量来说，影响因素除了以上提到的，还有市场的需求分布、零售价以及零售商的资金成本利率。

供应商的利润函数：

$$\pi_s^{BF*} = \left\{ w(1 + r_s L) - c[1 + r_s(T + L)] \right\} \left(\overline{F}^{-1} \left(\frac{w(1 + r_R L)}{p} \right) \right.$$

$$+ \left. \frac{\left\{ w(1 + r_s L) - c[1 + r_s(T + L)] \right\} \beta^2}{\alpha[1 + r_s(T + L)]} \right]$$

$$- \frac{\left[\left\{ w(1 + r_s L) - c[1 + r_s(T + L)] \right\} \beta \right]^2}{2\alpha(1 + r_s(T + L))}$$

同时，零售商的期望利润函数为：

$$\pi_R^{BF*} = \left\{ [p - w(1 + r_R L)] \right\} \overline{F}^{-1} \left[\frac{w(1 + r_R L)}{p} \right]$$

$$+ \frac{\left\{ w(1 + r_s L) - c[1 + r_s(T + L)] \right\} \beta^2}{\alpha(1 + r_s(T + L))}$$

$$- p \int_0^{\overline{F}^{-1} \left[\frac{w(1 + r_R L)}{p} \right]} F(D) dD_\circ$$

10.2　提前支付融资

　　飞利浦通过提前支付的方式，为合作的绿色供应商提供短期流动资金，提升其绿色程度。这种短期直接融资可以降低供应商融资成本、享受实惠的运营资本。同时，提前支付还有利于飞利浦自身提高信用额度，为合作的供应商提供具有竞争力的融资利率，灵活的提前付款计划，改善供应商的资金流动性，使其更快捷轻松地获得融资，加强飞利浦与供应商之间的战略发展关系。

　　供应链可以选择内部融资的方式，也就是在销售季初（t = 0）零售商提前支付为供应商融资。首先，绿色供应商确定产品的绿色程度，零售商根据绿色程度决定订购量并提前付款给供应商，而供应商会在原有基础上给零售商一个 $1 - \gamma$ 的折扣，在提前期结束（t = T）时供应商交付产品，在销售季结束时（t = T + L）进行最后的利润结算。因此，在销售季末零售商的利润可以写为：

$$\pi_R^{AP} = \max E \left\{ P\min[Q^{AP}, D + g(e)] - \gamma w Q^{AP}[1 + r_R(T + L)] \right\}$$

$$(10.3)$$

得到最优解 Q^{AP*} 后可得到绿色供应商的利润函数：

$$\pi_s^{AP} = \left[\gamma w Q^{AP*} - \left(c Q^{AP*} + \frac{1}{2} \alpha e^2 \right) \right]^+ \left[1 + r_s(T+L) \right] \quad (10.4)$$

可得到供应商的最佳绿色程度为，代入最优订货量后，可得到命题 10.1：

命题 10.1　提前支付下，零售商的最优订购和供应商的产品最优绿色度均衡决策为：$\left(Q^{AP*}, e^{AP*} \right) = \left(\overline{F}^{-1} \left\{ \frac{\gamma w [1 + r_R(T+L)]}{p} \right\} + \beta \frac{(\gamma w - c)\beta}{\alpha}, \frac{(\gamma w - c)\beta}{\alpha} \right)$。

证明：对式（10.3）关于 Q^{AP} 求导后，得到导数为 $\frac{d\pi_R^{AP}}{dQ^{AP}} = \{ p - \gamma w [1 + r_R(T+L)] \} - p F [Q^{AP} - g(e^{AP})]$，$\frac{d^2 \pi_R^{AP}}{dQ^{AP2}} = -p f [Q^{AP} - g(e^{AP})] < 0$。令其一阶导数等于 0，得到最优解 Q^{AP*} 满足 $\overline{F}(Q^{AP*} - \beta e) = \frac{\gamma w [1 + r_R(T+L)]}{p}$，即 $Q_{AP}^* = \overline{F}^{-1} \left\{ \frac{\gamma w [1 + r_R(T+L)]}{p} \right\} + \beta e^{AP}$。再对（10.4）关于 e^{AP} 求导，$\frac{d\pi_s^{AP}}{de^{AP}} = [1 + r_s(T+L)] [(\gamma w - c)\beta - \alpha e^{AP}]$，再对其求二次导得到 $\frac{d^2 \pi_s^{AP}}{de^{AP2}} = -[1 + r_s(T+L)] \alpha < 0$，一阶条件可到 $e^{AP*} = \frac{(\gamma w - c)\beta}{\alpha}$，将其代入 Q^{AP*} 满足的表达式获得命题 10.1，证毕。

从命题 10.1 可以发现，最佳绿色程度和供应商的单位生产成本、批发价、绿色投资系数以及零售商提前支付比例有着密切的联系，与不使用融资的无资金约束情况相比，少了供应商自己的机会资金成本利率以及提前期、销售期长短的影响。而零售商的最佳订货量不但受以上因素影响，还受市场零售价、提前期、销售期长短以及零售商的机会资金成本利率影响。

此时，绿色供应商和零售商的利润分别为：

$$\pi_s^{AP*} = \left\{ (\gamma w - c) \left[\overline{F}^{-1} \left(\frac{\gamma w (1 + r_R(T+L))}{p} \right) + \frac{\beta^2 (\gamma w - c)}{\alpha} \right] \right.$$
$$\left. - \frac{[(\gamma w - c)\beta]^2}{2\alpha} \right\} [1 + r_s(T+L)] \quad (10.5)$$

$$\pi_R^{AP*} = \left\{ p - \gamma w [1 + r_R(T+L)] \right\} \left(\bar{F}^{-1} \left\{ \frac{\gamma w [1 + r_R(T+L)]}{p} \right\} \right.$$

$$\left. + \beta \frac{(\gamma w - c)\beta}{\alpha} \right) - p \int_0^{\bar{F}^{-1} \left\{ \frac{\gamma w [1 + r_R(T+L)]}{p} \right\}} F(D) dD \qquad (10.6)$$

由命题 10.1，可以得到以下推论：

推论 10.1 给定批发价 w，有：（1）$\frac{de^{AP*}}{d\gamma} > 0$，$\frac{de^{AP*}}{d\beta} > 0$，$\frac{de^{AP*}}{d\alpha} <$

0；（2）当 $\frac{\beta^2 w}{\alpha} > \frac{w[1 + r_R(T+L)]}{pf\left(\frac{\gamma w (1 + r_R(T+L))}{p}\right)}$ 时，$\frac{dQ_{AP}^*}{d\gamma} > 0$，$\frac{dQ_{AP}^*}{d\beta} > 0$，$\frac{dQ_{AP}^*}{d\alpha} < 0$。

证明：（1）$\frac{de^{AP*}}{d\gamma} = \frac{\beta w}{\alpha} > 0$，$\frac{de^{AP*}}{d\beta} = \frac{\gamma w - c}{\alpha} > 0$，$\frac{de^{AP*}}{d\alpha} < -\frac{(\gamma w - c)\beta}{\alpha^2} < 0$；

（2）最佳订货量 Q^{AP*} 满足表达式 $\bar{F}\left[Q^{AP*} - \beta \frac{(\gamma w - c)\beta}{\alpha}\right] = \frac{\gamma w[1 + r_R(T+L)]}{p}$，对其关于提前支付比例 γ 求导，可得到等式 $-f\left\{\frac{\gamma w[1 + r_R(T+L)]}{p}\right\}\left(\frac{dQ^{AP*}}{d\gamma} - \frac{\beta^2 w}{\alpha}\right) = \frac{w[1 + r_R(T+L)]}{p}$，因此可 $\frac{dQ^{AP*}}{d\gamma} = \frac{\beta^2 w}{\alpha} - \frac{w[1 + r_R(T+L)]}{pf\left\{\frac{\gamma w[1 + r_R(T+L)]}{p}\right\}}$，对最佳订货量关于消费者绿色敏感系数 β 求导，导数为 $\frac{dQ_{AP}^*}{d\beta} = \frac{2\beta(\gamma w - c)}{\alpha} > 0$，对最佳订货量关于绿色投资系数 α 求导，导数为 $\frac{dQ_{AP}^*}{d\alpha} < -\frac{(\gamma w - c)\beta^2}{\alpha^2} < 0$，从而得到推论 10.1，证毕。

由推论 10.1 我们可以发现，提前支付比例越高，越能激励供应商提高绿色程度，从而提高市场需求，然而由于零售商需要提前支付，会有一部分机会成本，因此当 β 较大时，即提高一单位绿色程度，市场需求有较大提升时，零售商订购量才会有所增加，否则可能会减少订购量。同时，消费者的绿色敏感系数 β 增加，则绿色程度以及订货量都会随之增加，这是因为 β 越大，就代表消费者对绿色程度越重视，从而对绿色产品的需求也会随之增大，而绿色投资系数 α 越大，则代表供应商提高绿色程度的成本越大，从而会导致绿色程度的降低，带动订货量的下降。

10.3　反向保理融资

不少企业也会选择与银行合作，提供反向保理融资服务，如飞利浦与多家银行合作，针对绿色评级高的供应商，使用应付账款以及飞利浦的信用为其供应链上的中小企业供应商做信用担保，为其提供反向保理融资、应收账款融资等服务，起到了核心企业的信用辐射效果，而不少银行提供绿色融资优惠政策，其目的也是为了促进企业的可持续发展，从而为飞利浦供应链上的供应商提反向保理的绿色融资服务，让供应商缓解资金压力。

飞利浦将其账户开立在广发银行，看中的就是其供应链金融服务。通过与广发银行合作，有效解决企业销售份额增大、应收账款应付账款规模增加、迫切需要加快供应链周转速率等业务痛点，降低企业融资成本的前提下，广发银行的供应链金融解决方案支持企业经销商、供应商快速获得授信额度，有利于飞利浦供应链资金流的高速运转。其中包括向合作的绿色供应商提供反向保理服务，由飞利浦先下订单，银行提前 30～90 天支付给供应商货款，在银行还款日到期前，飞利浦再向银行支付欠款。这样不仅帮助了绿色供应商更便捷地获取资金，也减少飞利浦自身的资金压力。

在销售期之前（$t=0$），首先绿色制造商确定产品的绿色程度，零售商根据绿色程度决定订购量，再通过第三方金融机构银行在此时支付 λ 比例的货款给绿色供应商，在提前期结束（$t=T$）时供应商交付产品，零售商再支付全部货款给银行。在销售季结束时（$t=T+L$）进行最后的利润清算。因此，在销售季末零售商的利润可以写为：

$$\pi_R^{RF} = \max E\{P\min[Q^{RF}, D+g(e^{RF})] - wQ^{RF}(1+r_R L)\} \quad (10.7)$$

一阶条件可得：最优解 Q^{RF*} 满足等式 $\bar{F}(Q^{RF*} - \beta e^{RF}) = \dfrac{w(1+r_R L)}{p}$，即 $Q^{RF*} = \bar{F}^{-1}\left[\dfrac{w(1+r_R L)}{p}\right] + \beta e^{RF}$，此时，绿色供应商的利润可以写为：

$$\pi_s^{RF} = \left[\lambda wQ^{RF*} - \left(cQ^{RF*} + \frac{1}{2}\alpha e^2\right)\right]^+ [1+r_s(T+L)] \quad (10.8)$$

对提反向保理下绿色程度求导后，可得到供应商的最佳绿色程度，代入最优订货量后,得到命题 10.2。

命题 10.2 反向保理融资下,零售商的最优订购和供应商的产品最优绿色度均衡决策为:

$$(Q^{RF*}, e^{RF*}) = \left\{ \bar{F}^{-1}\left[\frac{w(1+r_RL)}{p}\right] + \beta\frac{(\lambda w - c)\beta}{\alpha}, \frac{(\lambda w - c)\beta}{\alpha} \right\}$$

证明:对零售商利润函数关于 Q^{RF} 求导后,得到导数为 $\frac{d\pi_R^{RF}}{dQ^{RF}} = [p - w(1+r_RL)] - pF[Q^{RF} - g(e^{RF})]$,对其求二次导,得到 $\frac{d^2\pi_R^{RF}}{dQ^{RF2}} = -pf[Q^{RF} - g(e^{RF})] < 0$,说明利润函数为凹函数,另起导数等于0,得到最优解 Q^{RF*} 满足 $\bar{F}(Q^{RF*} - \beta e) = \frac{w(1+r_RL)}{p}$,即 $Q^{RF*} = \bar{F}^{-1}\left[\frac{w(1+r_RL)}{p}\right] + \beta e^{RF}$。式(10.6)关于 e^{AP} 求导,$\frac{d\pi_s^{RF*}}{de^{RF}} = [1 + r_s(T+L)][(\lambda w - c)\beta - \alpha e^{RF}]$,再对其求二次导得到 $\frac{d^2\pi_s^{RF*}}{de^{RF2}} = -[1 + r_s(T+L)]\alpha < 0$,函数为凹函数,令其一次导数等于0可得到 $e^{RF*} = \frac{(\lambda w - c)\beta}{\alpha}$,将其代入 Q^{RF*} 满足的表达式可得命题 10.2,证毕。

从命题 10.2 中我们可以发现,在反向保理融资下,最佳绿色程度和供应商的单位生产成本,批发价,绿色投资系数以及银行反向保理支付比例有着密切的联系。而零售商的最佳订货量不但受到以上因素影响,同时还受市场零售价、销售期长短以及零售商的机会资金成本利率影响,但不受提前期的影响。

供应商的利润为:

$$\pi_s^{RF*} = \left((\lambda w - c)\left\{ \bar{F}^{-1}\left[\frac{\lambda w(1+r_RL)}{p}\right] + \frac{\beta^2(\lambda w - c)}{\alpha} \right\} \right.$$
$$\left. - \frac{[(\lambda w - c)\beta]^2}{2\alpha} \right)[1 + r_s(T+L)] \tag{10.9}$$

零售商的期望利润为:

$$\pi_R^{RF*} = \left[p - w(1 + r_R L) \right] \left\{ \bar{F}^{-1} \left[\frac{w(1 + r_R L)}{p} \right] + \beta \frac{(\lambda w - c)\beta}{\alpha} \right\}$$

$$- p \int_0^{\bar{F}^{-1} \left[\frac{w(1 + r_R L)}{p} \right]} F(D) dD \qquad (10.10)$$

由命题 10.2，我们可以获得以下推论：

推论 10.2 在给定批发价 w 的情况下（1）$\dfrac{de^{RF*}}{d\lambda} > 0$，$\dfrac{de^{RF*}}{d\beta} > 0$，$\dfrac{de^{RF*}}{d\alpha} < 0$；（2）$\dfrac{dQ^{RF*}}{d\lambda} > 0$，$\dfrac{dQ^*_{RF}}{d\beta} > 0$，$\dfrac{dQ^*_{RF}}{d\alpha} < 0$。

证明：（1）对最佳绿色程度关于反向保理银行融资比例 λ 求导，导数为 $\dfrac{de^{RF*}}{d\lambda} = \dfrac{\beta w}{\alpha} > 0$，对最佳绿色程度关于消费者绿色敏感系数 β 求导，导数为 $\dfrac{de^{RF*}}{d\beta} = \dfrac{\lambda w - c}{\alpha} > 0$，对最佳绿色程度关于绿色投资系数 α 求导，导数为 $\dfrac{de^{RF*}}{d\alpha} < -\dfrac{(\lambda w - c)\beta}{\alpha^2} < 0$；（2）最佳订货量 Q^{RF*} 满足表达式 $\bar{F}(Q^{RF*} - \beta e^{RF}) = \dfrac{w(1 + r_R L)}{p}$，对其关于反向保理银行融资比例 λ 求导，可得到等式 $-f\left(Q^{RF*} - \beta \dfrac{(\lambda w - c)\beta}{\alpha} \right)\left(\dfrac{dQ^{RF*}}{d\lambda} - \dfrac{\beta^2 w}{\alpha} \right) = 0$，因此可得到 $\dfrac{dQ^{RF*}}{d\lambda} = \dfrac{\beta^2 w}{\alpha} > 0$，$\dfrac{dQ^*_{RF}}{d\beta} = \dfrac{2\beta(\lambda w - c)}{\alpha} > 0$，$\dfrac{dQ^*_{RF}}{d\alpha} = -\dfrac{(\lambda w - c)\beta^2}{\alpha^2} < 0$，证毕。

由推论 10.2 我们可以发现，当融资比例越高时，越能促进供应商绿色程度的提升，也越能刺激零售商增加订货量。同时，若消费者的绿色敏感系数越高，即消费者对绿色程度更重视，对绿色产品的需求提高，则越能激励供应商提高绿色程度，增加绿色产品订货量。然而绿色程度和订货量都会随着投资系数的增大而减小，这是因为投资系数越大，代表绿色生产成本越大，供应商的绿色程度会随之下降，从而带动消费者需求下降导致订货量下降。

推论 10.3 在给定批发价 w 的情况下（1）当 $\dfrac{d\pi_s^{RF*}}{d\lambda} > 0$；（2）$\dfrac{d\pi_R^{RF*}}{d\lambda} > 0$。

证明：（1）对供应商利润关于反向保理银行融资比例 λ 求导，得到导数为 $\dfrac{d\pi_s^{RF*}}{d\lambda} = [1 + r_s(T + L)]\left(w\left\{\bar{F}^{-1}\left[\dfrac{w(1 + r_R L)}{p}\right] + \beta^2\dfrac{\lambda w - c}{\alpha}\right\} +$ $(\lambda w - c)\dfrac{\beta^2 w}{\alpha} - \beta^2\dfrac{(\lambda w - c)w}{\alpha}\right)$，整理可得到 $\dfrac{d\pi_s^{RF*}}{d\lambda} = \left\{\bar{F}^{-1}\right.$ $\left[\dfrac{w(1 + r_R L)}{p}\right] + \left.\beta^2\dfrac{(\lambda w - c)}{\alpha}\right\}[1 + r_s(T + L)]w > 0$，恒大于 0；（2）对零售商利润关于反向保理银行融资比例 λ 求导，得到 $\dfrac{d\pi_R^{RF*}}{d\lambda} = [p - w(1 +$ $r_R L)]\dfrac{de_R^{RF*}}{d\lambda}$，由推论 10.2 可知 $\dfrac{de_R^{RF*}}{d\lambda} > 0$，因此可得 $\dfrac{d\pi_R^{RF*}}{d\lambda} > 0$。

从推论 10.3 中我们可以发现，无论是绿色供应商还是零售商，其利润都是随着反向保理支付比例 λ 的增加而变大的，这是因为银行在其中作为第三方金融机构分摊掉了绿色投资的资金成本。这也就说明了对于整个供应链系统来说，其整体利润都会随着 λ 的增大而增大。

10.4 比较分析

在前两节中，我们分别计算了无竞争环境的单一供应商的绿色供应链在提前支付和反向保理下的最优运营决策，同时也得到了供应链上各企业的利润函数。接下来对这两个融资渠道进行比较分析，可以得到以下结论：

推论 10.4 当 $\lambda > \gamma$ 时，反向保理融资下，供应商的最佳绿色程度比提前支付下的最佳绿色程度更高，即 $e^{RF*} > e^{AP*}$；当 $\lambda > \gamma -$ $\dfrac{\alpha}{\beta^2 w}\left(\bar{F}^{-1}\left[\dfrac{w(1 + r_R L)}{p}\right] - \bar{F}^{-1}\left\{\dfrac{\gamma w[1 + r_R(T + L)]}{p}\right\}\right)$ 时，反向保理融资下，零售商的最佳订货量比提前支付下的最佳订货量更高，即 $Q^{RF*} > Q^{AP*}$。

推论 10.5 当 $\gamma > \dfrac{1 + r_s L}{1 + r_s(T + L)}$ 时，使用提前支付融资下的供应商绿色程度大于无融资下的绿色程度，即 $e^{AP*} > e^{BF*}$；当 $\lambda > \dfrac{1 + r_s L}{1 + r_s(T + L)}$

时，使用反向保理融资下的供应商绿色程度大于无融资下的绿色程度，即 $e^{RF*} > e^{BF*}$。

从推论 10.5 中可以看出，对于供应链的绿色程度来说，只要有较高的 γ 和 λ，两种融资渠道都能促进供应链的绿色程度。

由于利润计算较为复杂，以下使用数值仿真的方式进行分析。假设零售价格为 $p = 1$，批发价格为 $w = 0.5$，供应商的生产成本为 $c = 0.2$，提前期和销售期均为 90 天，且供应商和零售商年投资利率均为 8%，为方便计算，令 $T = L = 1$，因此 $r_s = r_R = 0.02$。消费者对绿色程度的敏感系数为 $β = 2$，而绿色投资成本系数为 $α = 4$，市场需求 D 在 [0，1] 服从均匀分布。

从图 10.2、图 10.3 可以看出，在以上参数的设定下，不同的融资方式对订货量的影响截然不同。对于零售商提前支付融资，订货量随着 γ 的增加而减少。由于受到提前支付折扣的影响，当折扣越低时，订购量越大，且会大于无融资的情况，而当折扣很少或没有时，零售商需要承担更多的资金成本，其订购量也会小于无融资的情况。而反向保理融资的情况则正好相反，订货量随着 λ 的增加而增加，且当 λ 非常大趋向于 1 时，其订购量也会大于无融资下的订购量，这是因为银行作为第三方金融机构在其中替零售商承担了资金成本，零售商的批发价不受 λ 的影响。

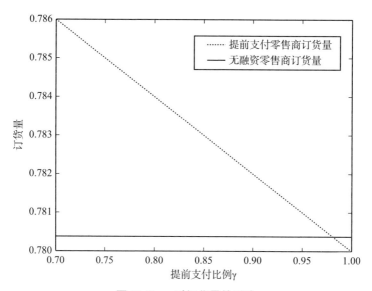

图 10.2　γ 对订货量的影响

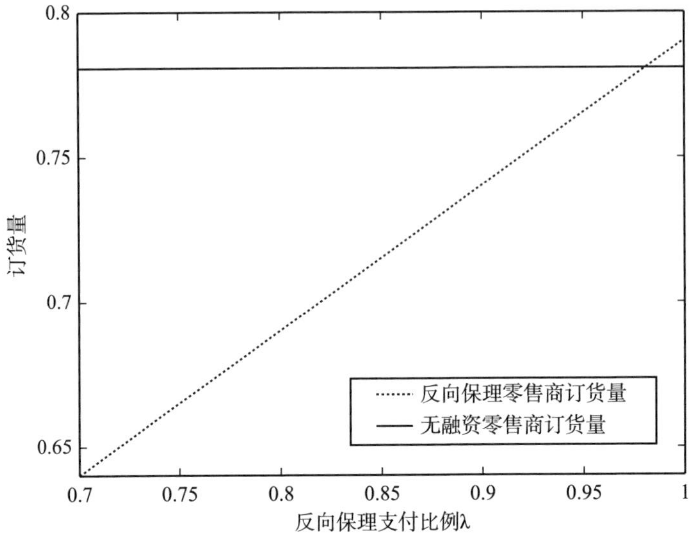

图 10.3　λ 对订货量的影响

从图 10.4 可以看出，在给定以上参数的情况下，供应商的利润随着提前支付比例 γ 的增加，对于零售商来说，提前支付的比例越高意味着采购成本越高，而绿色程度增加带来的需求增加不足以弥补成本的增加，因此其利润随着 γ 的增加而减小。从图 10.5 可以看出，在供应商使用反向保理的情况下，供应商和零售商的利润则均随着反向保理支付比例 λ 的增大而增大，λ 越大越能激励供应商提高产品绿色水平，而对于零售商来说，其绿色水平越高就带来更多的市场需求，利润越高。同时可以发现，当 λ 趋向于 1 时，零售商（或供应商）在两种融资渠道下的利润相近，在反向保理银行支付比例较小时，零售商由于没有批发价折扣和存在的市场风险，其利润会较低，而在提前支付情况下，由于是供应链内部融资，供应商让利一部分给零售商，零售商的利润更高。

在与无融资情况进行对比后，我们也可以发现当 γ、λ 较高时，供应商和零售商的利润均超过了无融资的情况。因此，反向保证和提前支付两种融资模式都可以提高整条供应链的赢利和绿色程度。提前支付比例 γ 和保理支付比例 λ 对其的影响如表 10.2 所示，其中记提前支付下供应链系统利润为 π_{sc}^{AP}，反向保理下供应链系统利润为 π_{sc}^{RF}。

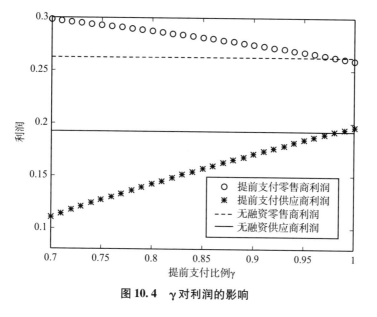

图 10.4　γ 对利润的影响

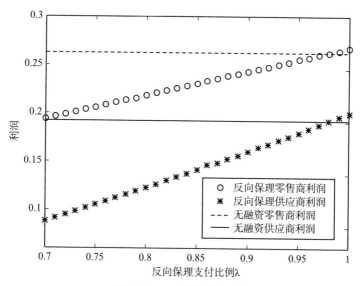

图 10.5　λ 对利润的影响

　　从表 10.2 可以看出，供应链系统和供应商的利润均随着 γ 和 λ 的增加而增加，而无融资下的供应链系统利润是 0.4542，发现只有在 γ 和 λ 均较高时（λ，$\gamma > 0.98$），采用绿色供应链金融的系统利润才能大于无融资水平。且此时，反向保理的利润更高，这是因为当 λ 很高（$\lambda > 0.98$）时，银行作为第三方金融机构，分摊了部分融资机会成本，而提前支付是供应链内部融资，所有资金成本由供应链自己承担。但若银行提供的反向保理支付比例小于 0.98，则提前支付融资下的利润更高。在现实情况中，银行很难提供这么高的融资比例，零供双方可以通过提前支付进行内部协商补偿，达到共赢。

表 10.2　　　　　　　γ 对供应链上各企业和整体利润影响

γ	π_R^{AP}	π_s^{AP}	π_{sc}^{AP}	λ	π_R^{RF}	π_s^{RF}	π_{sc}^{RF}
0.85	0.1569	0.2812	0.4381	0.85	0.1410	0.2303	0.3713
0.86	0.1597	0.2799	0.4397	0.86	0.1447	0.2328	0.3775
0.87	0.1626	0.2786	0.4412	0.87	0.1485	0.2352	0.3837
0.88	0.1653	0.2773	0.4426	0.88	0.1523	0.2377	0.3899
0.89	0.1681	0.2759	0.4440	0.89	0.1561	0.2401	0.3962
0.9	0.1708	0.2745	0.4453	0.9	0.1599	0.2426	0.4025
0.91	0.1735	0.2731	0.4466	0.91	0.1638	0.2450	0.4088
0.92	0.1762	0.2716	0.4478	0.92	0.1676	0.2475	0.4151
0.93	0.1788	0.2702	0.4490	0.93	0.1716	0.2499	0.4215
0.94	0.1815	0.2687	0.4501	0.94	0.1755	0.2524	0.4279
0.95	0.1840	0.2672	0.4512	0.95	0.1795	0.2548	0.4343
0.96	0.1866	0.2656	0.4522	0.96	0.1835	0.2573	0.4407
0.97	0.1891	0.2641	0.4532	0.97	0.1875	0.2597	0.4472
0.98	0.1916	0.2625	0.4541	0.98	0.1915	0.2622	0.4537
0.99	0.1941	0.2608	0.4550	0.99	0.1956	0.2646	0.4602
1	0.1966	0.2592	0.4558	1	0.1997	0.2671	0.4667

10.5　本章小结

　　本章研究了一条包含单一供应商的供应链，内部提前支付融资和外部反向保理融资两条渠道下供应链上各企业的均衡运营决策以及利润，并进行了对比，探究了融资渠道的竞争，为企业的融资决策提供了理论参考。从计算结果可以发现，无论是提前支付还是反向保理，当支付比例较高时都可以促进供应链绿色程度的提高。从模型计算以及仿真结果可以看出，两种融资方式随着支付比例的提高，其供应链系统利润也会跟着提高，且在支付比例都很高时，由于银行作为第三方金融机构分摊了融资成本，反向保理下的供应链利润更高。但对于零售商而言，其利润会随着提前支付比例的提高而减少。提前支付由于是供应链内部融资，可以通过供应链内部协商或是制定补偿机制达到共赢，在可行性上更有优势。而反向保理需要银行的支付比例很高时才能提高供应链的利润，银行由于是外部第三方金融机构，协商难度远大于提前支付。对于实际企业（如飞利浦）来说，可以根据不同的实际情况，为合作供应商提供不同的融资方案，尤其是内部提前支付融资，可以与供应商协商或是制定一些补偿机制，达到使供应链系统绿色程度和利润最优的均衡决策。

第 11 章 供应商竞争环境下绿色供应链融资策略

在现实情况中，一个下游企业的某种产品往往有不止一个供应商，例如飞利浦，在大多数非核心零件（如包装纸盒）上，往往会有两个供应商，这样不但可以确保产量的稳定性，还能使两家供应商处于竞争关系，相互促进产品质量。同时，由于消费者的绿色偏好，市场需求也能倒推供应商提高绿色可持续发展程度，生产环境友好型产品。接下来本章将以对这种存在供应商竞争环境下的绿色供应链展开研究，分析供应商竞争环境下的绿色供应链融资决策。

11.1 模型描述与假设

考虑一条由两个供应商和一个零售商组成的供应链系统（见图 11.1）。供应商 A 和供应商 B 向零售商供应同种类产品且存在竞争关系。其中存在资金约束且初始资金为 0 的供应商 A 生产绿色产品，而资金充足的供应商 B 则生产非绿色产品。两个供应商供应产品的零售价分别为 P_A 和 P_B，零售商批发价分别为 w_A 和 w_B，生产成本分别为 c_A 和 c_B，为简化计算和后续分析，我们令供应商 B 的产品零售价为 1，同时，所有产品的残值均为 0。

假设供应商 A 的产品需求为 D_A，供应商 B 的产品需求为 D_B，且服从相关系数为 $\rho = 1$ 的同分布，这说明在都不生产绿色产品的情况下，两家供应商的市场需求变化是同步的。令 D_A 和 D_B 服从于相同的正态分布，即 $D_A \sim N(\mu_A, \sigma_A^2)$，$D_B \sim N(\mu_B, \sigma_B^2)$，其中 $\mu_A = \mu_B$，并且我们令变差系数 $\theta = \dfrac{\sigma_A}{\mu_A} = \dfrac{\sigma_B}{\mu_B}$。此时，市场需求的总期望为 $\mu = \mu_A + \mu_B$。

在供应商 A 与供应商 B 都没有进行绿色生产时，市场占有率都为 1/2。由以上定义可得到，$\mu_A = \mu_B = \dfrac{1}{2}\mu$，$\sigma_A = \sigma_B = \dfrac{1}{2}\mu\theta$，f(.) 和 F(.) 分别为产品需求的量的标准正态概率密度函数和分布函数。

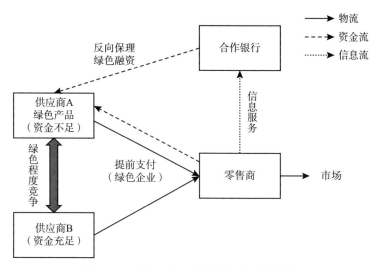

图 11.1 竞争环境下绿色供应商融资模型

供应商 A 与供应商 B 通过产品差异化进行竞争。供应商 A 与供应商 B 虽然为同类产品，但当供应商 A 进行绿色生产后，产品出现明显差异，且消费者对绿色产品有一定偏好，因此会有部分原来购买供应商 B 生产产品的顾客转而购买供应商，转移顾客的数量与供应商 A 的绿色程度有关，市场的总需求与无绿色产品时一致（见图 11.2）。

假设在供应商 A 进行绿色生产之后，新的需求为 D_1，其中不但包括原有购买 A 产品的顾客，也包括从 B 转向产品 A 的顾客，因此供应商 A 的新需求可以表示为 $D_1 = D_A + g(e)D_B$，其中，g(e) 是关于供应商 A 绿色程度 e 的增函数，这里假设 $g(e) = k[1 - \exp(-e)]$，$k \in (0, 1)$，当 A 产品的绿色程度为 0 时，g(e) = 0，即供应商 A 与 B 之间的市场需求不发生转移，k 表示当产品绿色程度很大时，产品 A 最多从产品 B 中获得的市场需求比例，即当 e 趋于正无穷时，会有 kD_B 的需求从产品 B 转移到产品 A，k 越大，就代表竞争市场上消费者对绿色产品的偏好越大，说明更多的消费者愿意购买绿色产品。

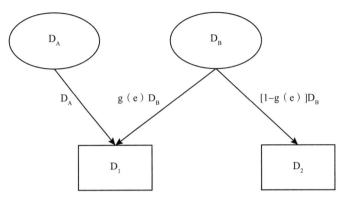

图 11.2 竞争环境下绿色与非绿色供应商的需求转移

在供应商 A 进行绿色生产后，供应商 B 的市场需求转变为 $D_2 = [1 - g(e)]D_B$。均值方差也发生了变化：$\mu_1 = \frac{1}{2}[1 + g(e)]\mu$，$\mu_2 = \frac{1}{2}[1 - g(e)]\mu$，$\sigma_1 = \left[\left(\frac{1}{2}\right)^2\mu^2\theta^2 + \left(\frac{1}{2}\right)^2 g(e)^2 + 2\left(\frac{1}{2}\right)^2 g(e)\mu^2\theta^2\rho\right]^{\frac{1}{2}}$，其中 $\rho = 1$，则标准差可以写为 $\sigma_1 = \frac{1}{2}[1 + g(e)]\theta\mu$，而 D_2 的标准差为 $\sigma_2 = \frac{1}{2}[1 - g(e)]\theta\mu$。

供应商 A 若进行绿色生产，必定需要进行与之相关的绿色投资，投资的资金与绿色程度有关。假设投资量为 ae，其中 a 代表供应商 A 的绿色投资系数，每增加一单位的绿色程度，就要增加 a 的投资金额，绿色程度增加得越多，供应商相应的绿色投资也就越多，因此对于供应商 A 来说，当其生产绿色产品时，每个生产周期所需的总成本为 $cQ_A + ae$。

由于供应商 A 的自有资金为 0，因此需要通过绿色供应链金融进行融资才能开展绿色生产。本章将对零售商提前支付和银行反向保理两种融资方式下企业的运营均衡策略进行研究，并且进行对比分析。

供应链上企业的博弈顺序为：上游供应商企业为领导者，首先确定绿色程度，下游零售商为跟随者，根据上游供应商的绿色程度，确定订购量，并且在销售季结束后，所有需求实现，进行利润计算。其他具体参数见表 11.1。

表 11.1　参数含义

参数	参数含义
决策变量	
e_i	供应商 A 在 i 种融资方式下提升的绿色程度，i = BF，AP，RF
Q_j^i	在 i 种融资方式下零售商对供应商 j 的订货量，i = BF，AP，RF，j = A，B
其他变量	
D_j	供应商 j 的市场需求，j = A，B
D_1	供应商 A 进行绿色生产后，他的市场需求
D_2	供应商 A 进行绿色生产后，供应商 B 的市场需求
μ	D_A 和 D_B 所服从正态分布的均值
σ	D_A 和 D_B 所服从正态分布的标准差
π_j^i	在供应商 A 使用 i 中融资方式时 j 的利润，j = R，A，B
r_i	i 的机会资金成本率，i = R，A，B
T	提前期
L	销售期
c_j	供应商 j 的单位制造成本，j = A，B
w_j	供应商 j 产品的单位批发价，j = A，B
a	绿色投资系数
k	非绿色产品需求向绿色产品市场转移的最大比例
λ	反向保理中银行融资给供应商的比例
p_j	供应商 j 产品的单位零售价，j = A，B
Δp	绿色产品与非绿色产品的差价，$\Delta p = p_A - p_B$

11.2　模型建立

首先我们对供应商均无资金约束的基本情况进行研究。供应商 A 资金充足，且使用自有资金进行绿色投资与产品生产，而供应商 B 则使用自有资金生产传统非绿色产品。下文 BF 表示此种情形。

在 t = 0 时，供应商 A 首先确定绿色程度 e_{BF}，零售商确定对两家供应商的订货量 Q_A^{BF} 和 Q_B^{BF}。在经过提前期 T 后，供应商交付货物，零售商在 t = T 这个时间点付款，在经过销售期 L 后，进行利润结算。零售商在 t = T 时向供应商 A 支付 $w_A Q_A^{BF}$，并且在 t = T + L 时，需求实现，获得 $p_A \min(Q_A^{BF}, D_1^{BF})$。考虑到零售商的机会资金成本，零售商销售绿色产品所得的利润为：

$$\pi_{R|A}^{BF} = \max E\left[p_A \min(Q_A^{BF}, D_1^{BF}) - w_A Q_A^{BF}(1 + r_R L) \right] \quad (11.1)$$

同理，零售商销售非绿色产品所得的利润为：

$$\pi_{R|B}^{BF} = \max E\left[p_B \min(Q_B^{BF}, D_2^{BF}) - w_B Q_B^{BF}(1 + r_R L) \right] \quad (11.2)$$

在无资金约束的情况下，供应商 A 在 t = 0 时，投入生产成本以及绿色投资成本，绿色产品生产的总成本为 $c_A Q_A^{BF} + a e_{BF}$，又在 t = T 获得零售商所支付的收益 $w_A Q_A^{BF}$，考虑到供应商 A 的机会资金成本，其利润函数表达式如下：

$$\pi_A^{BF} = w_A Q_A^{BF}(1 + r_R L) - (c_A Q_A^{BF} + a e_{BF})\left[1 + r_A(T + L) \right] \quad (11.3)$$

同理可得供应商 B 的利润函数表达式为：

$$\pi_B^{BF} = w_B Q_B^{BF}(1 + r_R L) - c_B Q_B^{BF}\left[1 + r_B(T + L) \right] \quad (11.4)$$

命题 11.1 （1）供应商 A 和 B 均无资金约束时，零售商的最优订购决策为 $(Q_A^{BF*}, Q_B^{BF*}) = \left\{ \frac{1}{2}\left[1 + g(e_{BF}^*) \right](1 + \theta\phi_1), \frac{1}{2}\left[1 - g(e_{BF}^*) \right](1 + \theta\phi_B) \right\}$，其中，$\phi_1 = \Phi^{-1}\left[\frac{P_A - w_A(1 + r_R L)}{P_A} \right]$，$\phi_B = \Phi^{-1}\left[\frac{P_B - w_B(1 + r_R L)}{P_B} \right]$；（2）供应商 A 的最佳绿色程度为：$e_{BF}^* = \log\left\{ \frac{k\left[w_A(1 + r_R L) - c_A(1 + r_A(T + L)) \right](1 + \theta\phi_1)\mu}{2a(1 + r_A(T + L))} \right\}$。

证明：由式（11.1）可以得到 $\pi_{R|A}^{BF} = p_A Q_A^{BF} - w_A Q_A^{BF}(1 + r_A L) - p_A \int_0^{Q_A^{BF}} F(D_1^{BF}) dD_1^{BF}$，对其关于 Q_A^{BF} 求导，可以得到零售商对供应商 A 的最佳订货量为：

$$Q_A^{BF*} = F^{-1}\left[\frac{P_A - w_A(1 + r_R L)}{P_A} \right] = \frac{1}{2}\left[1 + g(e_{BF}) \right](1 + \theta\phi_1)\mu$$

其中，$\phi_1 = \Phi^{-1}\left[\frac{P_A - w_A(1 + r_R L)}{P_A} \right]$。

根据式（11.2）可得到零售商对供应商 B 的最佳订货量：$Q_B^{B*} = F^{-1}\left[\dfrac{P_B - w_B(1 + r_R L)}{P_B}\right] = \dfrac{1}{2}[1 - g(e_{BF})](1 + \theta\phi_B)\mu$，其中，$\phi_B = \Phi^{-1}\left[\dfrac{P_B - w_B(1 + r_R L)}{P_B}\right]$。将 Q_A^{BF*} 代入式（11.3），并对其关于绿色程度 e_{BF} 求导，$\dfrac{d\pi_A^{BF}}{de_{BF}} = \dfrac{1}{2}\{(1 + \theta\phi_1)\mu w_A(1 + r_A L) - c_A[1 + r_A(T + L)]\}k\exp(-e) - a[1 + r_A(T + L)]$，$\dfrac{d^2\pi_A^B}{de_B^2} = -\dfrac{1}{2}\{(1 + \theta\phi_1)\mu w_A(1 + r_A L) - c_A[1 + r_A(T + L)]\}k\exp(-e)$ 小于 0，因此利润函数为凹函数，供应商 A 的利润函数是关于 e_{BF} 的单峰函数，存在极大值。令一阶导数等于 0，可得到最佳绿色程度：$e_{BF}^* = \log\left(\dfrac{k\{w_A(1 + r_R L) - c_A[1 + r_A(T + L)]\}(1 + \theta\phi_1)\mu}{2a[1 + r_A(T + L)]}\right)$，证毕。

从命题 11.1 可知，企业绿色程度受市场需求分布均值、变差系数、批发价、单位制造成本，绿色投资系数、提前期、销售期以及零售商资金成本利率等因素的影响。而影响订货量的除了以上提到的各种因素，还有产品零售价。

由命题 11.1，进一步可以得到供应商 A 的利润函数：

$$\pi_A^{BF*} = \{w_A(1 + r_A L) - c_A[1 + r_A(T + L)]\}\frac{1}{2}[1 + g(e_{BF}^*)](1 + \theta\phi_1)\mu - ae_{BF}^*[1 + r_A(T + L)] \tag{11.5}$$

供应商 B 的利润函数为：

$$\pi_B^{BF*} = \{w_B(1 + r_B L) - c_B[1 + r_B(T + L)]\}\frac{1}{2}[1 - g(e_{BF}^*)](1 + \theta\phi_B)\mu \tag{11.6}$$

零售商的期望利润函数为：

$$\pi_R^{BF} = p_A Q_A^{BF*} - w_A Q_A^{BF*}(1 + r_A L) - p_A\int_0^{Q_A^{BF*}} F(D_1^{BF})dD_1^{BF} + p_B Q_B^{BF*}$$
$$- w_B Q_B^{BF*}(1 + r_B L) - p_A\int_0^{Q_B^{BF*}} F(D_2^{BF})dD_2^{BF} \tag{11.7}$$

11.3 提前支付融资方式下的均衡决策

提前支付模型中，在 $t = 0$ 时，首先由供应商 A 确定绿色程度，再由零售商确定对供应商 A 和 B 的订货量。由于供应商 A 有资金约束，因此零售商提前将货款 $\gamma w_A Q_A^{AP}$ 支付给供应商 A，供应商 A 也会提供给零售商一个提前支付折扣 $1 - \gamma$，在 $t = T$ 时，零售商收到产品，并在 $t = T + L$ 时，即销售期结束，需求实现，零售商和两个供应商同时进行利润结算。在整个博弈过程中，决策变量只有供应商 A 的绿色努力程度和零售商的订购量。

零售商提前支付的折扣为 $1 - \gamma$，在 $t = 0$ 时支付 γ 比例的货款。在给供应商 A 提前付款的情况下，零售商在销售季末通过销售供应商 A 生产的绿色产品所得到的利润可以写成：

$$\pi_{R|A}^{AP} = \max E \left\{ p_A \min (Q_A^{AP}, D_1^{AP}) - \gamma w_A Q_A^{AP} [1 + r_R (L + T)] \right\} \quad (11.8)$$

而零售商通过销售非绿色产品的利润为：

$$\pi_{R|B}^{AP} = \max E [p_B \min (Q_B^{AP}, D_2^{AP}) - w_B Q_B^{AP} (1 + r_R L)] \quad (11.9)$$

供应商 A 在获得 $\gamma w_A Q_A^{AP}$ 的内部融资后，进行绿色生产，不再需要向第三方金融机构进行融资贷款，其销售季末的利润可以写成：

$$\pi_A^{AP} = [\gamma w_A Q_A^{AP} - (c_A Q_A^{AP} + a e_{AP})]^+ [1 + r_A (T + L)] \quad (11.10)$$

供应商 B 的利润为：

$$\pi_B^{AP} = w_B Q_B^{AP} (1 + r_B L) - c_B Q_B^{AP} [1 + r_B (T + L)] \quad (11.11)$$

为了保证供应商 A 的利润可以大于 0，因此，绿色投资必然存在最大上限，即绿色程度必然存在一个上限，我们令上限为 $\bar{e}_{AP}$，$\bar{e}_{AP}$ 满足表达式 $\gamma w_A Q_A^{AP*} = c_A Q_A^{AP*} + a \bar{e}_{AP}$。

命题 11.2 在提前支付融资方式中零售商均衡决策下的订购策略 $(e_{AP}^*, Q_A^{AP*}, Q_B^{AP*})$ 如下：

$$e_{AP}^* = \min (\bar{e}_{AP}, \tilde{e}_{AP}), \quad \tilde{e}_{AP} = \log \left[\frac{k (\gamma w_A - c_A) (1 + \theta \phi_2) \mu}{2a} \right] (其中,$$

$$\gamma w_A Q_A^{AP*} = c_A Q_A^{AP*} + a \bar{e}_{AP})$$

$$Q_A^{AP*} = \frac{1}{2} \left[1 + g(e_{AP}^*) \right] (1 + \theta\phi_2) \mu, \quad Q_B^{AP*} = \frac{1}{2} \left[1 - g(e_{AP}^*) \right] (1 +$$

$$\theta\phi_B)\mu, \text{ 其中, } \phi_2 = \Phi^{-1} \left\{ \frac{P_A - \gamma w_A \left[1 + r_R(L + T) \right]}{P_A} \right\}, \phi_B \text{ 与基础情况相}$$

同, $\phi_B = \Phi^{-1} \left[\dfrac{P_B - w_B (1 + r_R L)}{P_B} \right]$。

证明：对零售商的两个利润函数关于订货量求导，令导数等于 0，

可得到最佳订货量的表达式，且最佳订货量与绿色程度有关。$\dfrac{d^2\pi_A^{AP}}{de_{AP}^2} =$

$-\dfrac{1}{2}k\exp(-e_{AP})(\gamma w_A - c_A)(1 + \theta\phi_2)\mu[1 + r_A(L + T)] < 0$，令其一阶

导$\dfrac{d\pi_A^{AP}}{de_{AP}} = \dfrac{1}{2}k\exp(-e_{AP})(\gamma w_A - c_A)(1 + \theta\phi_2)\mu[1 + r_A(L + T)] - a[1 +$

$r_A(L + T)] = 0$，可得到 $\tilde{e}_{AP}$。若经过计算得出 $\bar{e}_{AP} \geqslant \tilde{e}_{AP}$，那么最优绿色

程度为 $e_{AP}^* = \tilde{e}_{AP}$，若 $\bar{e}_{AP} < \tilde{e}_{AP}$，则 $e_{AP}^* = \bar{e}_{AP}$，即 $e_{AP}^* = \min(\bar{e}_{AP}, \tilde{e}_{AP})$，

证毕。

命题 11.2 和命题 11.1 对比，可以发现和无资金约束情况相比，供应商 A 的最佳绿色程度影响因素少了提前期、销售期和供应商资金机会成本利率，增加了提前支付比例 γ 这个重要影响因素。因为在提前支付情况下，零售商承担了所有资金机会成本，而供应商无须承担任何资金机会成本。同时，显然从命题 11.2 中我们可以发现，绿色投资系数 a 以及最大绿色产品需求转移系数 k 息息相关，若 a 增大，则供应商 A 的绿色投资成本将会增加，从而降低绿色程度，若 k 增加，则说明竞争市场环境下，更多的消费者看中产品的绿色程度，绿色产品的需求就会增大，从而带动绿色程度以及绿色产品订购量的增加，相应地也会导致非绿色产品的订购量减小。

由以上可得，零售商总的利润期望为：

$$\pi_R^{AP} = p_A Q_A^{AP*} - \gamma w_A Q_A^{AP*} [1 + r_A(L + T)] - p_A \int_0^{Q_A^{AP*}} F(D_1^{AP}) dD_1^{AP}$$

$$+ p_B Q_B^{AP*} - w_B Q_B^{AP*} (1 + r_B L) - p_A \int_0^{Q_B^{AP*}} F(D_2^{AP}) dD_2^{AP}$$

$$(11.12)$$

而供应商 A 的利润函数则写为：

197

$$\pi_A^{AP*} = \left\{ (\gamma w_A - c_A) \frac{1}{2} [1 + g(e_{AP}^*)](1 + \theta\phi_2)\mu - ae_{AP}^* \right\}[1 + r_A(T + L)]$$

$$(11.13)$$

供应商 B 的利润函数变为：

$$\pi_B^{AP*} = \{ w_B(1 + r_B L) - c_B[1 + r_B(T + L)] \} \frac{1}{2}[1 - g(e_{AP}^*)](1 + \theta\phi_B)\mu$$

$$(11.14)$$

推论 11.1 （1）当 $e_{AP}^* = \tilde{e}_{AP}$ 时，（1）$\dfrac{de_{AP}^*}{dc_A} < 0$，$\dfrac{de_{AP}^*}{d\theta} > 0$，$\dfrac{de_{AP}^*}{dv} > 0$；

（2）若在提前支付比例 $\gamma \in \left(\dfrac{c_A}{w_A}, 1 \right)$ 时，有 $\dfrac{d\phi_2}{d\gamma} < -\dfrac{\sigma(\gamma w_A - c_A)}{w_A(\mu + \phi_2\sigma)}$，$e_{AP}^*$

存在极大值，若 $\gamma \in \left(\dfrac{c_A}{w_A}, 1 \right)$ 时，始终 $\dfrac{d\phi_2}{d\gamma} \geqslant -\dfrac{\sigma(\gamma w_A - c_A)}{w_A(\mu + \phi_2\sigma)}$，则 $\dfrac{\partial e_{AP}^*}{\partial \gamma} > 0$。

证明：（1）当 $e_{AP}^* = \tilde{e}_{AP}$ 时，式（11.6）中的最佳绿色水平的表达式

中，对其关于供应商单位制造成本 c_A 求导，导数为 $\dfrac{de_{AP}^*}{dc_A} = \dfrac{-1}{\gamma w_A - c_A} < 0$。

对其关于 θ 求导，导数为 $\dfrac{de_{AP}^*}{d\theta} = \dfrac{\phi_2}{1 + \phi_2} > 0$。对零售价差价 v 求导，由于

需求随机分布为正态分布，因此导数为 $\dfrac{de_{AP}^*}{dv} = \dfrac{\theta}{1 + \theta\phi_2} \dfrac{d\phi_2}{dv} > 0$，证毕。

（2）对 e_{AP}^* 关于 γ 进行求导，得到导数 $\dfrac{\partial e_{AP}^*}{\partial \gamma} = \dfrac{w_A}{\gamma w_A - c_A} + \dfrac{1}{1 + \theta\phi_2}$

$\dfrac{d\phi_2}{d\gamma}$，其中 $\dfrac{d\phi_2}{d\gamma} < 0$，因此，若在 $\gamma \in \left(\dfrac{c_A}{w_A}, 1 \right)$ 时，存在 $\dfrac{d\phi_2}{d\gamma} <$

$-\dfrac{\sigma(\gamma w_A - c_A)}{w_A(\mu + \phi_2\sigma)}$，$e_{AP}^*$ 则为关于 γ 的单峰函数，存在 γ^*，使 $\dfrac{\partial e_{AP}^*}{\partial \gamma} = 0$，且

e_{AP}^* 达到极大值。若始终 $\dfrac{d\phi_2}{d\gamma} \geqslant -\dfrac{\sigma(\gamma w_A - c_A)}{w_A(\mu + \phi_2\sigma)}$，则导数在 γ 的定义域内

恒大于等于 0，证毕。

推论 11.2 当 $e_{AP}^* = \tilde{e}_{AP}$ 时，（1）$\dfrac{dQ_A^{AP*}}{dc_A} < 0$，$\dfrac{dQ_A^{AP*}}{d\theta} > 0$，$\dfrac{dQ_A^{AP*}}{d\Delta p} > 0$；

（2）若当 $\gamma \in \left(\dfrac{c_A}{w_A}, 1 \right)$ 时，存在 $\dfrac{d\phi_2}{d\gamma} < \dfrac{-2aw_A}{(\gamma w_A - c_A)^2(1 + k)\theta\mu}$ 时，Q_A^{AP*} 函

数是关于 γ 的单峰函数，存在 Q_A^{AP*} 的极大值，反之，则始终 $\dfrac{dQ_A^{AP*}}{d\gamma} > 0$。

证明：（1）供应商 A 最佳订货量为 $Q_A^{AP*} = \dfrac{1}{2}(1+k)(1+\theta\phi_2)\mu -$ $\dfrac{a}{\gamma w_A - c_A}$，对单位生产成本 c_A 求导，可得导数为 $\dfrac{dQ_A^{AP*}}{dc_A} = \dfrac{-a}{\gamma w_A - c_A} < 0$，因此当供应商 A 的单位制造成本 c_A 下降时，零售商对供应商 A 的订货量会随之增加。$\dfrac{dQ_A^{AP*}}{d\theta} = \dfrac{1}{2}(1+k)\phi_2\mu > 0$，当市场的正态分布变差系数越大，即市场越不稳定时，对供应商 A 的订货量越高。对零售价差价求导，由于需求随机分布为正态分布，导数 $\dfrac{dQ_A^{AP*}}{d\Delta p} = \dfrac{1}{2}(1+k)\theta\mu\dfrac{d\phi_2}{d\Delta p} > 0$，因此当绿色产品相较于非绿色产品的零售价越高时，订购量越大。

（2）对 Q_A^{AP*} 关于 γ 求导，得到导函数 $\dfrac{dQ_A^{AP*}}{d\gamma} = \dfrac{aw_A}{(\gamma w_A - c_A)^2} + \dfrac{1}{2}(1+k)\theta\mu\dfrac{d\phi_2}{d\gamma}$，其中 $\dfrac{d\phi_2}{d\gamma} < 0$，因此，当在 γ 的定义域内存在 $\dfrac{d\phi_2}{d\gamma} = -\dfrac{2aw_A}{(\gamma w_A - c_A)^2(1+k)\theta\mu}\dfrac{d\phi_2}{d\gamma}$，$Q_A^{AP*}$ 函数是关于 γ 的单峰函数，存在 $\tilde{\gamma}$ 使 Q_A^{AP*} 达到最大，反之，则导数在可行域中恒大于 0，Q_A^{AP*} 随 γ 的增大而增大，证毕。

根据推论 11.1 和推论 11.2，绿色水平 e_{AP}^* 和绿色产品订货量 Q_A^{AP*} 都随着单位制造成本 c_A 的增大而减小，且随着与非绿色产品零售价差价的增大而增大。同时，在市场需求波动增大时，零售商更倾向于增加对绿色产品的订购量，同时供应商 A 也更倾向于提高产品的绿色水平，扩大自己的市场。而提前支付比例 γ 对 e_{AP}^* 和 Q_A^{AP*} 的影响则需要根据市场环境，企业制造成本，批发价等多方因素影响，e_{AP}^* 和 Q_A^{AP*} 可能出现有极大值，或随着 γ 增大而增大这两种情况。

11.4　反向保理融资方式下的均衡决策

反向保理也称为逆向保理，通过保理商（或银行）与核心企业之间达成协议，银行买断核心企业的应付账款，为其上游提供融资。也就是在零售商与上游确定订购数量和价格之后，通过银行反向保理，在 $t=0$ 的时刻，向上游融资 $\lambda w_A Q_A^{RF}$ 的金额，而在 $t=T$ 时，零售商支付给银行 $w_A Q_A^{RF}$。

若上游企业选择反向保理，那么零售商销售供应商 A 的绿色产品所获得的利润为：

$$\pi_{R|A}^{RF} = \max E\left[\, p_A \min(Q_A^{RF},\ D_1^{RF}) - w_A Q_A^{RF}(1 + r_R L)\,\right] \quad (11.15)$$

零售商销售供应商 B 的非绿色产品的利润为：

$$\pi_{R|B}^{RF} = \max E\left[\, p_B \min(Q_B^{RF},\ D_2^{RF}) - w_B Q_B^{RF}(1 + r_R L)\,\right] \quad (11.16)$$

供应商 A 的利润为：

$$\pi_A^{RF} = \left[\,\lambda w_A Q_A^{RF} - (c_A Q_A^{RF} + a e_{RF})\,\right]^{+}\left[\,1 + r_A(T + L)\,\right] \quad (11.17)$$

供应商 B 的利润可以写为：

$$\pi_B^{RF} = w_B Q_B^{RF}(1 + r_B L) - c_B Q_B^{RF}\left[\,1 + r_B(T + L)\,\right] \quad (11.18)$$

令 $\bar{e}_{RF}$，$\tilde{e}_{RF}$ 满足表达式 $\lambda w_A Q_A^{RF*} = c_A Q_A^{RF*} + a\bar{e}_{RF}$，可得：

命题 11.3 在提前支付融资方式中，零售商均衡决策下的最优订购决策 $(e_{RF}^*, Q_A^{RF*}, Q_B^{RF*})$ 为：

$$e_{RF}^* = \min(\bar{e}_{RF},\ \tilde{e}_{RF}),\quad \tilde{e}_{RF} = \log\left[\frac{k(\lambda w_A - c_A)(1 + \theta\phi_1)\mu}{2a}\right],\quad Q_A^{RF*} =$$

$$\frac{1}{2}[1 + g(e_{RF}^*)](1 + \theta\phi_1),\quad Q_B^{RF*} = \frac{1}{2}[1 - g(e_{RF}^*)](1 + \theta\phi_B)\mu。\text{其中，}$$

$$\phi_1 = \Phi^{-1}\left[\frac{P_A - w_A(1 + r_R L)}{P_A}\right],\ \phi_B \text{ 与无资金约束无融资的情况相同，}$$

$$\phi_B = \Phi^{-1}\left[\frac{P_B - w_B(1 + r_R L)}{P_B}\right]。$$

证明：$\dfrac{d^2\pi_A^{RF}}{de_{RF}^2} = -\dfrac{1}{2}k\exp(-e_{RF})(\lambda w_A - c_A)(1 + \theta\phi_1)\mu[1 + r_A(L +$ $T)] < 0$，供应商 A 的利润 π_A^{RF} 是关于 e_{RF} 的单峰函数，存在极大值对 π_A^{RF} 求导，导数为 $\dfrac{d\pi_A^{RF}}{de_{AP}} = \left[\dfrac{1}{2}k\exp(-e_{RF})(\lambda w_A - c_A)(1 + \theta\phi_1)\mu - a\right]$ $[1 + r_A(L + T)]$，令其等于 0，便可以求得一个最优解 $\tilde{e}_{RF}$，若 $\tilde{e}_{RF} \leqslant \bar{e}_{AP}$，那么最优增加的绿色程度 $e_{RF}^* = \tilde{e}_{RF}$，若 $e_{RF}^* > \bar{e}_{AP}$，那么最优增加的绿色程度为 $e_{RF}^* = \bar{e}_{AP}$，即 $e_{RF}^* = \min(\bar{e}_{AP}, \tilde{e}_{RF})$，证毕。

从命题 11.3 中可以发现，反向保理下，供应商 A 的绿色程度组成结构与命题 11.2 中提前支付情况下的绿色程度相似，但反向保理是外部融资渠道，由银行承担了资金机会成本，因此也与提前期、销售期和供应商 A 的资金机会成本利率无关，且与反向保理支付比例 λ 有关。在均衡决策下，零售商的总利润为：

$$\pi_R^{RF} = p_A Q_A^{RF*} - w_A Q_A^{RF*}(1 + r_A L) - p_A \int_0^{Q_A^{RF*}} F(D_1^{RF}) dD_1^{RF} + p_B Q_B^{RF*}$$

$$- w_B Q_B^{RF*}(1 + r_B L) - p_A \int_0^{Q_B^{RF*}} F(D_2^{RF}) dD_2^{RF} \qquad (11.19)$$

推论 11.3　当 $e_{RF}^* = \tilde{e}_{RF}$ 时，$\dfrac{de_{RF}^*}{dc_A} < 0$，$\dfrac{de_{RF}^*}{d\theta} > 0$，$\dfrac{de_{RF}^*}{dv} > 0$，$\dfrac{de_{RF}^*}{d\lambda} > 0$。

证明：对绿色水平 e_{RF}^* 关于单位制造成本 c_A 求导，导数为 $\dfrac{de_{RF}^*}{dc_A} =$

$\dfrac{-1}{\lambda w_A - c_A} < 0$，对其关于变差系数 θ 求导，导数为 $\dfrac{de_{RF}^*}{d\theta} = \dfrac{\phi_1}{1 + \phi_1} > 0$，对其

关于零售价差价 Δp 求导，$\phi_1 = \Phi^{-1}\left(1 - \dfrac{w_A(1 + r_R L)}{P_B + \Delta p}\right)$，$\Delta p$ 增大，$1 -$

$\dfrac{w_A(1 + r_R L)}{P_B + \Delta p}$ 则增加，由于需求随机分布为正态分布，所以 $\dfrac{d\phi_1}{d\Delta p} > 0$，因

此导数为 $\dfrac{de_{RF}^*}{d\Delta p} = \dfrac{\theta}{1 + \theta \phi_1} \dfrac{d\phi_1}{d\Delta p} > 0$。

对求出的 e_{RF}^* 对反向保理中银行支付给上游供应商 A 的货款的比例

λ 求导，求导结果为 $\dfrac{de_{RF}^*}{d\lambda} = \dfrac{w_A}{\lambda w_A - c_A}$，为了保证利润，必然有 $\lambda w_A - c_A >$

0，因此，$\dfrac{de_{RF}^*}{d\lambda} > 0$。证毕。

推论 11.4　当 $e_{RF}^* = \tilde{e}_{RF}$ 时，$\dfrac{dQ_A^{RF*}}{dc_A} < 0$，$\dfrac{dQ_A^{RF*}}{d\theta} > 0$，$\dfrac{dQ_A^{RF*}}{d\Delta p} > 0$，

$\dfrac{dQ_A^{RF*}}{d\lambda} > 0$。

证明：由（11.13）可知，Q_A^{RF*} 代入 e_{RF}^* 后，$Q_A^{RF*} = \dfrac{1}{2}(1 + k)(1 +$

$\theta\phi_1)\mu - \dfrac{a}{\lambda w_A - c_A}$，对供应商 A 的单位制造成本 c_A 求导，得到导数为

$\dfrac{dQ_A^{RF*}}{dc_A} = \dfrac{-a}{(\lambda w_A - c_A)^2} < 0$，代入正态分布变差系数 θ，对 Q_A^{RF*} 关于 θ 求

导，导数为 $\dfrac{dQ_A^{RF*}}{d\theta} = \dfrac{1}{2}(1+k)\mu\phi_1 > 0$。对零售价差价 Δp 求导，由于需

求随机分布为正态分布，$\dfrac{d\phi_1}{dv} > 0$，因此导数 $\dfrac{dQ_A^{RF*}}{dv} = \dfrac{1}{2}(1+k)\theta\mu\dfrac{\partial\phi_1}{\partial v} > 0$，

对 Q_A^{RF*} 关于银行支付比例 λ 求导，得到导函数 $\dfrac{dQ_A^{RF*}}{d\lambda} = \dfrac{aw_A}{(\lambda w_A - c_A)^2} > 0$，

证毕。

根据推论 11.1 和推论 11.2，绿色水平 e_{RF}^* 和绿色产品订货量 Q_A^{RF*} 都随着单位制造成本 c_A 的增大而减小，且随着与非绿色产品零售价差价的增大而增大。同时，在市场需求波动增大时，零售商更倾向于增加对绿色产品的订购量，同时供应商 A 也更倾向于提高产品的绿色水平，扩大自己的市场。并且银行支付比例 λ 也对企业决策有一定影响，银行提高支付比例，更能刺激供应商 A 提高绿色水平 e_{RF}^*，同时也能激励零售商增加对绿色产品的订购量。

11.5　两种融资模式的均衡分析

针对供应商的生产资金不足问题，一种融资方式是零售商提前支付内部融资，另一种是银行反向保理外部融资。当零售商提供提前支付时，会获得一定的优惠折扣，但同时给零售商产生了一定的资金成本。而当使用反向保理时，零售商虽然没有资金成本的损失，但也无法获得折扣。因此，在什么情况下，零售商会选择哪种融资方式？哪种融资方式能提高供应链的订购水平和产品绿色度？为回答这些问题，以下对两种融资方式的均衡条件进行分析。

命题 11.4　若 $e_{AP}^* = \tilde{e}_{AP}$，$e_{RF}^* = \tilde{e}_{RF}$，则：当 $\lambda \leqslant \dfrac{1+r_A L}{1+r_A(T+L)}$ 时，

$e_{BF}^* > e_{RF}^*$，当 $\gamma \leqslant \dfrac{1+\theta\phi_1}{1+\theta\phi_2}\dfrac{w_A(1+r_A L) - c_A[1+r_A(T+L)]}{w_A[1+r_A(T+L)]} + \dfrac{c_A}{w_A}$ 时，$e_{BF}^* >$

e_{AP}^*，当 $\lambda < \dfrac{(\gamma w_A - c_A)(1+\theta\phi_2)}{w_A(1+\theta\phi_1)} + \dfrac{c_A}{w_A}$ 时，$e_{AP}^* > e_{RF}^*$。

推论 11.5　（1）当 $\lambda \leqslant \dfrac{1+r_A L}{1+r_A(T+L)}$ 时，$Q_B^{BF*} < Q_B^{RF*}$，$\pi_B^{BF*} <$

π_B^{RF*}；当 $\gamma \leqslant \dfrac{1+\theta\phi_1}{1+\theta\phi_2} \dfrac{w_A(1+r_AL)-c_A[1+r_A(T+L)]}{w_A[1+r_A(T+L)]} + \dfrac{c_A}{w_A}$ 时，$Q_B^{BF*} <$

Q_B^{AP*}，$\pi_B^{BF*} < \pi_B^{AP*}$；当 $\lambda < \dfrac{(\gamma w_A - c_A)(1+\theta\phi_2)}{w_A(1+\theta\phi_1)} + \dfrac{c_A}{w_A}$ 时，$Q_B^{AP*} < Q_B^{RF*}$，

$\pi_B^{AP*} < \pi_B^{RF*}$。

（2）当 $\lambda < \dfrac{2a(\gamma w_A - c_A)}{w_A[(1+k)(\theta\phi_2 - \theta\phi_1)\mu(\gamma w_A - c_A) - 2a]} + \dfrac{c_A}{w_A}$

时，$Q_A^{AP*} > Q_A^{RF*}$，$\lambda \leqslant \dfrac{1+r_AL}{1+r_A(T+L)}$ 时，$Q_A^{BF*} > Q_A^{RF*}$，当 $\gamma \leqslant \dfrac{1+\theta\phi_1}{1+\theta\phi_2}$

$\dfrac{w_A(1+r_AL)-c_A[1+r_A(T+L)]}{w_A(1+r_A(T+L))} + \dfrac{c_A}{w_A}$ 时，$Q_A^{BF*} > Q_A^{AP*}$。

（3）当 $\dfrac{1+r_AL}{1+r_A(T+L)} - \dfrac{2a\log\left\{\dfrac{w_A(1+r_AL)-c_A[1+r_A(T+L)]}{\lambda w_A - c_A}\right\}}{(1+k)(1+\theta\phi_1)\mu w_A} > \lambda$ 时，

$\pi_R^{BF} > \pi_R^{RF}$，当 $\left[\dfrac{(\gamma w_A - c_A)(1+\theta\phi_2)}{(\lambda w_A - c_A)(1+\theta\phi_1)} - 1\right] > \dfrac{2a\log\left[\dfrac{(\gamma w_A - c_A)(1+\theta\phi_2)}{(\lambda w_A - c_A)(1+\theta\phi_1)}\right]}{(1+k)(\lambda w_A - c_A)(1+\theta\phi_1)}$，

$\pi_R^{BF} > \pi_R^{AP}$，当 $\left\{\left[\dfrac{1+r_AL}{1+r_A(T+L)}w_A - c_A\right](1+\theta\phi_1)}{(\gamma w_A - c_A)(1+\theta\phi_2)} - 1\right\} > \dfrac{2a\log\left\{\dfrac{w_A(1+r_AL)-c_A[1+r_A(T+L)]}{\gamma w_A - c_A}\right\}}{\mu(1+k)(\gamma w_A - c_A)(1+\theta\phi_2)}$

时，$\pi_R^{AP} > \pi_R^{RF}$。

由命题 11.4 和推论 11.5 可以看出，受提前期、销售期长短、批发价、成本价、市场波动的变差系数等内外因素影响，不同的内外环境以及提前支付比例 γ 与银行支付比例 λ 的不同，会影响绿色水平的高低，绿色产品订货量的高低，从而影响绿色供应商 A 的利润。从推论 11.5 中可以看出，在一定情况下，绿色供应商 A 在使用供应链金融融资时的利润会大于无资金约束时的利润，因此即使绿色供应商 A 的资金充足，不需要融资，他们依然会为了追求更高的利润使用提前支付或反向保理这样的供应链金融手段。

11.6　数　值　分　析

11.6.1　批发价的灵敏度分析

对比分析在两种融资下，对不同市场环境下的供应商 A 的批发价 w_A 进行灵敏度进行分析。当供应商 A 与 B 的单位制造成本为 $c_A = 0.3$，其他参数设定为 $P_A = P_B = 1$，$\lambda = 0.9$，$\gamma = 0.9$，$k = 0.5$，$r_A = r_B = 0.02$，$a = 0.2$，市场需求环境的参数设定为 $\mu = 10$，$\theta = 0.25$ 批发价 w_A 的变化范围是 $[(c_A/\lambda), \{1/[1 + r_A(T + L)]\}]$。

从图 11.3 可以看出，在以上设定的外生变量的情况下，在确保绿色程度为正时，无资金约束与反向保理融资下的供应商 A 利润函数为单峰函数，在这两种情况下，存在一个 w_A 使绿色供应商 A 的利润达到最大。从图上可以看出，w_A 偏小的情况下，三种情况下的利润差距不大，但随着 w_A 的增大，无融资和提前支付融资情况下的供应商 A 利润增长明显大于反向保理融资模式。并且在提前支付情况下，供应商 A 的利润始终随着批发价的增大而增大。

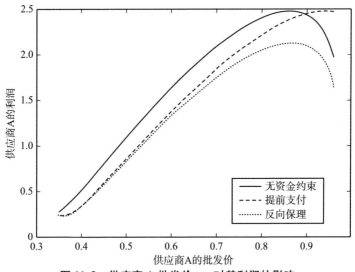

图 11.3　供应商 A 批发价 w_A 对其利润的影响

供应商 B 的利润函数的构成不但涉及了供应商 B 的批发价，还与供应商 A 的批发价有关。从图 11.4 可以看出，供应商 A 使用提前支付融资时，供应商 B 的利润是关于 w_B 的单峰函数，随着 w_B 先增大，后减小。同时，w_A 也对供应商 B 的利润有一定的影响，π_B^{RF*} 随着 w_A 的增大而减小，在 A 点时，π_B^{AP*} 达到最大。由图 11.5 可以发现，在供应商使用反向保理融资方式时，w_B 对 π_B^{AP*} 的影响与提前支付相似，π_B^{AP*} 也是关于 w_B 的单峰函数，而 π_B^{AP*} 也是关于 w_A 单调减函数，在 B 点时，π_B^{RF*} 达到最大。

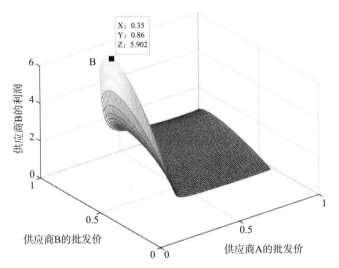

图 11.4　反向保理下 w_A、w_B 对 B 利润的影响

11.6.2　提前支付比例的灵敏度分析

假设 $w_A = w_B = 0.5$，其他参数设定除市场需求参数外与上节相同，γ 的变化范围为 $[(c_A/w_A), 1]$。首先分析在不同变差系数下 γ 对绿色供应商 A 的绿色程度和订货量影响。如图 11.6 所示，不同的市场环境下，γ 对绿色供应商绿色程度的影响也是不同的。当变差系数相对较小，即市场较稳定时，绿色程度随着 γ 的增大而增大，且当 γ 接近或等于 1 时，提前支付下的绿色程度大于无资金约束的情况。而当变差系数较大，即市场波动性大的情况下，绿色程度是关于 γ 的单峰函数，先增大后减小，且最

大的 $e_{AP}^* > e_{BF}^*$，而当 γ 接近于 1 时，零售商的提前支付折扣很小，却要承担绿色投资的机会成本，而较大的市场波动性促使零售商订货量减小，从而导致供应商 A 的绿色程度小于无融资的情况。

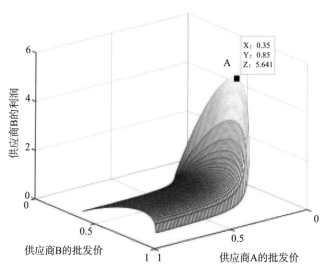

图 11.5　提前支付下 w_A、w_B 对 B 利润的影响

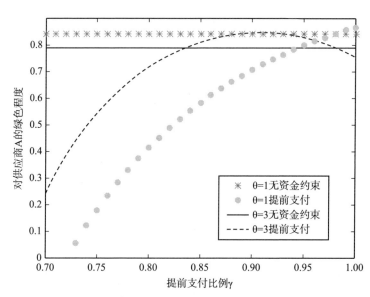

图 11.6　不同 θ 下 γ 对供应商 A 绿色程度的影响

　　如图 11.7 所示，当变差系数较小，即市场波动较小时，零售商对绿色供应商 A 的订货量随着 γ 的增加而增加，且订货量始终小于无资金约束无融资的情况，而当变差系数较大时，订货量则随着 γ 的增大而先增大后减小，且订货量始终大于无资金约束无融资的情况。说明市场波动情况对订货量趋势的变化有很大影响。

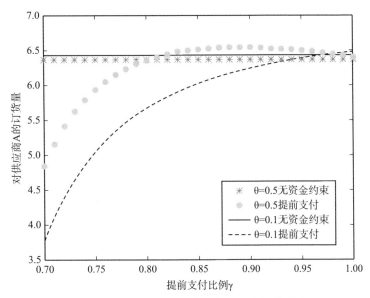

图 11.7　不同 θ 下 γ 对供应商 A 订货量的影响

　　以下分析市场需求均值均为 10 时，不同变差系数下，γ 对供应链上企业和整个供应链系统利润的影响，结果如表 11.2 ~ 表 11.4 所示。其中，供应链系统整体利润设定为 $\pi_{SC}^{i}(i = B, AP)$，分别代表无资金约束和有资金约束并使用提前付款融资两种情况，其利润差额记为 $\Delta\pi_{A}^{AP} = \pi_{A}^{AP} - \pi_{A}^{BF}$，$\Delta\pi_{B}^{AP} = \pi_{B}^{AP} - \pi_{B}^{BF}$，$\Delta\pi_{R}^{AP} = \pi_{R}^{AP} - \pi_{R}^{BF}$，$\Delta\pi_{SC}^{AP} = \pi_{SC}^{AP} - \pi_{SC}^{BF}$。

表 11.2　γ 对供应链上各方及整个系统的影响 （θ = 0.25）

γ	变差系数 θ = 0.25			
	$\Delta\pi_{A}^{AP}$	$\Delta\pi_{B}^{AP}$	$\Delta\pi_{R}^{AP}$	$\Delta\pi_{SC}^{AP}$
0.6	− 1.2892	0.6520	1.0987	0.4615
0.7	− 0.9578	0.2387	1.3661	0.6470

续表

γ	变差系数 $\theta = 0.25$			
	$\Delta\pi_A^{AP}$	$\Delta\pi_B^{AP}$	$\Delta\pi_R^{AP}$	$\Delta\pi_{SC}^{AP}$
0.8	− 0.6026	0.1015	1.0241	0.5230
0.9	− 0.2594	0.0336	0.5778	0.3520
1	0.0588	− 0.0063	0.1122	0.1647

表 11.3　　　　γ 对供应链上各方及整个系统的影响（θ = 1）

γ	变差系数 $\theta = 1$			
	$\Delta\pi_A^{AP}$	$\Delta\pi_B^{AP}$	$\Delta\pi_R^{AP}$	$\Delta\pi_{SC}^{AP}$
0.57	− 0.8953	0.5380	2.2880	1.9307
0.6	− 0.7928	0.3339	2.7018	2.2430
0.7	− 0.4428	0.1006	2.3416	1.9994
0.8	− 0.1749	0.0300	1.5243	1.3794
0.9	− 0.0244	0.0037	0.7073	0.6866
0.96	0.0026	− 0.0004	0.2553	0.2575
1	− 0.0080	0.0012	− 0.0249	− 0.0318

表 11.4　　　　γ 对供应链上各方及整个系统的影响（θ = 2）

γ	变差系数 $\theta = 2$			
	$\Delta\pi_A^{AP}$	$\Delta\pi_B^{AP}$	$\Delta\pi_R^{AP}$	$\Delta\pi_{SC}^{AP}$
0.53	− 0.4351	0.5577	1.3527	1.4753
0.6	− 0.1533	0.0547	4.7078	4.6092
0.7	0.2141	− 0.0445	3.6159	3.7855
0.8	0.3622	− 0.0649	2.1786	2.4758
0.9	0.2623	− 0.0519	0.8828	1.0933
1	− 0.0838	0.0262	− 0.1444	− 0.2020

可以看出：

（1）针对绿色供应商 A 来说，当市场需求环境波动较小时，即变差系数较小时，其利润随着 γ 的增大而增大，在市场环境波动较大时，则呈现单峰函数的状态，存在 γ 使其利润达到最大，此时供应商 B 的利润达到最低，激励非绿色供应商进行绿色发展。

（2）而对于零售商和整个供应链系统来说，其利润变化并不和绿色供应商同步，以上三种市场环境中，零售商和供应链系统的利润均为关于 γ 的单峰函数，随着 γ 先增大后减小，且往往在 γ 较小时达到最大值，且此时的绿色供应商利润往往小于无融资的情况。

（3）针对于供应商 B 来说，其利润的变化与绿色供应商 A 正好相反，当市场环境较稳定时，其利润随着 γ 的增大而减小，而在市场波动较大时，先减小后增大。

（4）针对零售商而言，当市场波动较小时，提前支付融资的利润始终大于无资金约束时的利润，而对于绿色供应商而言，只有 γ 达到较大的水平时（接近或等于 1），其利润才会大于无融资的情况。而当市场波动较大时，零售商背负了更多的风险，在 γ 很大时其利润反而会低于其在无融资情况下的利润。

可以看出：给定不同市场环境随机需求的变差系数，供应商和零售商还可以通过调整参数 γ 来签订提前支付货款的协议，以此适应不同的市场需求环境，且始终存在一个 pareto 区域［如当变差系数 $\theta = 2$ 时，pareto 区域为 $\gamma \in (0.7, 0.9)$］，使绿色供应商 A、零售商以及整个供应链系统的利润均大于无融资的情况，实现绿色供应链融资的价值。

11.6.3　反向保理银行支付比例的灵敏度分析

参数设定除市场需求参数外与 11.6.2 节相同，λ 的变化范围为 $[c_A/w_A, 1]$。市场需求均值均为 10 时，在不同变差系数下，λ 对供应链上各个企业和整个供应链系统利润的影响，结果如表 11.5 ~ 表 11.7 所示。其中，供应链系统整体利润设定为 $\pi_{SC}^i (i = B, RF)$，分别代表无资金约束和有资金约束并使用反向保理融资两种情况，其利润差额记为 $\Delta \pi_A^{RF} = \pi_A^{RF} - \pi_A^{BF}$，$\Delta \pi_B^{RF} = \pi_B^{RF} - \pi_B^{BF}$，$\Delta \pi_R^{RF} = \pi_R^{RF} - \pi_R^{BF}$，$\Delta \pi_{SC}^{RF} = \pi_{SC}^{RF} - \pi_{SC}^{BF}$。

表 11.5　　　λ 对供应链上各方及整个系统的影响（θ = 0.25）

γ	变差系数 θ = 0.25			
	$\Delta\pi_A^{RF}$	$\Delta\pi_B^{RF}$	$\Delta\pi_R^{RF}$	$\Delta\pi_{SC}^{RF}$
0.6	− 1.3286	0.7920	− 0.5093	− 1.0459
0.7	− 1.0381	0.2920	− 0.0248	− 0.7709
0.8	− 0.6877	0.1253	0.1218	− 0.4406
0.9	− 0.3129	0.0420	0.1792	− 0.0916
1	0.0754	− 0.0080	0.2087	0.2761

表 11.6　　　λ 对供应链上各方及整个系统的影响（θ = 1）

γ	变差系数 θ = 1			
	$\Delta\pi_A^{RF}$	$\Delta\pi_B^{RF}$	$\Delta\pi_R^{RF}$	$\Delta\pi_{SC}^{RF}$
0.6	− 0.9484	0.7920	− 0.4102	− 0.5665
0.7	− 0.7577	0.2920	0.0072	− 0.4585
0.8	− 0.5072	0.1253	0.0716	− 0.3103
0.9	− 0.2322	0.0420	0.0971	− 0.0931
1	0.0562	− 0.0080	0.1107	0.1589

表 11.7　　　λ 对供应链上各方及整个系统的影响（θ = 2）

γ	变差系数 θ = 2			
	$\Delta\pi_A^{RF}$	$\Delta\pi_B^{RF}$	$\Delta\pi_R^{RF}$	$\Delta\pi_{SC}^{RF}$
0.6	− 0.4413	0.7920	—	—
0.7	− 0.3838	0.2920	− 0.0615	− 0.1533
0.8	− 0.2664	0.1253	− 0.0024	− 0.1436
0.9	− 0.1246	0.0420	0.0164	− 0.0661
1	0.0306	− 0.008	0.0258	0.0484

可以看出，在不同的市场环境下，银行支付比例 λ 对供应链上各个企业以及整个供应链系统的影响。从上表可以看出，对于绿色供应商 A、零售商以及整个供应链系统而言，λ 越大，他们的利润也就越大。

（1）针对绿色供应商 A 来说，只有在 λ 较大时，其利润才会大于无资金约束情况，在给定某一较大的 λ 时，市场越稳定，绿色供应商利润相对无融资情况增加的越多；若支付比例 λ 不是很大时，利润会相对减少，并且市场越稳定，减少得越多。

（2）针对供应商 B 来说，与无资金约束相比，λ 不够大，反向保理融资会促使其获得更多利润，并且市场需求波动越大，利润越大，此时反向保理不能够促使非绿色企业开展绿色生产。

（3）针对零售商而言，利润则随着变差系数的减小而增大，说明市场需求越稳定，零售商的利润相比无资金约束的情况增加得更多。

（4）针对供应链整体而言，市场越稳定，总利润就越大，但反向保理对供应链整体的正向影响不大，只有在 λ 很大时，反向保理下的利润才会大于无资金约束下的利润。

对比这内外两种融资渠道，虽然在支付比例很高（等于 1 或接近 1）的情况下，反向保理可以实现绿色供应商、零售商和整个供应链系统的共赢，但反向保理属于供应链外部融资，且银行是营利性的第三方金融机构，因此反向保理下银行支付比例 λ 协商空间较小。提前支付融资是供应链内部融资，协商空间较大，且始终存在一个 pareto 区域，可以提升绿色供应商和零售商利润，从而更大地提高绿色供应商的绿色程度。对绿色供应链系统利润进行对比，可以发现提前支付下的系统最高利润大于反向保理下的系统最高利润。

11.7　本章小结

本章探究了消费者的绿色偏好对供应商之间竞争的影响，并且针对绿色供应商有资金约束的情况，分析了两种融资模式渠道，且对这两种融资模式下的均衡策略进行对比分析，结合市场波动性，得到的管理启示体现在如下几个方面：（1）对于供应商来说，在消费者有绿色产品偏好的竞争市场中，进行合理的绿色投资可以提高利润和零售商订购量；（2）对于反向保理服务来说，银行在 t = 0 时融资给供应商的比例越大，也就越能激励供应商提高绿色程度，增加零售商的订货量，同时也越能激励其竞争对手也提高产品的绿色程度；（3）对于提前支付内部融资来说，都存在 γ 的 pareto 区域，绿色供应商提高绿色程度的同时，实现整条绿色供应链的共赢；（4）在不同的市场环境下，融资方式对企业决策和利润的影响也不同，企业可以根据实际内外部情况来选择合适的融资方式。

对于下游企业来说，可以使用绿色供应链金融的方式，与绿色供应商进行协商制定提前支付方案，鼓励供应商主动参与绿色生产，提升供应商绿色程度，实现绿色供应链系统的共赢。同时利用消费者的绿色消费偏好，推动非绿色供应商提高绿色程度，并且与银行积极开展合作，为供应商提供低成本融资。并且根据各个供应商与市场环境的不同，为各个核心供应商量身制定融资方案。

第12章　考虑碳交易机制的供应链融资策略

　　随着全球气候变暖、能源安全等问题日益严峻，碳排放问题越来越受到世界各国的高度重视。2019年12月，欧盟委员会发布《欧洲绿色新政》，提出"2050年实现欧洲大陆的碳中和"。作为世界最大的能源消费国，2020年9月，我国提出"2030年'碳达峰'与2060年'碳中和'"（以下简称"双碳"）目标。党的二十大报告明确指出："推动经济社会发展绿色化、低碳化是实现高质量发展的关键环节。"因此，构建绿色产业链，推行低碳生产，实现企业碳减排改造具有重要的现实意义。

　　为促进企业绿色低碳转型，世界各国政府积极采取应对措施限制企业的碳排放，如碳税、碳限额、碳补贴等。其中，碳交易作为一种碳规制被各国政府广泛采用。在碳交易机制下，政府为企业规定碳排放的上限，若企业在实际生产过程中产生的碳排放量超过或未达到此限额，企业可以在碳交易市场进行排放额度的买卖，即企业可以根据碳排放的实际情况在碳交易市场上购买或出售碳排放权。

　　然而，企业进行低碳转型和碳交易都需要充足的资金作为保障。制造商通常面临资金不足、融资成本高、融资渠道狭窄等问题，导致制造商难以投入到低碳生产过程中，这将直接影响产品的绿色程度以及整个供应链的可持续运营。碳交易机制是一种限制企业碳排放手段，也是推动企业进行低碳转型的催化剂。而供应链金融依赖企业所在供应链中核心企业的信用，为上下游企业提供融资服务，从而纾解企业融资难、融资贵、融资渠道狭窄等问题。

　　在实践中，多家银行和大型企业运用供应链金融手段开展绿色信贷服务。如：兴业银行创新低碳信贷产品，提供碳排放权金融和"8+1"

融资服务，为节能环保企业提供多样化的融资模式。2007 年，深圳相控公司提交减少温室气体排放证明报告后，从兴业银行申请得到 750 万元的低碳信贷资金支持；上海浦东银行、华融湘江银行都纷纷发起了为企业绿色产品融资的特殊渠道，为生产低碳产品的企业缓解了融资难问题。多家企业基于碳交易机制进行技术创新，降低生产过程的碳排放量。如：H&M 通过加强对原材料的把控和改进工艺推出可持续系列产品，TCL 研发"自然光核心技术"降低能耗达 46%。百威英博公司依靠可再生能源减少了 30% 的碳排放。因此，考虑碳交易机制下资金约束供应链的融资问题具有重要的现实背景。

12.1　问题描述与假设

考虑由单一制造商与单一零售商组成的二级供应链，制造商的生产和减排行为受到资金约束。制造商有两种融资方式：一种是制造商凭借下游零售商的订单向银行申请订单融资（以下简称"银行融资"）；另一种是零售商向制造商提前支付货款，保证制造商的生产运营所需资金（以下简称"提前支付"）。制造商进行低碳生产，政府给予制造商的碳配额为 T，单位产品生产的初始碳排放量为 e_0，单位产品的生产成本为 c，制造商的碳减排总量为 e，碳减排的投资成本为 $\frac{1}{2}\delta e^2$，其中 δ 为低碳减排投资成本系数。生产周期结束时，当制造商的碳排放总量 $e_0 q - e$ 小于政府规定碳配额 T，制造商可以在碳交易机制下，以碳交易价格 p_e 出售剩余的碳配额。反之，制造商则需要以 p_e 价格购买超出碳配额的碳排放量。

假设市场逆需求函数为 $p = a - q + \beta e$，其中，$a(a > 0)$ 为市场的基本需求，$\beta(0 < \beta < 1)$ 为消费者的低碳偏好程度。在制造商为主导的供应链中，制造商和零售商之间的 Stackelberg 博弈顺序为：制造商先确定批发价格 w 和碳减排量 e 之后，零售商根据批发价格和碳减排量确定订购量 q，并以销售价格 $p(p > w)$ 向市场进行销售。为保证最优解的存在性，假设 $e_0 \delta < \beta$，$2\delta - \beta^2 > 0$，$e_0 \beta < 2$。

为简化模型，本书给出如下假设：

（1）制造商的初始资金为零，销售季末产品的残值也为零。

（2）制造商和零售商都是风险中性的理性决策者，以自身的利润最大化为目标。

（3）供应链中上下游企业之间的信息对称。

（4）制造商和零售商均是信誉良好的企业，不考虑企业的违约风险。

（5）忽略产品的订购、生产和配送等环节所花费的时间。

本章其他主要符号如表 12.1 所示。

表 12.1　　　　　　　　　　　　主要符号说明

符号	含义
i	$i = 1, 2, 3$ 分别表示制造商无资金约束、银行融资和提前支付三种情形
p_i	在第 i 种情形下单位产品的零售价格
w_i	制造商的决策变量，在第 i 情形下单位产品的批发价格
e_i	制造商的决策变量，在第 i 情形下制造商的碳减排量
q_i	零售商的决策变量，在第 i 情形下零售商的订购量
r	银行融资利率，$0 < r < 1$
μ	零售商提前支付产生的资金成本，$0 < \mu < 1$
π_i^r	第 i 种情形下零售商的利润
π_i^m	第 i 种情形下制造商的利润
π_i	第 i 种情形下供应链系统的利润

假设市场需求的逆需求函数为 $p = a - q + \beta e$，$q = a - p + \beta e$ 其中：a（$a > 0$）为市场的潜力，β 为消费者对产品的低碳偏好程度。本章基本的符号如下：w_i 为单位产品的批发价格；q_i 为产品的生产量；e_i 为制造商的减排量；银行利率为 r；批发价格折扣为 k；π_i^r 零售商的利润；π_i^m 为制造商的利润；π_i 为供应链系统的利润。下标 $i = 1, 2, 3$ 分别代表无融资、银行融资和提前支付融资。碳交易机制下资金约束制造商融资运作流程如图 12.1 所示。

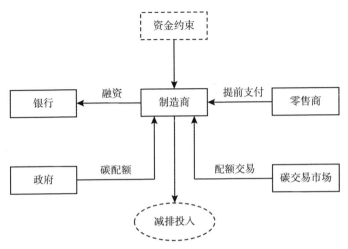

图 12.1　碳交易机制下资金约束制造商的供应链融资

若制造商资金充足，零售商和制造商的决策模型如下：

$$\pi_1^r = \max_{q_1}(a - q_1 + \beta e_1 - w_1) q_1 \tag{12.1}$$

$$\pi_1^m = \max_{w_1, e_1}(w_1 - c) q_1 - [(e_0 q_1 - e_1) - T] p_e - \frac{1}{2}\delta e_1^2 \tag{12.2}$$

引理 12.1　制造商无资金约束时，供应链最优均衡决策为：最优

批发价 $w_1^* = \dfrac{2(a + c + e_0 p_e)\delta + p_e\beta(2 - e_0\beta) - c\beta^2}{4\delta - \beta^2}$，最优碳减排量 $e_1^* =$

$\dfrac{(a - c)\beta + p_e(4 - e_0\beta)}{4\delta - \beta^2}$，最优订购量 $q_1^* = \dfrac{p_e\beta + [(a - c) - e_0 p_e]\delta}{4\delta - \beta^2}$。

证明：因为 $\dfrac{\partial^2 \pi_1^r}{\partial q_1^2} = -2 < 0$，$\pi_1^r$ 为 q_1 的拟凹函数，一阶条件可得

$q_1^* = \dfrac{a + \beta e_1 - w_1}{2}$。代入式（12.2）中，对 π_1^m 同时求解 w_1，e_1。其海赛

矩阵为 $H = \begin{bmatrix} -1 & \dfrac{1}{2}\beta \\ \dfrac{1}{2}\beta & -\delta \end{bmatrix}$，$|H| = \delta - \dfrac{1}{4}\beta^2 > 0$，$\dfrac{\partial^2 \pi_1^m}{\partial w_1^2} = -1 < 0$，因此，

制造商有最优批发价格和碳减排量，从一阶条件可得 $w_1^* =$

$\dfrac{2(a + c + e_0 p_e)\delta + p_e\beta(2 - e_0\beta) - c\beta^2}{4\delta - \beta^2}$，$e_1^* = \dfrac{(a - c)\beta + p_e(4 - e_0\beta)}{4\delta - \beta^2}$，代

入 q_1^* 可得 $q_1^* = \dfrac{p_e\beta + [(a-c)-e_0p_e]\delta}{4\delta - \beta^2}$。

从引理 12.1 可以看出，无资金约束情况下，制造商和零售商的最优决策与单位产品的初始碳排放量 e_0，碳市场交易价格 p_e 相关，与碳配额 T 无关。

根据引理 12.1，容易得到，零售商的最优利润为 $\pi_1^r = \dfrac{[(a-c-e_0p_e)\delta + p_e\beta]^2}{(4\delta-\beta^2)^2}$，制造商的最优利润为 $\pi_1^m = \dfrac{2p_e[p_e(2-e_0\beta)+\beta(a-c-T\beta)]+[(a-c-e_0p_e)^2+8p_eT]\delta}{2(4\delta-\beta^2)}$。

12.2　模型构建与分析

12.2.1　银行融资情形下供应链的均衡决策

制造商可凭借零售商的订单向银行进行抵押获得融资，待销售季末偿还银行本息和。制造商处于供应链主导地位，零售商是跟随者，且制造商和零售商服从 Stackelberg 博弈，此时，博弈顺序为：首先，制造商决定碳减排量 e 和批发价格 w，零售商再确定订购量 q。银行融资情形下供应链上下游企业的均衡决策模型如下：

$$\pi_2^r = \max_{q_2}(a-q_2+\beta e_2-w_2)q_2 \tag{12.3}$$

$$\pi_2^m = \max_{w_2,e_2} w_2q_2 - [(e_0q_2-e_2)-T]p_e - (cq_2+\frac{1}{2}\delta e_2^2)(1+r) \tag{12.4}$$

式（12.4）的第一部分是产品销售给零售商所得利润；第二部分是碳交易机制下碳排放所得利润，若碳排放量超过规定额度，则是支出的碳购买成本；第三部分是进行碳减排的投资成本。采用逆向归纳法，可得供应链的均衡决策。

命题 12.1　制造商采用银行融资时，供应链最优均衡决策为：最优批发价 $w_2^* = \dfrac{(1+r)(2\delta a-c\beta^2)+p_e\beta(2-e_0\beta)+2(1+r)[c(1+r)+e_0p_e]\delta}{4(1+r)\delta-\beta^2}$，

最优碳减排量 $e_2^* = \dfrac{4p_e + [a - e_0 p_e - c(1+r)]\beta}{4(1+r)\delta - \beta^2}$，最优订购量 $q_2^* = $

$\dfrac{(1+r)[a - c(1+r) - e_0 p_e]\delta + p_e\beta}{4(1+r)\delta - \beta^2}$。

证明过程类似引理 12.1。

推论 12.1 （1）$\dfrac{\partial q_2^*}{\partial p_e} > 0$，$\dfrac{\partial q_2^*}{\partial r} < 0$，$\dfrac{\partial q_2^*}{\partial \delta} < 0$；（2）$\dfrac{\partial e_2^*}{\partial p_e} > 0$，$\dfrac{\partial e_2^*}{\partial r} < $

0，$\dfrac{\partial e_2^*}{\partial \delta} < 0$；（3）$\dfrac{\partial w_2^*}{\partial p_e} > 0$，$\dfrac{\partial w_2^*}{\partial r} < 0$，$\dfrac{\partial w_2^*}{\partial \delta} < 0$。

证明：由命题 12.1，

（1）$\dfrac{\partial q_2^*}{\partial p_e} = \dfrac{e_0(1+r)\delta - \beta}{\beta^2 - 4(1+r)\delta} > 0$，

$\dfrac{\partial q_2^*}{\partial r} = \dfrac{\delta\{p_e\beta(e_0\beta - 4) + 2c(1+r)[\beta^2 - 2(1+r)\delta] - a\beta^2\}}{[\beta^2 - 4(1+r)\delta]^2} < 0$，

$\dfrac{\partial q_2^*}{\partial \delta} = \dfrac{(1+r)\beta[(c+cr-a)\beta + p_e(e_0\beta - 4)]}{[\beta^2 - 4(1+r)\delta]^2} < 0$；

（2）$\dfrac{\partial e_2^*}{\partial p_e} = \dfrac{e_0\beta - 4}{\beta^2 - 4(1+r)\delta} > 0$，$\dfrac{\partial e_2^*}{\partial r} = \dfrac{\beta(c\beta^2 - 4\delta a) - 4p_e(4 - e_0\beta)\delta}{[\beta^2 - 4(1+r)\delta]^2} < 0$，

$\dfrac{\partial e_2^*}{\partial \delta} = \dfrac{4(1+r)\{[c(1+r) - a]\beta + p_e(e_0\beta - 4)\}}{[\beta^2 - 4(1+r)\delta]^2} < 0$；

（3）$\dfrac{\partial w_2^*}{\partial p_e} = \dfrac{\beta(e_0\beta - 2) - 2e_0(1+r)\delta}{\beta^2 - 4(1+r)\delta} > 0$，

$\dfrac{\partial w_2^*}{\partial r} = \dfrac{\beta^2(c\beta^2 - 2a\delta) - c(1+r)\delta[8(1+r)\delta - 4\beta^2] - 2\beta\delta p_e(4 - e_0\beta)}{[\beta^2 - 4(1+r)\delta]^2} < 0$，

$\dfrac{\partial w_2^*}{\partial \delta} = \dfrac{2(1+r)\beta\{[c(1+r) - a]\beta + p_e(e_0\beta - 4)\}}{[\beta^2 - 4(1+r)\delta]^2} < 0$。证毕。

推论 12.1 表明，碳交易价格的提升将促进零售商的订购量，激励制造商进行碳减排的投入，降低碳排放量，同时，碳减排的投入会导致批发价的提高。银行融资利率虽然会降低制造商的批发价，但对零售商订购量和制造商的碳减排量都将产生负面影响。随着低碳投资成本系数的增加，制造商的碳减排成本上升，碳减排量降低。即使降低批发价，也不能扩大零售商的采购量。因此，随着政府和消费者对产品低碳水平的关注，制造商只有提高碳减排的投入，才能扩大市场销售量。

从命题 12.1 可以得到零售商利润为 $\pi_2^r = \dfrac{\{p_e\beta + (1+r)[a - c(1+r) - e_0 p_e]\delta\}^2}{[4(1+r)\delta - \beta^2]^2}$，制造

商利润为 $\pi_2^m = \dfrac{2p_e\{p_e(2 - e_0\beta) + \beta[a - c(1+r) - T\beta]\} + (1+r)\{[a - c(1+r) - e_0 p_e]^2 + 8p_e T\}\delta}{8(1+r)\delta - 2\beta^2}$。

12.2.2　提前支付情形下的供应链均衡决策

在提前支付模式下，制造商缺乏生产资金，资金充足零售商为确保销售产品不断货，会和制造商协议商定批发价，并向制造商提前支付货款，确保制造商正常生产和运营。此时，制造商和零售之间博弈顺序类似银行融资情形。提前支付情形下供应链上下游企业的均衡决策模型如下：

零售商的决策函数为：

$$\pi_3^r = \max_{q_3}(a - q_3 + \beta e_3 - w_3)q_3 - \mu w_3 q_3 \tag{12.5}$$

零售商的销售利润中，因提前支付会产生资金成本 $\mu w_3 q_3$。

制造商的利润函数为：

$$\pi_3^m = \max_{w_3, e_3} w_3 q_3 - [(e_0 q_3 - e_3) - T]p_e - \left(cq_3 + \frac{1}{2}\delta e_3^2\right) \tag{12.6}$$

式（12.6）的第一部分是产品销售给零售商所得利润；第二部分是碳交易机制下碳排放所得利润，若碳排放量超过规定额度，则是支出的碳购买成本；第三部分是进行碳减排的投资成本。

采用逆向归纳法，易得零售商和制造商的最优决策，如命题 12.2 所示。

命题 12.2　零售商提供提前支付时，供应链最优均衡决策为：最优

批发价 $w_3^* = \dfrac{2a\delta + c[2\delta(1+\mu) - \beta^2] - p_e[e_0\beta^2 - 2e_0\delta(1+\mu) - 2\beta]}{4\delta(1+\mu) - \beta^2}$，最

优碳减排量 $e_3^* = \dfrac{p_e(4 - e_0\beta)(1+\mu) + \beta(a - c - c\mu)}{4\delta(1+\mu) - \beta^2}$，最优订购量 $q_3^* =$

$\dfrac{(1+\mu)[(a - c - c\mu)\delta - e_0 p_e\delta(1+\mu) + p_e\beta]}{4\delta(1+\mu) - \beta^2}$。

证明过程类似命题 12.1。

推论 12.2 （1） $\frac{\partial q_3^*}{\partial p_e} > 0$，$\frac{\partial q_3^*}{\partial \delta} < 0$，$\frac{\partial q_3^*}{\partial \mu} < 0$；（2） $\frac{\partial e_3^*}{\partial p_e} > 0$，$\frac{\partial e_3^*}{\partial \delta} < 0$，$\frac{\partial e_3^*}{\partial \mu} < 0$；（3） $\frac{\partial w_3^*}{\partial p_e} > 0$，$\frac{\partial w_3^*}{\partial \delta} < 0$，$\frac{\partial w_3^*}{\partial \mu} < 0$。

证明：（1） $\frac{\partial q_3^*}{\partial p_e} = \frac{(1+\mu)[e_0\delta(1+\mu) - \beta]}{\beta^2 - 4\delta(1+\mu)} > 0$，

$$\frac{\partial q_3^*}{\partial \delta} = \frac{\beta(1+\mu)[p_e(e_0\beta - 4)(1+\mu) + \beta(c + c\mu - a)]}{[\beta^2 - 4\delta(1+\mu)]^2} < 0,$$

$$\frac{\partial q_3^*}{\partial \mu} = \frac{1}{4}\left(\frac{\beta^2[c\beta^2 - 4a\delta + p_e\beta(e_0\beta - 4)]}{[\beta^2 - 4\delta(1+\mu)]^2} - c - e_0 p_e\right) < 0;$$

（2） $\frac{\partial e_3^*}{\partial p_e} = \frac{(e_0\beta - 4)(1+\mu)}{\beta^2 - 4\delta(1+\mu)} > 0$，

$$\frac{\partial e_3^*}{\partial \delta} = \frac{4(1+\mu)[p_e(e_0\beta - 4)(1+\mu) + \beta(c + c\mu - a)]}{[\beta^2 - 4\delta(1+\mu)]^2} < 0,$$

$$\frac{\partial e_3^*}{\partial \mu} = \frac{\beta[c\beta^2 - 4a\delta + p_e\beta(e_0\beta - 4)]}{[\beta^2 - 4\delta(1+\mu)]^2} < 0;$$

（3） $\frac{\partial w_3^*}{\partial p_e} = \frac{e_0\beta^2 - 2e_0\delta(1+\mu) - 2\beta}{\beta^2 - 4\delta(1+\mu)} > 0$，

$$\frac{\partial w_3^*}{\partial \delta} = \frac{2\beta[p_e(e_0\beta - 4)(1+\mu) + \beta(c + c\mu - a)]}{[\beta^2 - 4\delta(1+\mu)]^2} < 0,$$

$$\frac{\partial w_3^*}{\partial \mu} = \frac{2\delta[c\beta^2 - 4a\delta + p_e\beta(e_0\beta - 4)]}{[\beta^2 - 4\delta(1+\mu)]^2} < 0。$$

从推论 12.2 可知，在零售商提前支付情形下，碳交易市场价格、低碳投资成本系数和零售商资金成本对零售商的最优订购量、制造商的批发价决策和碳减排决策的影响与银行融资情形下的变化趋势相似。零售商和制造商的利润分别为：

$$\pi_3^r = \frac{(1+\mu)^2[\delta(a - c - c\mu) - e_0 p_e\delta(1+\mu) + p_e\beta]^2}{[4\delta(1+\mu) - \beta^2]^2},$$

$$\pi_3^m = \frac{\delta[a - c(1+\mu)]^2 + p_e^2(1+\mu)[4 - 2e_0\beta + e_0^2\delta(1+\mu)]}{2[4\delta(1+\mu) - \beta^2]} +$$

$$\frac{2p_e(T[4\delta(1+\mu) - \beta^2] + a[\beta - e_0\delta(1+\mu)] + c(1+\mu)[e_0\delta(1+\mu) - \beta])}{2[4\delta(1+\mu) - \beta^2]}。$$

12.3 制造商融资渠道的选择策略

12.3.1 三种情形下的决策对比分析

以下对比分析无资金约束、银行融资和提前支付三种情形下，零售商订购决策、制造商批发价和碳减排决策。

命题 12.3 对比不同情形下的最优订购量与最优碳减排量，可以得到：

（1）当零售商的资金成本 μ 较高（即 $r \leqslant \mu < 1$）时，有 $q_1^* > q_2^* > q_3^*$，$e_1^* > e_2^* > e_3^*$；

（2）当零售商的资金成本 μ 较低（即 $0 < \mu < r$）时，有 $q_1^* > q_3^* > q_2^*$，$e_1^* > e_3^* > e_2^*$。

证明：当 $r = 0$ 时，$q_1^* = q_2^*$；由于 $\dfrac{\partial q_2^*}{\partial r} < 0$，所以，当 $r > 0$ 时 $q_1^* > q_2^*$。当 $\mu = 0$ 时，$q_1^* = q_3^*$；由于 $\dfrac{\partial q_3^*}{\partial \mu} < 0$，所以，当 $\mu > 0$ 时 $q_1^* > q_3^*$。$q_2^* - q_3^* = p_e \beta (\mu\beta^2 - r4\delta(1+\mu)) + e_0 p_e \delta [\beta^2(r-\mu)] + [c(1+r)^2 - c(1+\mu)^2]\beta^2 + 4c(1+r)\delta(1+\mu)[\mu - r] + a\beta^2[\mu - r]$，因此，当 $0 < \mu \leqslant r$ 时 $q_3^* > q_2^*$；当 $r < \mu < 1$ 时 $q_2^* > q_3^*$。

同样，当 $r = 0$ 时，$e_1^* = e_2^*$，$\dfrac{\partial e_2^*}{\partial r} < 0$，当 $r > 0$ 时 $e_1^* > e_2^*$。当 $\mu = 0$ 时，$e_1^* = e_3^*$，由于 $\dfrac{\partial e_2^*}{\partial \mu} < 0$，当 $\mu > 0$ 时，$e_1^* > e_3^*$。而 $e_2^* - e_3^* = \dfrac{[4a\beta\delta - c\beta^3](\mu - r) + p_e(e_0\beta - 4)[4r\delta(1+\mu) - \beta^2\mu]}{[\beta^2 - 4(1+r)\delta][\beta^2 - 4\delta(1+\mu)]}$，因此，$0 < \mu \leqslant r$ 时，$e_3^* > e_2^*$；$r < \mu < 1$ 时，$e_2^* > e_3^*$。

命题 12.3 表明，无资金约束下零售商的最优订货量总是高于银行融资和提前支付情形下的订购量。零售商的订购决策受资金成本和银行融资利率的影响。当零售商的资金成本 μ 大于银行融资利率 r 时，提前支付占用了零售商较多的资金成本，这将导致订单量的下降。反之，当融资利率大于资金成本时，制造商碳减排的成本增加，低碳生产的投入减少，这将导致产品的低碳水平不高，市场需求量下降，同样导致零售商订购量的降低。

从命题12.3和推论12.2还可以得出，制造商的资金约束对碳减排量存在负面影响。当零售商资金成本大于银行融资利率时，提前支付未必会降低制造商的碳减排量。这是因为，提前支付融资模式中，零售商的资金成本将促使制造商降低产品批发价，制造商为获得生产利润将降低在生产过程中的碳减排投入，这将直接降低产品的低碳水平。从而降低订购量，制造商的碳减排量伴随着生产量的降低而降低。当银行融资利率较高时，制造商因为融资成本高会降低生产量，从而导致碳减排量下降。

命题12.4 对比分析三种情形下的最优批发价，可以得到：

（1）当零售商的资金成本 μ 较高，即 $r \leqslant \mu < 1$ 时，有 $w_1^* > w_2^* > w_3^*$；

（2）当零售商的资金成本 μ 较低，即 $0 < \mu < \dfrac{\beta^2 r}{4\delta(1+r)}$ 时，有 $w_1^* > w_3^* > w_2^*$。

证明：当 $r = 0$ 时，$w_1^* = w_2^*$；由于 $\dfrac{\partial w_2^*}{\partial r} < 0$，所以，当 $r > 0$ 时，$w_1^* > w_2^*$。当 $\mu = 0$ 时，$w_1^* = w_3^*$，$\dfrac{\partial w_3^*}{\partial \mu} < 0$，所以，当 $\mu > 0$ 时，$w_1^* > w_3^*$。

$$w_2^* - w_3^* = \frac{r\{\beta^2(c\beta^2 - 2a\delta) - c(1+r)\delta[8(1+r)\delta - 4\beta^2] - 2\beta\delta p_e(4 - e_0\beta)\} + 2\delta\{\beta[4p_e - (c + e_0 p_e + 2cr)\beta] + 4(1+r)(a + cr)\delta\}\mu}{[\beta^2 - 4(1+r)\delta][\beta^2 - 4\delta(1+\mu)]},$$

分母 >0，分子 $= 2a\delta[4\delta(1+r)\mu - \beta^2 r] + 2\beta\delta p_e(4 - e_0\beta)[\mu - r] + 2c(1+r)\delta\beta^2\mu + 4(1+r)cr\delta\mu + 2cr\beta^2\delta\mu - 8c(1+r)^2\delta^2 r$。所以，当 $r \leqslant \mu < 1$ 时，$w_2^* > w_3^*$；当 $0 < \mu < \dfrac{\beta^2 r}{4\delta(1+r)}$ 时，$w_3^* > w_2^*$。

从命题12.4可以看出，制造商无资金约束时，总是给出最高的批发价。当银行融资利率低于零售商提前支付的资金成本时（$r \leqslant \mu$），制造商在银行融资情形下的批发价高于提前支付下的批发价，这是因为银行融资利率较低，较低的融资成本会让制造商占据谈判优势地位，对零售商的销售价格会更高。当融资利率大于一定程度 $\left(如：r > \dfrac{4\delta(1+r)\mu}{\beta^2}\right)$ 时，制造商的融资成本过高，只有降低批发价才能吸引零售商提高订购量。因此，制造商的批发价决策依赖于融资渠道的资金成本。

12.3.2　制造商融资渠道的选择策略

以下通过对比分析各种情形下，供应链上下游企业的融资利润，从而得出制造商融资渠道的选择策略。针对零售商而言，三种情形下的利润对比结果，如命题 12.5 所示。

命题 12.5　对比分析三种情形下的最优零售商利润，有：

（1）当零售商的资金成本 μ 较高，$r < \mu < 1$ 时，有 $\pi_1^r > \pi_2^r > \pi_3^r$；

（2）当零售商的资金成本 μ 较低，$0 < \mu \leqslant r$ 时，有 $\pi_1^r > \pi_3^r > \pi_2^r$。

证明：当 $r = 0$ 时，$\pi_2^r = \pi_1^r$，由于 $\dfrac{\partial \pi_2^r}{\partial r} = \dfrac{8\delta(p_e\beta - (1+r)(-a + c + e_0 p_e + cr)\delta)^2}{(\beta^2 - 4(1+r)\delta)^3} +$

$\dfrac{2[-c(1+r)\delta - (-a + c + e_0 p_e + cr)\delta][p_e\beta - (1+r)(-a + c + e_0 p_e + cr)\delta]}{(\beta^2 - 4(1+r)\delta)^2} < 0,$

因此 $\pi_1^r > \pi_2^r$；当 $\mu = 0$ 时，$\pi_3^r = \pi_1^r$；由于 $\dfrac{\partial \pi_3^r}{\partial \mu} = \dfrac{2(c\delta + e_0 p_e\delta)(1+\mu)^2[-p_e\beta + e_0 p_e\delta(1+\mu) + \delta(-a + c + c\mu)]}{[\beta^2 - 4\delta(1+\mu)]^2} +$

$\dfrac{2(1+\mu)[-p_e\beta + e_0 p_e\delta(1+\mu) + \delta(-a + c + c\mu)]^2}{[\beta^2 - 4\delta(1+\mu)]^2} + \dfrac{8\delta(1+\mu)^2[-p_e\beta + e_0 p_e\delta(1+\mu) + \delta(-a + c + c\mu)]^2}{[\beta^2 - 4\delta(1+\mu)]^3} < 0,$ 有

$\pi_1^r > \pi_3^r$。因为 $\pi_2^r - \pi_3^r = \dfrac{\{p_e\beta + (1+r)[a - c(1+r) - e_0 p_e]\delta\}^2}{[4(1+r)\delta - \beta^2]^2} - \dfrac{(1+\mu)^2[\delta(a - c - c\mu) - e_0 p_e\delta(1+\mu) + p_e\beta]^2}{[4\delta(1+\mu) - \beta^2]^2},$

分子化简为 $p_e\beta(\mu\beta^2 - r4\delta(1+\mu)) + e_0 p_e\delta[\beta^2(r - \mu)] + [c(1+r)^2 - c(1+\mu)^2]\beta^2 + 4c(1+r)\delta(1+\mu)[\mu - r] + a\beta^2[\mu - r]$，因此，当 $0 < \mu \leqslant r$ 时，$\pi_3^r > \pi_2^r$；当 $r < \mu < 1$ 时 $\pi_2^r > \pi_3^r$。证毕。

命题 12.5 表明，制造商融资情形下，零售商的利润始终低于制造商无资金约束情形下的最优利润。并且，银行融资利率或者零售商自身资金成本越高，都不利于零售商盈利。零售商在制造商采取银行融资或提前支付两种情形下的利润大小取决于零售商资金成本与银行融资利率之间的对比情况。若零售商资金成本更大，零售商在银行融资模式下的利润更大，反之亦然。

命题 12.6 对比分析三种情形下的最优制造商利润，有：

(1) 当零售商的资金成本 μ 较高，$r \leq \mu < 1$ 时。有 $\pi_1^m > \pi_2^m > \pi_3^m$；

(2) 当零售商的资金成本 μ 较低，$0 < \mu < \dfrac{\beta^2 r}{4\delta(1+r)}$ 时，有 $\pi_1^m > \pi_3^m > \pi_2^m$。

证明：当 $r = 0$ 时，$\pi_2^m = \pi_1^m$，$\dfrac{\partial \pi_2^m}{\partial r} = \dfrac{2cp_e\beta - 2c(1+r)(-a+c+e_0p_e+cr)}{\delta - [(-a+c+e_0p_e+cr)^2 + 8p_eT]\delta} + $

$\dfrac{8\delta(2p_e(p_e(-2+e_0\beta)+\beta(-a+c+cr+T\beta)) - (1+r)((-a+c+e_0p_e+cr)^2 + 8p_eT)\delta)}{(2\beta^2 - 8(1+r)\delta)^2} < 0$，所以，$\pi_1^m > \pi_2^m$；

同理，当 $\mu = 0$ 时，$\pi_3^m = \pi_1^m$，由于 $\dfrac{\partial \pi_3^m}{\partial \mu} < 0$，$\pi_1^m > \pi_3^m$。而 $\pi_2^m - \pi_3^m$ 的分子 $= 2p_e ae_0\delta\beta^2[r-\mu] + 2ap_e\beta4\delta[\mu-r] + a^2\delta[4\delta(1+r)\mu - r\beta^2] + 2ac\delta\beta^2[(1+r)^2 - (1+\mu)] - 8ac\delta^2(1+\mu)(1+r)r + 4\delta^2c^2(1+\mu)(1+r)[(1+r)^2 - (1+\mu)] + (c+cr+T\beta)2p_e\beta[\beta^2 - 4\delta(1+\mu)] - 2p_e\beta[c(1+\mu)+T\beta][\beta^2 - 4(1+r)\delta] + 2p_e(1+\mu)\delta[4T + ce_0(1+\mu)][\beta^2 - 4(1+r)\delta] - 2p_e(1+r)\delta[ce_0(1+r) + 4T][\beta^2 - 4\delta(1+\mu)] + p_e^2(1+\mu)[4 - 2e_0\beta + e_0^2\delta(1+\mu)][\beta^2 - 4(1+r)\delta] - p_e^2(4 - 2e_0\beta + e_0^2(1+r)\delta)[\beta^2 - 4\delta(1+\mu)]$，当 $r \leq \mu < 1$ 时，$\pi_2^m > \pi_3^m$；当 $0 < \mu < \dfrac{\beta^2 r}{4\delta(1+r)}$ 时，$\pi_3^m > \pi_2^m$。证毕。

从命题 12.6 可以看出，两种融资方式都不能使资金约束制造商实现无资金约束情形下所获的最优利润。当银行融资利率低于零售商提前支付时的资金成本时，制造商将选择银行融资。而当融资利率大于零售商资金成本的某一临界值 $\left[r > \dfrac{4\delta(1+r)\mu}{\beta^2} \right]$ 时，制造商将选择零售商提前支付货款来获得生产资金。

根据命题 12.5 和命题 12.6，可以看出，针对资金约束的制造商，存在零售商和制造商的 Pareto 最优策略。当银行融资利率低于提前支付资金成本时，银行融资方式是供应链上下游企业的均衡策略；当银行融资利率高于提前支付资金成本的临界值时，制造商将选择零售商提前支付，这对制造商和零售商都有利。

12.4　数　值　分　析

12.4.1　供应链均衡决策的灵敏度分析

设置参数 $a = 1$；$c = 0.1$；$e_0 = 0.8$；$p_e = 0.3$；$\delta = 0.6$；$T = 1$；$r = \mu = 0.05$，零售商最优订购量随参数 β 的变化情况如图 12.2 所示。

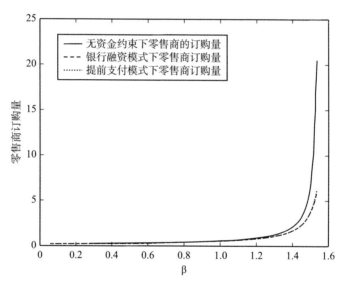

图 12.2　零售商最优订购量随参数 β 的变化

图 12.2 表明了三种情形下零售商的订购量随消费者低碳偏好程度的变化。可以看出，无资金约束下零售商的最优订购量大于银行融资与提前支付方式下的最优订购量。同时，零售商的订购量随着消费者低碳偏好程度的增加而增加，但银行融资与提前支付两种方式下，零售商订购量的增加幅度相差不大。

设置参数 $a = 1$；$c = 0.1$；$e_0 = 0.8$；$p_e = 0.3$；$\beta = 0.5$；$\delta = 0.6$；$T = 1$；$0 \leqslant r \leqslant 1$，$0 \leqslant \mu \leqslant 1$。三种情形下制造商碳减排量随参数 r，μ 的变化情况如图 12.3 所示。

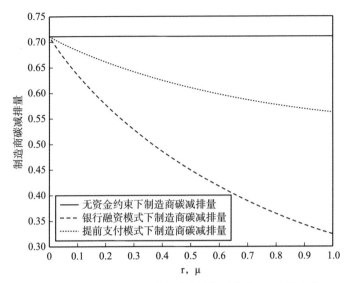

图12.3　不同情形下制造商碳减排量随参数 r，μ 的变化

从图 12.3 可以看出，无资金约束下制造商的碳减排量大于银行融资和提前支付模式下的碳减排量，这与命题 12.3 相一致。随着银行融资利率（或零售商资金成本）的增加，制造商碳减排量逐渐递减。并且，若银行融资利率与零售商资金成本相同时，相比银行融资模式，提前支付下制造商碳减排量更大，而且银行融资模式下碳减排量的降低幅度大于提前支付方式下的碳减排量。可见，制造商对银行融资模式更加敏感，融资利率对制造商低碳生产活动的影响更加显著。

设置参数 $a = 1$；$c = 0.1$；$e_0 = 0.8$；$\beta = 0.5$；$\delta = 0.6$；$T = 1$；$r = \mu = 0.05$。制造商批发价决策随碳市场交易价格 p_e 的变化情况如图 12.4 所示。

从图 12.4 可以看出，随着碳交易市场价格的上升，制造商批发价也逐渐上升。无资金约束下制造商的批发价总是大于银行融资与提前支付方式，且制造商在提前支付方式下给出的批发价显著低于银行融资模式下的批发价，与命题 12.4 相一致。这是因为，零售商提前支付时耗费了资金成本，制造商为补偿零售商利益，需降低批发价来激励零售商提前支付货款。这与实际中，下游零售商提前付款享受批发价折扣优惠一致。

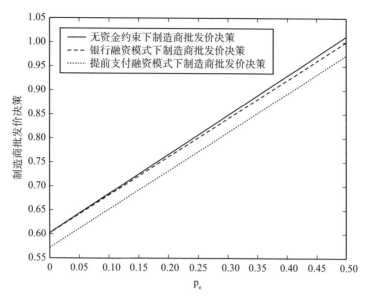

图 12.4　批发价决策随碳市场交易价格 p_e 的变化

12.4.2　供应链融资利润的灵敏度分析

设置参数 $a = 1$；$c = 0.1$；$e_0 = 0.8$；$p_e = 5$；$\beta = 0.5$；$\delta = 0.6$；$T = 1$；$0 \leqslant r \leqslant 1$，$0 \leqslant \mu \leqslant 1$。供应链系统利润随随参数 r，μ 的变化情况如图 12.5 所示。

图 12.5 描绘了不同情形下供应链系统的利润随银行利率 r（或零售商资金成本系数 μ）的变化。可以看出，从供应链整体利润来看，无资金约束下的系统利润大于银行融资模式下的系统利润。当 $\mu \leqslant 0.6$ 时，无资金约束下供应链系统利润大于提前支付方式下的系统利润，但当 $\mu > 0.6$ 时，提前支付下的供应链整体利润将大于无资金约束下的利润。也就是，提前支付下虽然零售商的资金成本系数较高，但可以从制造商处获得廉价的产品销售价格，从而降低零售商的资金成本，有利于提高供应链的整体利润。

设置参数 $a = 1$；$c = 0.1$；$e_0 = 0.8$；$p_e = 0.3$；$\beta = 0.5$；$\delta = 0.6$；$T = 1$；$0 \leqslant r \leqslant 1$，$0 \leqslant \mu \leqslant 1$，制造商和零售商的融资决策随参数 r，μ 的变化情况如图 12.6 所示。

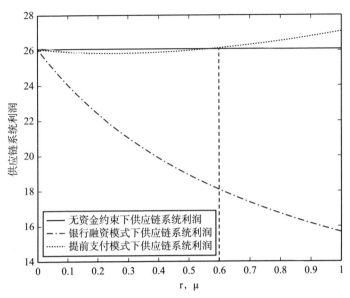

图 12.5　供应链系统利润随随参数 r，μ 的变化

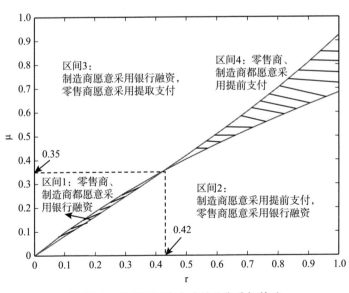

图 12.6　供应链融资方式的均衡选择策略

图 12.6 刻画了制造商和零售商的融资均衡策略随参数 μ 与 r 的变化情况，这与命题 12.5 和命题 12.6 相一致。针对银行融资和提前支付

两种方式下，制造商和零售商的选择策略而言，可以看出，当 $\mu \leqslant 0.35$，$r \leqslant 0.42$ 时，区间 I 表示零售商和制造商都愿意采用银行融资方式；当 $\mu > 0.35$，$r > 0.42$ 时，在区间 IV，提前支付对零售商和制造商都更有利。当融资利率和零售商资金成本系数位于区间 II 和区间 III 时，任何一种融资方式都无法实现供应链上下游企业的 Pareto 利润。例如，区间 II 中（$\mu < 0.35$，$r > 0.42$），提前支付对制造商有利，但对零售商不利。区间 III 中（$\mu > 0.35$，$r < 0.42$），提前支付对零售商有利，但对制造商不利。因此，资金约束制造商可根据实际情况选择更优的融资方式，使得供应链上下游企业获得双赢。

12.5 本章小结

在碳交易机制背景下，考虑资金约束制造商的融资策略。通过对无资金约束、银行融资、提前支付三种情形下的供应链均衡决策和利润进行对比分析，为制造商的融资方式选择策略提供了参考。研究表明，提升碳交易价格会扩大零售商的订购量和制造商的碳减排量，但批发价也随之上升。随着银行利率和零售商资金成本系数的增加，零售商将逐渐降低采购量，制造商的低碳生产投入降低，碳减排量减少，而批发价也将逐渐降低。虽然不同的融资方式可以缓解资金约束制造商的低碳生产需要，但供应链的均衡决策都无法实现无资金约束下的最优决策。制造商融资方式的选择策略主要受银行利率与零售商资金成本系数的影响，当两者参数位于 Pareto 区间范围，选择恰当的融资方式可以实现供应链上下游企业的共赢。因此，在碳交易机制下，供应链企业在投资减排技术之前，应该根据实际情况全面考虑减排成本与碳交易价格，以确保资金使用的合理性和利润目标实现的最大化。

本章的研究结论是建立在确定性需求函数的基础上，将来可以进一步考虑市场随机需求对碳交易机制下制造商融资策略的影响。同时，探讨上下游企业之间的信息不对称、供应链企业成员风险偏好程度、政府碳配额的设置对供应链融资决策的作用效应等都是未来值得研究的方向。

第 13 章　总结与展望

党的二十大报告提出我国经济高质量发展的总体目标和要求，坚持把发展经济的着力点放在实体经济上，推进新型工业化，加快建设制造强国、质量强国、网络强国、数字中国。产业链供应链是经济运行的基础，推动经济高质量发展需要建设现代化经济体系，需要产业链供应链安全和稳定作为保障，需要数字化供应链作为推动引擎，需要绿色低碳化的供应链作为发展动力。2022 年 10 月，国际采购与供应链管理联盟世界峰会对全球供应链未来的发展趋势达成了三点共识——数字化，韧性和安全，绿色低碳、可持续发展。而供应链金融作为产业链供应链发展的重要支撑，在保链稳链，疏通上下游资金流困境，解决链上企业融资难问题等方面发挥了积极作用。本书在高质量发展背景下，从安全稳定、数字赋能、绿色低碳三个视角研究供应链融资策略，旨在为更好发挥供应链金融服务的作用和价值提供帮助。本章对研究工作进行总结，并对将来进一步的研究方向提出展望。

13.1　研　究　总　结

本书的主要研究工作和取得的成果可以归结为如下几个方面：

（1）供应链上下游中小企业的资金断裂直接影响供应链整体的安全和稳定，研究了供应链上游制造商和下游零售商出现资金约束时，供应链的融资均衡策略；并且，考虑零售商和制造商所处的市场竞争环境，探究供应链的融资决策。结论表明，供应链金融可以扩大零售商的采购规模或制造商的生产规模，提高供应链的供给能力，并可提高供应链的整体利润，促使供应链各成员实现共赢。但在市场竞争环境下，供应链金融虽然可以在一定程度上解决中小企业的资金短缺问题，但不能实现融资效用的最大化。

（2）数字技术赋能供应链金融产品和服务，提高供应链融资效率，节约融资成本。研究了区块链技术下供应链的融资决策问题。结论表明，区块链在一定程度上可以扩大零售商的货物质押量，扩大零售商市场份额，同时降低第三方物流企业的监管成本，提高市场竞争力；并且，监管成本越高，区块链技术应用于存货质押融资带来的经济效益更显著。同时，区块链可以有效缓解供应链中多级中小企业的融资难问题，且对于生产成本较高、市场需求较大的产品而言，区块链对供应链应收账款融资产生的作用和价值更大。

（3）对于企业的绿色低碳转型问题，传统做法大多是通过惩罚的手段限制企业的碳排放，而供应链金融是通过设计激励机制，促进碳减排，推动企业进行绿色生产，提高产品的绿色环保程度。研究了面向供应商绿色制造的供应链融资策略问题。结论表明，供应链金融可以促进企业的绿色生产，在市场竞争环境下，绿色投资有利于增加企业的订购量和绿色供应商的利润，激励非绿色企业进行绿色投资。处于供应链下游的企业可以加强与银行等金融机构的合作，积极运用提前支付与银行融资相结合的方式，为上游企业的绿色生产制定合理的融资方案。

13.2　研究展望

目前，关于经济高质量发展背景下产业链供应链现代化水平的研究仍处于起步阶段，供应链金融在促进产业经济高质量发展的研究成果还不丰富，很多研究问题还有待今后进行深入探讨，未来的研究方向有：

（1）供应链由核心企业与其上下游企业构成的网络，其结构比较复杂。不同的市场竞争环境，企业的运营行为有所不同，对供应链安全和稳定性的影响也不同。如何根据不同的运营和市场需求环境，构建适应的模型，制定合理的融资策略，使得资金能最大效能地发挥其融资作用，从而得到一些具有指导意义的结论，是今后需要进一步深入研究的课题。

（2）本书仅对基于区块链技术的供应链融资策略进行了初步研究，

构建的模型仍存在局限性和不足。未来可考虑区块链技术对存货质押率、动态存货质押业务、保兑仓等具体融资业务模式的影响。在实践中，区块链技术可支持核心企业的信用在多级供应链中进行拆分和流转已得到了产业界的普遍认可，但学术界还缺乏关于区块链技术下信用传递机制的理论成果，缺乏考虑多级供应链中核心企业信用的拆、转、融决策。因此，开展基于区块链技术的多级供应链信用传递与融资决策研究，也是未来研究的一个方向。

（3）本书将产品的绿色程度引入市场需求函数，探究绿色消费对上游制造商绿色生产及融资的影响。但在实际中，即使顾客会考虑产品的绿色因素但也并不一定会购买绿色产品，未来可以进一步考虑市场价格对绿色供应链上企业融资决策问题。为简化模型，本书均假设上下游企业信息对称，但实际中即使在同一条供应链上，各企业之间的信息并不一定完全对称，未来可以考虑供应商和零售商之间信息不对称对绿色供应链融资决策的影响。

参 考 文 献

[1] 白燕飞，翟冬雪，吴德林，林熹. 基于区块链的供应链金融平台优化策略研究 [J]. 金融经济学研究，2020，35（4）：119－132.

[2] 陈金龙，占永志. 第三方供应链金融的双边讨价还价博弈模型 [J]. 管理科学学报，2018，21（2）：91－103.

[3] 陈祥锋. 资金约束供应链中贸易信用合同的决策与价值 [J]. 管理科学学报，2013，16（12）：13－20.

[4] 储雪俭，高博. 区块链驱动下的供应链金融创新研究 [J]. 金融发展研究，2018（8）：68－71.

[5] 邓爱民，李云凤. 基于区块链的供应链"智能保理"业务模式及博弈分析 [J]. 管理评论，2019，31（9）：231－240.

[6] 高杰，霍红，张晓庆. 区块链技术的应用前景与挑战：基于信息保真的视角 [J]. 中国科学基金，2020，34（1）：25－30.

[7] 龚强，班铭媛，张一林. 区块链、企业数字化与供应链金融创新 [J]. 管理世界，2021，37（2）：22－34＋3.

[8] 郭菊娥，陈辰. 区块链技术驱动供应链金融发展创新研究 [J]. 西安交通大学学报（社会科学版），2020，40（3）：46－54.

[9] 胡东滨，杨志慧，陈晓红. "区块链＋"商业模式的文献计量分析 [J]. 系统工程理论与实践，2021，41（1）：247－264.

[10] 李健，王亚静，冯耕中，汪寿阳，宋昱光. 供应链金融述评：现状与未来 [J]. 系统工程理论与实践，2020，40（8）：1977－1995.

[11] 李健，朱士超，李永武. 基于综合集成方法论的区块链驱动下供应链金融决策研究 [J]. 管理评论，2020，32（7）：302－314.

[12] 李毅学，汪寿阳，冯耕中. 物流金融中季节性存货质押融资质押率决策 [J]. 管理科学学报，2011，14（11）：19－32.

[13] 李勇建，陈婷. 区块链赋能供应链：挑战、实施路径与展望

[J]. 南开管理评论, 2021, 24 (5): 192 - 203 + 212.

[14] 林楠. 基于区块链技术的供应链金融模式创新研究 [J]. 新金融, 2019 (4): 51 - 55.

[15] 刘露, 李勇建, 姜涛. 基于区块链信用传递功能的供应链融资策略 [J]. 系统工程理论与实践, 2021, 41 (5): 1179 - 1196.

[16] 鲁其辉, 曾利飞, 周伟华. 供应链应收账款融资的决策分析与价值研究 [J]. 管理科学学报, 2012, 15 (5): 10 - 18.

[17] 孟庆春, 潘建, 王自然, 等. 基于中小供应商低碳融资需求的核心企业统一授信额度配置研究 [J]. 中国管理科学, 网络首发. 10. 16381/j. cnki. issn1003 - 207x. 2020. 1781.

[18] 秦娟娟, 李婧. 碳交易机制下资金约束制造商替代产品的最优生产策略研究 [J]. 运筹与管理, 2021, 30 (5): 88 - 94.

[19] 宋华, 韩思齐, 刘文诣. 数字技术如何构建供应链金融网络信任关系? [J]. 管理世界, 2022, 38 (3): 182 - 200.

[20] 宋华, 卢强. 什么样的中小企业能够从供应链金融中获益? ——基于网络和能力的视角 [J]. 管理世界, 2017 (6): 104 - 121.

[21] 宋华, 杨雨东, 陶铮. 区块链在企业融资中的应用: 文献综述与知识框架 [J]. 南开管理评论, 2022, 25 (2): 34 - 48.

[22] 唐丹, 庄新田. 基于区块链债转平台的供应链融资决策 [J]. 系统工程, 2019, 37 (6): 58 - 66.

[23] 唐丹, 庄新田. 基于"应收款链"平台的多期供应链融资 [J]. 系统工程, 2021, 39 (4): 56 - 70.

[24] 王文利, 骆建文. 基于价格折扣的供应链预付款融资策略研究 [J]. 管理科学学报, 2014, 17 (11): 20 - 32.

[25] 熊熊, 马佳, 赵文杰, 王小琰, 张今. 供应链金融模式下的信用风险评价 [J]. 南开管理评论, 2009, 12 (4): 92 - 98 + 106.

[26] 晏妮娜, 孙宝文. 考虑信用额度的仓单质押融资模式下供应链金融最优策略 [J]. 系统工程理论与实践, 2011, 31 (9): 1674 - 1679.

[27] 杨光勇, 计国君. 碳排放规制与顾客环境意识对绿色创新的影响 [J]. 系统工程理论与实践, 2021, 41 (3): 702 - 712.

［28］杨浩雄，段炜钰．面向制造商资金约束的绿色供应链融资策略研究［J］．运筹与管理，2019，8（28）：126 –133.

［29］于辉，李鑫．供应链视角下零售商股权融资最优估值模型［J］．管理科学学报，2018，21（9）：91 –104.

［30］张川，马慧敏，郭振．碳限额与交易机制和消费者低碳偏好下的供应链减排及融资策略［J］．控制与决策，2023，38（11）：3271 –3278.

［31］张李浩，常陆雨，范体军．资金约束供应链 RFID 投资决策与融资优化［J］．中国管理科学，2021，29（5）：45 –54.

［32］支帮东，陈俊霖，刘晓红．碳限额与交易机制下基于成本共担契约的两级供应链协调策略［J］．中国管理科学，2017，25（7）：48 –56.

［33］钟远光，周永务，李柏勋，王圣东．供应链融资模式下零售商的订货与定价研究［J］．管理科学学报，2011，14（6）：35 –46.

［34］周永圣，梁淑慧，刘淑芹，等．绿色信贷视角下建立绿色供应链的博弈研究［J］．管理科学学报，2017，20（12）：87 –98.

［35］Babich V，Hilary G. Distributed ledgers and operations：What operations management researchers should know about blockchain technology［J］. Manufacturing & Service Operations Management，2020，22（2）：223 –240.

［36］Babich V. Independence of capacity ordering and financial subsidies to risky suppliers［J］. Manufacturing & Service Operations Management，2010，12（4）：583 –607.

［37］Babich V，Kouvelis P. Introduction to the special issue on research at the interface of finance，operations，and risk management（iFORM）：Recent contributions and future directions［J］. Manufacturing & Service Operations Management，2018，20（1）：1 –18.

［38］Babich V，Tang C S. Managing opportunistic supplier product adulteration：Deferred payments，inspection，and combined mechanisms［J］. Manufacturing & Service Operations Management，2012，14（2）：301 –314.

［39］Bateman A. Tracking the value of traceability［J］. Supply Chain Management Review，2015，11：8 –10.

［40］ Birge J R. OM forum operations and finance interactions ［J］. Manufacturing & Service Operations Management, 2015, 17: 4 – 15.

［41］ Brennan M J, Miksimovic V, Zechner J. Vendor financing ［J］. Journal of Finance, 1988, 43 (5): 1127 – 1141.

［42］ Buzacott J A, Zhang R Q. Inventory management with asset-based financing ［J］. Management Science, 2004, 50 (9): 1274 – 1292.

［43］ Cai Y J, Choi TM, Zhang J. Platform supported supply chain operations in the blockchain era: supply contracting and moral hazards ［J］. Decision Sciences, 2021, 52 (4): 866 – 892.

［44］ Casey M Y, Wong P. Global supply chains are about to get better, thanks to blockchain ［J］. Harvard Business Review Digital Articles, 2017, 1: 2 – 13.

［45］ Casino F, Dasaklis T K, Patsakis C. A systematic literature review of blockchain-based applications: Current status, classification and open issues ［J］. Telematics and Informatics, 2019, 36: 55 – 81.

［46］ Catalini C, Gans J S. Some simple economics of the blockchain ［R］. MIT Sloan Research Paper, 2017, No. 5191: 16.

［47］ Chen J G, Hu Q, Song J S. Supply chain models with mutual commitments and implications for social responsibility ［J］. Production and Operations Management, 2017, 26 (7): 1268 – 1283.

［48］ Chen X. A model of trade credit in a capital-constrained distribution channel ［J］. International Journal of Production Economics, 2015, 159: 347 – 357.

［49］ Chen X F, Cai G, Song J S. The cash flow advantages of 3PLs as supply chain orchestrators ［J］. Manufacturing & Service Operations Management, 2019, 21 (2): 435 – 451.

［50］ Chen X. Joint logistics and financial services by a 3PL firm ［J］. European Journal of Operational Research, 2011, 214 (3): 579 – 587.

［51］ Chen X, Li C L, Rhee B D, Smichi – Levi D. The impact of manufacturer rebates on supply chain profits ［J］. Naval Research Logistics, 2007, 54: 667 – 680.

［52］ Chiu C H, Choi T M, Tang C S. Price, rebate and returns supply contracts for coordinating supply chains with price-dependent demands [J]. Production and Operations Management, 2011, 20 (1): 81 – 91.

[53] Chod J. Inventory, risk shifting, and trade credit [J]. Management Science, 2017, 63 (10): 3207 – 3225.

[54] Chod J, Trichakis N, Tsoukalas G, Aspegren H, Weber M. On the financing benefits of supply chain transparency and blockchain adoption [J]. Management Science, 2020, 66 (10): 4378 – 4396.

[55] Choi T M. Creating all-win by blockchain technology in supply chains: Impacts of agents' risk attitudes towards cryptocurrency [J]. Journal of the Operational Research Society, 2021, 72 (11): 2580 – 2595.

[56] Choi T M, Feng L, Li R. Information disclosure structure in supply chains with rental service platforms in the blockchain technology era [J]. International Journal of Production Economics, 2020, 221: 107473.

[57] Choi T M, Luo S. Data quality challenges for sustainable fashion supply chain operations in emerging markets: Roles of blockchain, government sponsors and environment taxes [J]. Transportation Research Part E, 2019, 131: 139 – 152.

[58] Choi T M. Supply chain financing using blockchain: impacts on supply chains selling fashionable products [J]. Annals of Operations Research, 2020. Doi: 10. 1007/s10479 – 020 – 03615 – 7.

[59] Cho S, McCardle K F, Tang C. Optimal pricing and rebate strategies in a two-level supply chain [J]. Production and Operations Management, 2009, 18 (4): 426 – 446.

[60] Cossin D, Schellhorn. Credit risk in a network economy [J]. Management Science, 2007, 53 (10): 1604 – 1617.

[61] Dada M, Hu Q. Financing newsvendor inventory [J]. Operations Research Letters, 2008, 36 (4): 569 – 573.

[62] Dong C W, Chen C Y, Shi X T, Ng C T. Operations strategy for supply chain finance with asset-backed securitization: Centralization and blockchain adoption [J]. International Journal of Production Economics, 2021, 241: 108261.

[63] Dong L, Qiu Y and Xu F. Blockchain-enabled deep-tier supply

chain finance [J]. Manufacturing & service operations Management, 2023, 25 (6): 2021 – 2037.

[64] Du M, Chen Q, Xiao J, Yang H, Ma X. Supply chain finance innovation using blockchain [J]. IEEE Transactions on Engineering Management, 2020, 67 (4): 1045 – 1058.

[65] Dutta P, Choi T M, Somani S, Butala R. Blockchain technology in supply chain operations: Applications, challenges and research opportunities [J]. Transportation Research Part E – Logistics and Transportation Review, 2020, 142: 102067.

[66] Dwivedi S K, Amin R, Vollala S. Blockchain based secured information sharing protocol in supply chain management system with key distribution mechanism [J]. Journal of Information Security and Applications, 2020, 54: 102554.

[67] Emery G W. A pure financial explanation for trade credit [J]. Journal of Financial and Quantitative Analysis, 1984, 19 (3): 271 – 285.

[68] Fang L, Xu S. Financing Equilibrium in a Green Supply Chain with Capital Constraint [J]. Computers & Industrial Engineering, 2020, 143 (5): 106390.

[69] Fan Z P, Wu X Y, Cao B B. Considering the traceability awareness of consumers: should the supply chain adopt the blockchain technology? [J]. Annals of Operations Research, 2022, 309 (2): 837 – 860.

[70] Goel A, Tanrisever F. Financial hedging and optimal procurement policies under correlated price and demand [J]. Production and Operations Management, 2017, 26 (10): 1924 – 1945.

[71] Guggenberger T, Schweizer A, Urbach N. Improving Interorganizational Information Sharing for Vendor Managed Inventory: Toward a Decentralized Information Hub Using Blockchain Technology [J]. IEEE Transaction on Engineering Management, 2020, 67 (4): 1074 – 1085.

[72] Gurtu A. Johny J. Potential of blockchain technology in supply chain management: a literature review [J]. International Journal of Physical Distribution & Logistics Management, 2019, 49 (9): 881 – 900.

[73] Hastig G M, Sodhi M S. Blockchain for supply chain traceability:

Business requirements and critical success factors [J]. Production and Operations Management, 2020, 29 (4): 935 – 954.

[74] He J, Jiang X, Wang J, Zhu D, Lei Z. VaR methods for the dynamic impawn rate of steel in inventory financing under auto-correlative return [J]. European Journal of Operational Research, 2012, 223 (1): 106 – 115.

[75] Helo, P, Hao Y. Blockchains in operations and supply chains: A model and reference implementation [J]. Computers & Industrial Engineering, 2019, 136: 242 – 251.

[76] Hofmann E, Strewe U M, Bosia N. Supply Chain Finance and Blockchain Technology [M]. Cham: Springer, 2017.

[77] Kouhizadeh M, Saberi S, Sarkis J. Blockchain technology and the sustainable supply chain: Theoretically exploring adoption barriers [J]. International Journal of Production Economics, 2021 (231): 107831.

[78] Kouvelis P, Xu F. A supply chain theory of factoring and reverse factoring [J]. Management Science, 2021, 67 (10): 6071 – 6088.

[79] Kouvelis P, Zhao W. Supply chain contract design under financial constraints and bankruptcycosts [J]. Management Science, 2015, 62 (8): 2341 – 2357.

[80] Kouvelis P, Zhao W. Who should finance the supply chain? Impact of credit ratings on supply chain decisions [J]. Manufacturing & Service Operations Management, 2018, 20 (1): 19 – 35.

[81] Kshetri N. 1 blockchain's roles in meeting key supply chain management objectives [J]. International Journal of Information Management, 2018 (39): 80 – 89.

[82] Kumar M V, Iyengar N C S. A framework for blockchain technology in rice supply chain management [J]. Advance Science Technology Letters, 2017 (146): 125 – 130.

[83] Lee Y W, Stowe J D. Product risk, asymmetric information, and trade credit [J]. Journal of Financial and Quantitative Analysis, 1993, 28 (2): 285 – 300.

[84] Lefroy W. Blockchain – What's in it for cane growers? Australian

Canegrower [R]. 2018, April 23: 18.

[85] Liu L, Li Y J, Jiang T. Optimal strategies for financing a three-level supply chain through blockchain platform finance [J]. International Journal of Production Research, 2023, 61 (11): 3564 – 3581.

[86] Lu Q, Xu X. Adaptable blockchain-based systems: a case study for product traceability [J]. IEEE Software, 2017, 34 (6): 21 – 27.

[87] Madhwal Y, Panfilov P B. Blockchain and supply chain management: Aircrafts' parts' business case [C]. Annals of DAAAM Proceedings, 2017 (28): 1051 – 1056.

[88] Maiti A K, Maiti M K, Maiti M. Inventory model with stochastic lead-time and price dependent demand incorporating advance payment [J]. Applied Mathematical Modelling, 2009, 33 (5): 2433 – 2443.

[89] Nakamoto S. Bitcoin: A peer-to-peer electronic cash system [R]. 2008, Working paper. available at: https: //bitcoin. org/en/bitcoin – paper.

[90] Ning L, Yuan Y. How blockchain impacts the supply chain finance platform business model reconfiguration [J]. International Journal of Logistics Research and Application, 2023, 26 (9): 1081 – 1101.

[91] Niu B, Mu Z, Cao B, Gao J. Should multinational firms implement blockchain to provide quality verification? [J]. Transportation Research Part E: Logistics and Transportation Review, 2021 (145): 102121.

[92] Peura H, Yang S A, Lai G. Trade credit in competition: A horizontal benefit [J]. Manufacturing & Service Operations Management, 2017, 19 (2): 263 – 289.

[93] Qin J J, Han Y Q, Wei G M, Xia L J. The value of advance payment financing to carbonemission reduction and production in a supply chain with game theory analysis [J]. International Journal of Production Research, 2019, 58 (1): 200 – 219.

[94] Shen B, Dong C W, Minner S. Combating copycats in the supply chain with permissioned blockchain technology [J]. Production and Operations Management, 2022, 31 (1): 138 – 154.

[95] Tang C S, Rajaram K, Alptekinoğlu A, Ou J. The benefits of

advance booking discount programs: Model and analysis [J]. Management Science, 2004, 50 (4): 465 – 478.

[96] Tang C S, Yang S A, Wu J. Sourcing from suppliers with financial constraints and performance risk [J]. Manufacturing & Service Operations Management, 2018, 20 (1): 70 – 84.

[97] Tang R H, Yang L. Impacts of financing mechanism and power structure on supply chains under cap-and-trade regulation [J]. Transportation Research Part E: Logistics and Transportation Review, 2020 (139): 101957.

[98] Tinn K. Blockchain and the future of optimal financing contracts [R]. 2018, available at SSRN. DOI: 10. 2139/ssrn. 3061532.

[99] Tunca T I, Zhu W. Buyer intermediation in supplier finance [J]. Management Science, 2017, 64 (12): 5631 – 5650.

[100] Van der Vliet K, Reindorp M J, Fransoo J C. The price of reverse factoring: Financing rates vs. payment delays [J]. European Journal of Operations Research, 2015, 242 (3): 842 – 853.

[101] Wamba S F, Queiroz M M, Trinchera L. Dynamics between blockchain adoption determinants and supply chain performance: An empirical investigation [J]. International Journal of Production Economics, 2020 (229): 107791.

[102] Wang B, Lin Z, Wang M, Wang F, Peng X, Li Z. Applying blockchain technology to ensure compliance with sustainability standards in the PPE multi-tier supply chain [J]. International Journal of Production Research, 2023, 61 (14): 4934 – 4950.

[103] Wang C, Chen X, Xu X, et al. Financing and operating strategies for blockchain technology-driven accounts receivable chains [J]. European Journal of Operational Research, 2023, 304 (3): 1279 – 1295.

[104] Wang C, Fan X, Yin Z. Financing online retailers: Bank vs. electronic business platform, equilibrium, and coordinating strategy [J]. European Journal of Operational Research, 2019, 276 (1): 343 – 356.

[105] Wang Y, Han J H, Beynon – Davies P. Understanding blockchain technology for future supply chains: a systematic literature review and

research agenda [J]. Supply Chain and Management – An International Journal, 2019, 24 (1): 62 –84.

[106] Wang Y, Singgih M, Wang J, Rit M. Making sense of blockchain technology: How will it transform supply chain? [J]. International Journal of Production Economics, 2019 (211): 221 –236.

[107] Wu D, Zhang B, Opher B. A trade credit model with asymmetric competing retailers [J]. Production and Operations Management, 2019, 28 (1): 206 –231.

[108] Wuttke D A, Blome C, Foerstl K, Henke M. Managing the innovation adoption of supply chain finance-empirical evidence from six European case studies [J]. Journal of Business Logistics, 2013, 34 (2): 148 – 166.

[109] Xue X, Dou J, Shang Y. Blockchain-driven supply chain decentralized operations-information sharing perspective [J]. Business Process Management Journal, 2021, 27 (1): 184 –203.

[110] Xu X P, Zhang W, He P, Xu X Y. Production and pricing problems in make-to-order supply chain with cap-and-trade regulation [J]. Omega-International Journal of Management Science, 2017 (66): 248 – 257.

[111] Xu X, Zhang M, Dou G, Yu Y. Coordination of a supply chain with an online platform considering green technology in the blockchain era [J]. International Journal of Production Research, 2023, 61 (11): 3793 – 3810.

[112] Xu Z, Yao Q. The preliminary plan of digital commercial paper trading platform [J]. China Finance, 2016, 67 (17): 31 –33.

[113] Yang L, Zhang J, Shi TX. Can blockchain help food supply chains with platform operations during the COVID –19 outbreak? [J]. Electronic Commerce Research and Applications, 2021 (49): 101093.

[114] Yang S A, Birge J R. Trade credit, risk sharing, and inventory financing portfolios [J]. Management Science, 2017, 64 (8): 3667 – 3689.

[115] Yan N, He X, Liu Y. Financing the capital-constrained supply

chain with loss aversion: supplier finance vs. supplier investment [J]. Omega – International Journal of Management Science, 2019 (88): 162 – 178.

[116] Yan N, Sun B, Zhang H, Liu C. A partial credit guarantee contract in a capital-constrained supply chain: financing equilibrium and coordinating strategy [J]. International Journal of Production Economics, 2016 (173): 122 – 133.

[117] Yoon J, Talluri S, Yildiz, H, Sheu C. The value of blockchain technology implementation in international trades under demand volatility risk [J]. International Journal of Production Research, 2020, 58 (7): 2163 – 2183.

[118] Yu Y, Huang G, Guo X. Financing strategy analysis for a multi-sided platform with blockchain technology [J]. International Journal of Production Research, 2021, 59 (15): 4513 – 4532.

[119] Zhao L, Huchzermeier A. Managing supplier financial distress with advance paymentdiscount and purchase order financing [J]. Omega – International Journal of Management Science, 2019 (88): 79 – 90.